MODERN MONEY THEORY

A Primer on Macroeconomics for
Sovereign Monetary Systems,Second Edition

现代货币理论

主权货币体系的宏观经济学

[美] L. 兰德尔·雷（L. RANDALL WRAY）◎著
张慧玉　王佳楠　马 爽◎译

中信出版集团 · 北京

图书在版编目（CIP）数据

现代货币理论 /（美）L. 兰德尔·雷著；张慧玉，王佳楠，马爽译 . -- 北京：中信出版社，2017.1（2025.6重印）

书名原文：Modern Money Theory: A Primer on Macroeconomics for Sovereign Monetary Systems, Second Edition

ISBN 978-7-5086-6694-5

I. ①现… II. ①L… ②张… ③王… ④马… III . ①货币理论－研究 IV . ① F820

中国版本图书馆 CIP 数据核字（2016）第 219260 号

现代货币理论

著　　者：[美]L. 兰德尔 · 雷
译　　者：张慧玉　王佳楠　马　爽
出版发行：中信出版集团股份有限公司
　　　　　（北京市朝阳区东三环北路27号嘉铭中心　邮编　100020）
承 印 者：北京通州皇家印刷厂

开　　本：787mm × 1092mm　1/16　　印　　张：25.75　　字　　数：300 千字
版　　次：2017 年 1 月第 1 版　　印　　次：2025 年 6 月第 9 次印刷
京权图字：01-2016-7637
书　　号：ISBN 978-7-5086-6694-5
定　　价：59.00 元

序　言

近年来，宏观经济学中的一套研究理论得到了长足的发展，即现代货币理论（Modern Money Theory，MMT）。该理论的组成部分并不新鲜，但其整合出的一套连贯的分析方法则令人耳目一新。在我 1998 年出版的著作《解读现代货币》（*Understanding Modern Money*）一书中，我曾首次尝试得出一个综合性的分析。该书追溯了货币史及其分析方法思考史，介绍了货币理论，并从“现代货币”的角度检验了财政政策和货币政策。自那时起，应用该理论解释相关细节的研究便迅速发展起来。

本书是 2012 年首次出版的《现代货币理论入门》（*Modern Money Theory Primer*）的大幅度修订版。修订的目的在于：补充对前一版所提出的意见和该理论在过去几年中的发展，拓展对各个研究方向的分析（如通货膨胀、税收、欧元区危机、汇率、贸易、发展中经济体等），改善某些章节的阐述（如介绍、结论等）。

自第一版出版后，现代货币理论已经在出版界、互联网甚至一些受欢迎的政治运动中受到广泛关注。沃伦·莫斯勒（Warren Mosler）曾引用亚瑟·叔本华（Arthur Schopenhauer）的一句名言来预测，现代货币理论将经过以下三个发展阶段：第一阶段，被嘲笑；第二阶段，遭到强烈反对；第三阶段，不言自明。事实上，现代货币理论的许多内容属于第三阶段，之前的批判者均宣称他们其实早知会如此。

相关理论研究成果也已经在大量的学术出版物中公布。此外，“博客圈”的发展也使这些观点传至世界各地。现如今，现代货币理论已成为一种合乎逻辑的理论，并得到了人们的广泛接受，但仅凭几篇学术文章和短小的博客文章无法对该理论进行全面详尽的介绍。

因此，本书将作为入门读物，填补学术期刊中正式的理论介绍和一些非正式的博客文章之间的学术空白。本书将为读者提供必要的基础知识，以便其今后更深刻地理解和研究该理论。我们将从两个概括性的问题开始：什么是现代货币理论？为什么现代货币理论如此重要？紧接着，我们将介绍宏观经济会计学基础，重点关注股票、现金流以及资产负债表。在正文部分将简洁清晰地阐释观点，在正文后的探讨框部分将就一些争议问题进行讨论。随后，我们将向读者解释货币如何在主权国家运行。

对大多数读者来说，最令人惊讶的便是，政府绝非像家庭或企业那样看待金钱！尽管人们一直听说稳健的政府会平衡预算——就像家庭和企业一样，但事实上，这样的类比是错误的。政府是货币的发行者而非使用者，如果政府像一般家庭一样试图去调整它们的预算，那么整个经济都将处于水深火热之中。因此，读者将会在读过此书后对政府的货币政策与财政政策有一个全新的认识。

长久以来，现代货币理论研究被批判为过于关注美国案例，许多批判者声称该理论几乎无法应用到世界上那些不发行国际储备货币的国家。当然，这样的批判有些夸张，因为现代货币理论学家已经将此理论方法应用到了包括澳大利亚、加拿大、墨西哥、巴西和中国在内的许多国家。然而，多数文献的确还只是停留在详细地介绍采用浮动汇率制度的发达国家的案例。许多批判者甚至认为，现代货币理论无法适用于实施固定汇率制度的国家。本书填补了案例不完整的空白——清晰地阐释了汇率制度的选择机制，并列举出发展中国家的一些实际案例（通常实行货币钉住政策）。从这一点来看，这也是对现代货币理论的普及。

相比 1998 年的著作《解读现代货币》，本书并未详细提及货币的历史与思想史。尽管本书将列举一些实例和数据，并就一些现实世界中的真实操作进行相关讨论，但大多数的阐述仍将偏重理论，大部分的讨论也仍然维持在理论层面。但理论本身并不是那么难，它是建立在简单的宏观事实与宏观经济学基础之上，旨在让没有经济学背景的读者也可以轻松理解。此外，本书尽可能避免批判传统经济学研究方法。对于已有的批判，本书将尽量为研究方法的改进做出积极贡献，保证阐述部分相对简洁。适当时，正文后的探讨框部分将进行一些更为专业的讨论与案例讨论，也将给出一些常见问题的解答。探讨框部分为补充材料，对于时间较为紧张的读者来说，可略去不读。读者亦可以在阅读完每一章节正文部分后，再回过头来阅读探讨框部分。

在本书中，我们将检验宏观经济学理论作为分析经济的基础是否真实存在，并讨论政府如何发行本国的货币。我们将首先给出一个适用于所有货币制度的一般性分析，随后讨论在连续改变汇率制度——由浮动汇率制度到管理浮动汇率制度再到固定汇率制度——是对国内政策所造成的限制。我们将发现浮动汇率制度可以给国内政策提供更多的施展空间。此论断与著名论断，即开放经济下的“三元困境”——一个国家仅能选择三种政策中的两种，即维持汇率钉住制的稳定、维持利率稳定以及资本的完全流动性不能同时实现——相关。与此同时我们也会发现，如果一个国家选择了汇率目标，便不能实施那些需要在强劲的经济增长下才能实现充分就业的国内政策。

在本书的后半部分，我们将探讨阿巴·勒纳（Abba Lerner）的“功能财政”（Functional Finance）方法如何遵从现代货币理论。这将引发对货币政策和财政政策的讨论，我们将不仅会讨论政策可以做什么，还会讨论政策应该做什么。但再次声明，讨论将较为宽泛，因为本书最重要的目标在于阐明理论，使其成为政策制定的基础，而非促成任何特定政策的制定。本书对于“大政府”和“小政府”的支持者们均适用。我本人对于政府类型的喜好众所周知，但现代货币理论本身是中立的。

本书的一个主要目的便是将近期研究所得出的原理应用于部门收支（Sectoral Balances）以及现代货币研究方法中。巴德学院利维经济研究所（Levy Economics Institute）在这项研究中走在前沿，如韦恩·戈德利（Wynne Godley）和海曼·明斯基（Hyman Minsky）的研究便对此做出了极大的贡献。尽管该研究所大多数关于此类问题的研究重点关注发达国家，但简·克雷格尔（Jan Kregel）在联合国贸易和发展会议（UNCTAD）上宣读的论文中，便使用这种方法对发展中国家的经济进行了分析。一些利维经济研究所的学者还运用此方法推动发达国家和发展中国家的就业创造计划。本书将深入探讨这些问题，清晰地给出在不同汇率制度下国家的不同政策选择。

最后，我们将探索货币的本质。我们可以看到，理论上，货币无法像黄金一样成为一件商品，但其必须是一种借据（I Owe You，IOU）。尽管一些借据见票可兑换为贵金属，即使一个国家实施金本位制，其也是在使用货币型借据（monetary IOUs）。我们将说明为什么一些货币经济体在本国存在未就业资源（包括劳动力）的情况下，仍然低于其生产力运行。我们也将分析信誉的本质，即为什么一些货币性负债比其他类型的负债更易令人接受。正如我已故的导师海曼·明斯基常说的："每个人都可以创造货币，但问题在于其是否能被人接受。"理解"货币究竟是什么"可以初步帮助我们分析究竟是怎样的错误导致了2007年全球金融危机。这也将会帮助我们理解欧元区所面临的问题，尤其是其从2010年开始所遭受的困难。

本书将对现代货币理论进行基本介绍，并不需要读者具有大量的经济学研究背景。我将会避免使用不必要的数学计算和术语，从我们所说的"第一原则"入手，构建有关货币如何有效运作的理论。尽管探讨各种政策及时事问题很有意思——尤其是那些在2007年全球金融开始陷入混乱后产生的问题，但我将尽量按照本书编写的最初目的来完成撰写。

为了更广泛地检验本书对于潜在读者的应用效果，我开始在我的同事斯蒂芬妮·凯尔顿（Stephanie Kelton）运营的博客网站"新经济学动态"（neweconomic perspectives. org）上发表本书的部分章节。每周一在网站独立页面——"现代货币入门"上更新，每周三晚上收集所有评论并给出我的回复，然后再出版本书。这让我可以将内容调整为今天大家所看到的样子。在一些案例中，我的一些回复和解答将会在本书中列出，其余的一些回复则安排在探讨框部分中。感谢所有的参与者给予的帮助，你们批判性的分析帮助我改进了本书的内容。在此版中，我也接受了一些本书在2012年第一次出版时收到的建议，如在探讨框部分加入了分析和问答。

感谢在过去的二十年间和我一起工作的现代货币理论研究小组成

员，他们和我一起推动了本理论的发展：沃伦·莫斯勒、比尔·米切尔（Bill Mitchell）、简·克雷格尔、斯蒂芬妮·凯尔顿、帕夫琳娜·切尔内娃（Pavlina Tcherneva）、马修·福斯塔德（Matthew Forstater）、爱德华·内尔（Edward Nell）、斯科特·富尔怀勒（Scott Fullwiler）、埃里克·泰摩尼（Eric Tymoigne）。还要感谢许多我现在和过去的学生：若埃勒·勒克莱尔（Joelle LeClaire）、希瑟·斯塔任斯基（Heather Starzinsky）、丹尼尔·孔塞桑（Daniel Conceicao）、费利佩·雷森德（Felipe Rezende）、弗拉维娅·丹塔斯（Flavia Dantas）、严良（Yan Liang）、法迪勒·卡布（Fadhel Kaboub）、兹德拉芙卡·托多罗娃（Zdravka Todorova）、安迪·费尔克森（Andy Felkerson）、尼古拉·马修斯（Nicola Matthews）、沙昆塔拉·达斯（Shakuntala Das）、科琳娜·帕斯托雷（Corinne Pastoret）、迈克·默里（Mike Murray）、阿拉·塞梅诺娃（Alla Semenova）以及叶娃·涅尔西相（Yeva Nersisyan）。感谢沃伦·莫斯勒、莫里斯·塞缪尔斯（Maurice Samuels）、克利夫·瓦伊纳（Cliff Viner）以及斯科特·拉姆齐（Scott Ramsey）多年来对我们密苏里大学堪萨斯城分校项目的支持。同时，还要感谢亚洲开发银行（Asian Development Bank，ADB），尤其是赫苏斯·费利佩（Jesus Felipe）对初期研究项目的资助，以及在哈萨克斯坦进行的两次研讨会的参与者们，是你们所提出的建议促使我们更多地关注发展中国家。

沃伦·莫斯勒、埃里克·泰摩尼、尼尔·威尔逊（Neil Wilson）对本书的最新版本提出了宝贵的意见，叶娃·涅尔西相与米拉·梅莉莎娃（Mila Malyshava）则帮助我更新了数据。由衷感谢迪米特里·帕帕季米特里乌（Dimitri Papadimitriou）、简·克雷格尔和已故的海曼·明斯基以及韦恩·戈德利教授的支持，他们为利维经济研究所构建了一个受人欢迎、激动人心的研究环境。最后，感谢英国帕尔格雷夫·麦克米伦出版社的工作人员建议我撰写第二版，这次的准备工作时间比想象中要久，感谢你们的耐心。

序言到此作结，我们将在新引言部分介绍现代货币理论的概况，以此作为本书的开始。

作 者

定　义

在本书中，我们将采用的定义和准则如下：

“货币”（Money）指一般的、具有代表性的记账单位。我们不会用其指代如“硬币”或“中央银行纸币”等更为详细的记账单位。

与货币相关的事物将分别有具体的名称，如硬币、纸币、活期存款等。一些为可以看得见摸得着的实体（如纸币）；一些为资产负债表上的电子账目如活期存款、银行准备金）。因此，“货币指代物”指“以货币计价的借据”。我们也可以称这些“货币记录”为在金属、纸张、泥筒、木棍以及电子账目中以计价货币结算的借据。

一个特定国家的计价货币以首字母大写的形式来表示，如美国的美元（US Dollar）、日本的日元（Japanese Yen）、中国的人民币（Chinese Yuan）、英国的英镑（UK Pound）以及欧洲经济和货币同盟的欧元（EMU Euro）。

“通货”（Currency）指政府（包括财政部和中央银行）发行的硬币、纸币以及货币储备等。当用于指代一种特定的国库券或债券时，单词首字母大写，如美国国库券（US Treasury）、美国公债（US Treasuries）。

"银行准备金"（Bank Reserve）是私人银行在中央银行以计价货币结算的存款。银行准备金用于银行间清算，满足现金提款以及为客户向政府支付款项。

"金融资产净额"（Net Financial Asset）等于金融资产总额减去金融负债总额。与净资产（或资产净值）计算方式不同，金融资产净额不包括实际资产。

"借据"是一种金融债务、负债或支付义务，以计价货币结算，是持有者的一种金融资产。借据可以是实物证明，如写在纸上、印刻在硬币上，也可以是电子记录，如银行资产负债表条目。当然，借据是发行者的负债，同时也是持有者（亦称为债权人）的资产。

"三部门均衡"（Three Sectors Balance）——我们可以将经济分为三个部门：本国政府、本国私有部门（或非政府部门，包括家庭、公司以及非营利组织）以及国外部门。从整体来看，总支出 = 总收入，但单个部门的支出可能会多于收入（即出现赤字）或少于收入（即出现盈余）。从宏观上看，如果一个部门出现盈余，那么至少有另一个部门出现赤字。设 E = 支出，Y = 收入，那么我们可以得出：（政府收入 - 支出）+（私有部门收入 - 支出）+（国外部门收入 - 支出）= 0，或：政府部门结余 + 私营部门结余 + 国外部门结余 = 0。国内生产总值（Gross Domestic Product，GDP）是消费（Consumption，C）、投资（Investment，I）、政府支出（Government，G）以及净出口（出口 - 进口，$X-M$）的总和。就 GDP 来看，三部门均衡就是指：政府部门结余（$T-G$）+ 私营部门结余（$S-I$）+ 国外部门结余（$M-X$）= 0。无论以哪一种方法计算，其和总均为 0 [其中，S = 储蓄（Saving），T = 税收（Taxes）]。

MODERN MONEY

THEORY

|目 录|

引 言

现代货币理论基础

本部分将对现代货币理论的基础作一个简短的总结。我们将不会深入探讨任何理论或政策，而是直接叙述相关结论。其目的在于解释并帮助读者理解现代货币理论的重要性。许多读者曾告诉我，对现代货币理论的理解彻底改变了他们看待本国经济的方式。

我曾在密苏里大学堪萨斯城分校开设过一个长学期的研究生宏观经济学研讨会课程，课程结束时，一位学生在最后一次课堂展示上向全班介绍一种全新的研究方法。他给每一位同学发了一副装有两个扭曲镜片的搞怪眼镜，并要求大家戴上。几分钟后，当我们的眼睛开始试图去适应这些扭曲的景象时，他说："这就是学期刚开始时，宏观经济学世界在我眼中的样子。但现在，我对宏观经济学有了一个全新的认识，拿掉了眼前的'扭曲眼镜'，事物开始变得清晰。"

现代货币理论是一个全新的研究方法，建立在约翰·梅纳德·凯恩斯（John Maynard Keynes）、卡尔·马克思（Karl Marx）、A. 米切尔·英尼斯（A. Mitchell Innes）、格奥尔格·F. 克纳普（Georg F. Knapp）、阿巴·勒纳、海曼·明斯基、韦恩·戈德利以及其他许多学者的见解之上。可以这样说，这个理论是“站在了巨人的肩膀上”。

现代货币理论研究横跨数个经济学子学科，如经济学思想史、经济史、货币理论、失业与贫困、金融与金融机构、部门收支平衡、经济周期与危机以及货币政策与财政政策等，大规模地更新、融合了诸多非主流的异端理论。

在过去的4000年间（如凯恩斯所言，“至少4000年”），美国的货币制度为“国家货币制度”。简单来说，就是由一个国家来选择计价货币，制定责任与义务（如纳税、进贡、缴什一税、罚款和上交相关费用等），以该货币单位计价，以及发行按照上述义务付款的、被认可的货币。

但现代货币理论最重要的贡献当属详细研究了财政部与中央银行（以下简称央行）是如何协调运作的，而其运作的过程则可以掩盖政府究竟如何收支。

200年前，国家财政部通过发行货币可以很清楚地了解到国家的支出状况，通过收取交易所支付的货币了解国家的税收状况。但由于央行开始负责替财政部进行收支，政府的财政状况变得模糊不清。

然而，正如现代货币理论所显示的，尽管这一过程变得更加复杂，但其本质并没有改变。政府支出货币，让其在市场中流通，纳税人则使用这些货币来履行其对国家的纳税义务，此过程本身的重要性完好无损。

现代货币理论的结论使那些被灌输了传统观点的人感到震惊。最重要的是，它挑战了关于政府财政（以及财政预算赤字所含的危险）与货币政策的正统观点，挑战了所谓的菲利普斯曲线（通货膨胀—失业曲线）的权衡方法，挑战了实施固定汇率制度和加入 EMU（欧洲经济和货币同盟）的智慧性，也挑战了争取经常账户盈余这样的愚蠢行为。

对大多数人来说，阻碍他们信服现代货币理论的最大问题在于，根据理论所述，主权政府的财政与家庭和公司财政是截然不同的。当我们总是听到“如果我像联邦政府维持预算那样维持家庭预算，那么我该破产了”时，总是会听到紧接着的这一句——“因此，我们需要控制政府的预算赤字。”但现代货币理论认为这样的类比是错误的。主权政府在本国的货币制度下不可能破产，政府完全可以偿还任何以该国货币支付的债务。

事实上，如果政府通过支出和借出的方式让货币在市场中流通，那么其显然并不需要在支出之前得到税收收入。此外，如果纳税人使用货币支付税款，那么政府必须在税款可以支付前支出货币。所有的过程在 200 年前就已经显而易见，国王为了支出并且在之后的税收中收到本国硬币，便在每一枚硬币上都刻上标记。

需要注意的是，我们仍会在缴税时说我们递交了自己的“纳税申报单”（Tax Return），即作为一种偿还（Return）。那么，我们究竟“偿还”了什么？我们向主权政府偿还了其发行的货币（和一份说明我们如何“欠下”这些货币的声明）。过去，我们会向政府偿还硬币、符木、纸币，以及其他形式的货币来履行我们缴税的义务。而政府收到后则称其为“税收”（Revenue）。其英语单词源于法语“revenu”，而法语单词则源于拉丁语中的“reditus”，意为“偿还”“回归”。那么，当税款缴纳后，什么回到了政府手中呢？是政府自己发行的货币。

如今则很难再见到这样的过程。现代政府都拥有自己的银行——央行，代替政府支出和收入。这些款项的收支现在大多数都通过电子交易来实现。因此，现代政府不会像通常那样使用硬币和纸币支出，也不会以硬币和纸币的形式征税。政府指导央行以贷记银行账户的形式支出，以借记银行账户的形式获得税收收入。

由于只有很少人理解这些会计程序，因此人们不太理解政府究竟如何支出，从而被那些与家庭预算的类比误导。政府在支出前需要获得家庭税收收入这样的论点看上去很有道理，但事实上，现实与此恰恰相反：政府需要先行支出，家庭才能缴税。

另一个令人震惊的事实是：一个主权政府不需要为了支出而“借入”自己的货币。事实上，政府也无法借入还未支出的货币。这就是为什么现代货币理论将政府债券的出售与借入视为完全不同的事情。

当政府售出债券时，银行通过支付它们在央行的储备购买债券。央行借记购买银行的存款准备金，以国库证券贷记银行账户。比起将其视为财政部借款，这更像是将存款从支票账户转入储蓄账户以获得更多的利息收入。事实上，国库证券就是央行的一个储蓄账户，它比存款准备金（银行“支票账户”）向央行支付的利息更多。

现代货币理论认为，主权政府债券的出售与货币政策操作功能对等。这一论述可能有些专业，此类债券出售的目的在于帮助央行达到控制隔夜利率的目标。债券的销售用于移除超额准备金，而超额准备金往往给隔夜利率带来下行压力。央行购买债券则为整个银行系统增加了准备金，防止隔夜利率的上升。

因此，在美国，美联储（Federal Reserve System，Fed）与财政部合作，通过债券的销售和购买使美联储保持联邦基金利率稳定。这在近年来变得越发简单，美联储现在对准备金支付利息，与其持有债券功能对等。由此，债券销售与购买变得有些落伍——债券不再是“资助”政府开支的必需品，央行也不需要其去达到调控汇率的目标。

读者并不需要理解上述所有的概念，但要明白一个要点：主权政府不需要为了支出而借入本国的货币！它们提供付息的国库证券作为银行、公司、家庭以及外国人挣得利息的工具。这是一种政策的选择，而非必需品。政府永远都不需要在支出前出售债券，事实上也无法出售，除非政府事先已经提供了银行购买债券所需的货币和准备金。政府可以通过支出（财政政策）或者借出（货币政策）的方式来提供货币和准备金。

因此，这更像是税收和支出的关系——先支出后征税，我们应将债券销售看作政府在已经支出或借出货币和准备金后发生的行为。

大多数美国人都熟知“拿出一根符木”（Raise a tally）这一短语，欧洲君主将有刻痕的符木作为当时的货币，这一短语即指使用这些货币的行为。符木是分离的（分为主干与根部），在缴税日由税务署将两部分进行匹配。当税款缴纳后，王室接受纳税人符木债务的责任将“一笔勾销”，而纳税人也实现了缴纳符木的义务。显然，王室需先行支出这些符木，纳税人才可以缴纳税款。

当许多人了解到银行拥有相似的运行模式后都会大吃一惊。150 年前，银行可以在发放贷款时发行纸币（Banknote），债务人可以以交付纸币的形式偿还贷款。银行需要先行发行纸币，债务人才能使用纸币偿还债务。如今的银行在贷款时创造存款，而贷款则通过那些银行存款而得到偿付。

过去，由不同银行发行的纸币不一定都能按票面价值被接受。例如，如果你想要通过使用芝加哥银行发行的纸币偿还圣路易斯银行的贷款，那么它们可能要给你所使用的美元打个 7.5 折。

美联储成立的部分原因也是要确保货币的平价结算。同时，通过向私营银行纸币征收税款，排除其纸币的使用。银行转向使用存款，并使用美联储的借据，即存款准备金，进行银行间账户的结算。重点在于，现在银行是在发放贷款时创造存款，债务人通过使用银行存款的方式偿还贷款。这意味着银行需要先行创造存款，借款人才能偿还他们的贷款。

现代货币理论指出，税收制度的主要目的便是“推动”货币的流通。人们接受主权政府货币的原因之一便是税款需要通过政府货币来缴纳。一开始，除非需要使用货币来进行支付；否则没有人接受货币。税收以及其他相关义务则创造了对货币的需求，使人们必须使用货币来支付强制性款项。从这个角度来看，税收真正的目的并不是提供政府可以用来支出的“货币收入”，而是创造了对政府货币的需求，从而使政府可以支出或借出货币。

银行存款具有相似的功能。我们接受银行存款的部分原因在于，多数人拥有抵押债务、信用卡债务或汽车贷款，通常情况下，这些都需要通过在银行开支票的方式来进行支付。我们可以接受其他银行存款账户的支票以增加自己账户的金额。在央行平价结算的保证下，银行也会接受这些支票。

政府发行货币与私营银行发行纸币或存款既有相似也有差异。

政府规定了纳税的义务，但私营银行需要依靠客户自愿决定是否成为借款人。我们可能会拒绝成为借款人，但俗话说得好——人生中唯一确定的事情就是“死亡和纳税”，有些事情很难避免。主权权利（通常）归国家所有，这就决定了其责任——货币与准备金——在其司法管辖权下被普遍接受。

的金融负债。支票存款（也称活期存款或即期存款）是一项家庭金融资产，由银行的金融负债（或借据）抵销。换言之，存款是家庭的资产、银行的负债。政府或公司债券是一项家庭资产，却是发行者的负债（无论发行者是政府还是公司）。家庭也有负债，如助学贷款、住房抵押贷款或汽车贷款，而在债权人——银行或不同种类的金融机构、养老基金、对冲基金以及保险公司等手中，这些便成了资产。一个家庭的金融财富等于其所有金融资产（即金融财富）总和减去其所有的金融负债（即其所发行的所有以货币计价的借据）总和。如果该数值为正，那么该家庭便拥有正金融财富净值。

1.1.2 内部财富与外部财富

区分经济中不同类型的部门对分析研究非常有利。最基本的方式便是将经济分为公共部门（包括各级政府）和私营部门（包括家庭和公司）。如果我们考虑所有私营部门发行的金融资产和负债，从逻辑角度来看，金融资产的和必须等于金融负债的和。换言之，如果我们仅考虑私营部门所发行的借据，那么净私营金融财富必须为0（除非政府持有部分私人债务）。私营金融财富处于私营部门内部，有时又被称为“内部财富”。如果私营部门需要积累金融财富，便必须以“外部财富”的形式来完成，即拥有另一部门的金融债权。基于最基本的将经济分为公共部门和私营部门的方式，外部金融财富以政府借据的形式出现。私营部门以持有的政府货币（包括硬币和纸币）以及各种政府债券（如短期国债、长期债券等）作为其净金融资产，是其正金融财富净值的一部分。

1.1.3 关于非金融性财富（实物资产）的说明

一方的金融资产由另一方的金融负债抵销，总体来看，金融财富净额必须为0。然而，实物资产代表着没有被另一方负债所抵销的财富，因此，从总量上看，净财富等于实物（非金融性）资产的价值。例如你通过负债购买了一辆汽车，你的金融负债（即你的汽车贷款）被汽车贷款公司持有的金融债权所抵销（你的借据通常被称为“钞票”，即一种付款承诺）。由于金融资产净值为0，那么剩余的价值便是实物资产——汽车。在下文中，我们将重点关注金融资产和金融负债，但也要牢记实物资产的价值会在个人层面和总体层面上提供净财富。当我们从总资产（包括实物资产与金融资产）中提取出金融负债后，余下的便是非金融资产（即实物资产），或是总资本净额。（见1.4节中的探讨框部分）

1.1.4 私营金融财富净额等于公共债务

（收入或支出）流量累积成为存量。一年的私营部门金融资产净额累积仅出现在其同一时期支出小于收入的情况下。换言之，其金融资产一直在累积，使其成为财富存量。我们所列举的两部门模型仅简单将经济分为公共部门和私营部门，这些金融资产是政府负债，即政府货币与政府债券。后面我们会讨论央行准备金，其既为央行的负债，同时又是商业银行的资产。从很多方面看，它们就像是政府货币——作为“高能货币”（High Powered Money）的一部分，又或是支付低利率的隔夜政府债券。

政府借据则是在政府支出大于税收所得时由私营部门累积产生的，

也就是政府赤字，即在给定计算期内（通常为一年），用记账货币计量的政府支出流量减去政府税收收入流量。赤字累积成为政府债务存量，等于私营部门在同一时期内金融财富的累积。

在后文将给出政府支出和税收过程的完整解释。当下需要理解的是，在我们的两部门模型中，私营部门持有的金融资产净额与政府发行的金融负债净额完全相等。如果政府总是实施平衡预算，即总支出总是等于税收收入，那么私营部门金融财富净额将为0；如果政府持续出现财政预算盈余（总支出小于税收收入），那么私营部门金融财富净额将为负。换言之，私营部门将会对公共部门负债。

我们由此可以构想一个相应的“困境”：在我们的两部门模型中，公共部门与私营部门不可能同时出现盈余。如果公共部门出现盈余，那么根据恒等式，私营部门将必然出现赤字。如果公共部门在同一时期出现充足的盈余直至收回其全部未偿债务（Outstanding Debt），相应地，私营部门将出现等值的赤字，其金融财富净额也将不断减少直至为0。

1.1.5 世界其他国家债务为本国金融资产

另一种有用的分类方法是构建一个三部门模型，包括：本国私营部门，本国公共部门以及由外国政府、公司与家庭构成的“世界其他国家”（Rest of the World，ROW）部门。在此模型中，即使本国政府部门实施收支完全相等的平衡预算，本国私营部门也有可能累积对世界其他国家的债权净额，本国私营部门累积的金融资产净额将等于 ROW 发行的金融负债净额。

最终，也是更符合现实的情形是，本国私营部门可以累积由本国政府负债与世界其他国家负债所构成的金融财富净额。另外，也有可能出现本国私营部门累积政府债务（增加金融财富净额），同时向世界其他国家发行债务（减少其金融财富净额）的情况。在1.2节中，我们将对部门收支进行更深入的讨论。

1.1.6 关于内部资产重要性的说明

一些批评家曾声称，现代货币理论强调了金融财富净额却忽视了内部资产。实际并不是这样，由于有很多关于政府赤字的问题，现代货币理论主要关注私营部门金融资产净额的来源，即外部财富。我们认为，在封闭经济下，金融资产净额的唯一来源便是政府；在开放经济下，对于世界其他国家的债权便成为金融资产净额的另一来源。由于每一项在部门内部创造并持有的金融资产都会被一项负债所抵销，本国私营部门无法自己产生金融资产净额，明确谁是债务人，谁又是债权人非常重要，但这也并不意味着应当忽视本国私营部门创造的金融资产与负债。通常情况下，为了扩大产能以获取利益，企业部门应为债务人。家庭部门要购买房屋和消费品，但也会为诸如上学、退休等进行储蓄，累积金融资产净额，因而又是净债权人。如果从这些次级部门内部看，我们可以发现，某些部分高额负债，某些部分却是净债权人。例如，由老年人主导的家庭多为净债权人，而由年轻人主导的家庭多为债务人。金融财富高度集中在白人手中，只有一小部分集中在黑人和拉美裔美国籍人手中。我们还发现，最富有的1%的人手中的金融资产正在不断上升。

这一切都非常重要，而学者们在过去的三十多年间也逐渐开展了诸多研究。美国和欧洲大部分地区不断上涨的家庭负债导致了全球金融危机，财富越来越集中在少数人的手中使西方民主政体出现了不少问题。

均衡模型计算。换言之，这些预测并不连贯。

但如果给定政府结余和 GDP 增长，加上对于不同经济参数的经验主义估计（例如对于消费和进口的倾向），便可以建立一个存量—流量一致的模型，生成可能的部门收支情况以及债务的变化路径。利维经济研究所经常发现，经济增长率加 CBO 预测中所使用的政府赤字预测便可以得出另外两个部门（国内私营部门和国外部门）的令人难以置信的结余数额，以及不大可能会出现的私营债务比率。进行此类分析必须脱离简单的会计恒等式，但同时也要确保不违背恒等式。

1.2.1 赤字→储蓄和负债→财富

我们在 1.1 节中了解到一个部门的赤字必须至少等于另外一个部门的盈余。也了解到一个部门的负债必须至少等于另外一个部门的金融财富。至此，以上结论均遵守宏观会计原则。然而，经济学家却希望可以发现更多的结论。像所有的科学家一样，经济学家热衷于因果关系。经济学是一门社会科学，即研究非常复杂的社会系统的科学。由于经济现象包括如相互依存、滞后、累积因果、“自由意志”受预期影响等现象，因而，其因果关系绝不简单。当然，我们还是可以讨论前文所述的流量与存量的因果关系。一些读者可能会注意到，我们这次所采用的因果关系由凯恩斯理论（Keynesian Theory）推导而来。

1.2.1.1 个人支出主要由收入决定

我们从私营部门的支出决定开始分析。对于个人来说，支出主要由收入决定的说法看上去很合理。当一个人没有收入时，他一定会在购买商品和服务时受到很大的限制。但经过反复思考后我们不难发现，即使在个人层面上，收入与支出的联系也并不紧密：一个人可以支出少于收入，累积金融资产净额，也可以支出大于收入，累积金融负债，变得负债累累。当然，在家庭或公司的层面上看，即使收入和支出这两个流量的相关性并不是完美的，两者的因果关系方向也大体表现为收入决定支出。我们没有理由认为，一个人的收入是由支出决定的，因此，我们可以总结出两者的因果关系大体上表现为由收入指向支出。

1.2.1.2 赤字创造金融财富

我们也可以分析一下在个人层面上金融财富累积的因果关系方向。如果一个家庭或公司决定支出多于收入（出现财政预算赤字），那么他便可以通过负债为购买提供资金。这些负债将会累积到另一个家庭、公司或政府的储蓄中，成为它们的金融财富。当然，为了金融财富净额的累积，我们必须有一个家庭或公司愿意出现赤字开支，另一方则愿意以赤字开支者负债的形式累积金融财富净额。赤字开支的决定才是创造出金融财富净额的原因，因此，除非有一方愿意进行赤字支出；否则，无论另一方多么想累积金融财富，它们都无法做到这一点。

当然，除非家庭或公司卖出已累积的资产，或找到另一方愿意持有其负债，否则，家庭或公司也无法进行赤字支出。假设至少有一些家庭、公司、政府或是国外部门有累积金融财富净额的倾向（或意愿），虽然这并不意味着每个公司或家庭能够通过发行债务的方式来进行赤字支出，但确保了很多公司和家庭将能够找到愿意持有它们债务的债权人。而在主权政府层面，由于其有一种特别权力，即征税的权力，实际上保证了家庭和公司想要累积政府的债务（我们在后文会对此进行深入探讨）。

现在，我们可以做出总结，尽管因果关系比较复杂，且“一个巴掌拍不响”，因果关系方向一般还是为个体赤字开支决定金融财富的累积，负债决定金融财富。由于金融财富存量的累积来源于财政预算盈余，即来源于储蓄的流量，而支出赤字单位提供以盈余为单位累积的金融财富，那么，我们也可以认为，因果关系方向一般为个体赤字开支决定储蓄。

总支出创造总收入。从总体层面看，将经济看作一个整体，因果关系将更加明确。一方不能确定是否能获得更多的收入，但可以决定是否要支出更多的金钱，而所有的支出都必须被另一方在某处作为其收入而接收。

如前文所述，由于家庭、公司和政府都可以支出大于收入，因此支出并不一定受收入约束。事实上，正如我们所讨论的那样，三个主要部门中任意一个都可以出现赤字，而至少另外一个部门会出现盈余。然而，从总体层面看，总支出需和总收入保持一致，因为两者之和必须为0。综上所述，从总体层面看，支出和收入的因果关系方向恰好同上述相反。因此，从个体层面看是收入决定支出，从总体层面看则是支出决定收入。

一个部门的赤字可以创造另一个部门的盈余。在之前的讨论中，我们曾提到一个部门的赤字恒等于其他一个或几个部门盈余的和。如果我们将经济分为三个部门（本国私营部门、本国政府部门和国外部门），那么，如果一个部门出现赤字，至少另外一个部门会出现盈余。正如我们在分析个体结余时所举的例子那样，“一个巴掌拍不响”，如果一个部门不去实现盈余，那么另外的部门也就不可能出现赤字。同样地，我们可以说，如果没有一个部门愿意去累积债务工具，那么另外的部门便不能发行债务。

当然，在一个部门内发行的大多数债务都会被同一部门内其他个体所持有。例如，我们从本国私营部门的财务状况便可以发现，大多数的企业债务都由本国公司或家庭持有。用我们前文所引入的术语来解释，即出现财政预算赤字的公司和家庭的“内部债务”由出现财政预算盈余的公司和家庭以“内部财富”的形式持有。然而，如果将本国私营部门看作一个整体，若其支出大于收入，便必须发行“外部债务”，被另外两个部门（本国政府部门与国外部门）中的至少一个部门以“外部财富”的形式所持有。由于财政预算赤字是支出比收入多的意愿所造成的，该因果关系的方向便是赤字决定盈余，债务决定金融财富净额。我们认识到，除非有一方希望出现盈余；否则，另一方无法出现赤字，但由于总是存在累积金融资产净额的倾向，这通常不是问题。也就是说，累积金融财富的意愿是通常存在的，而根据定义，金融财富便是某人的负债。

1.2.2 结论

在我们继续探究下一个问题之前，有必要强调，本节内容适用于任意一个国家的宏观会计分析。尽管我们的例子中多使用美元，但使用其他任意货币，结果仍适用。

我们基本的宏观平衡等式为：

本国私营部门结余 + 本国政府部门结余 + 国外部门结余 = 0

该式完全适用于以任何货币为单位的会计核算。在一国之中，可能会同时出现以外国货币为单位的流量（累积成为存量），那么，也会存在一个以该国货币核算的宏观平衡等式与其相对应。

要注意，如果将我们的模型扩展到更多不同的国家，每个国家发行自己的货币，模型同样适用。对于每个国家和货币都会有一个宏观平衡等式。个体公司或家庭（或是个体政府）可以累积以不同记账货币为单位的金融资产净额；反之，它们也可以发行以不同记账货币为单位的债务。甚至可以变得更加复杂，同一个体部门可能在一种货币计价下出现赤字，在另一种货币计价下出现盈余（在一种货币计价下发行债务，同时在另一种货币计价下累积财富）。当然，每一个国家每一种货币都会有一个相应的宏观平衡等式。

探讨框：常见问题解答

问题：本书提到："因此，除非有一方愿意进行赤字支出；否则，无论另一方多么想累积金融财富，它们都无法做到这一点。"那么，该如何理解非意愿性存货累积（Undesired Inventory Accumulation）呢？

回答：如果一家公司生产"小部件"，它们的目的是想要将其"兑现"为金钱的形式，即它们想要在自己的银行账户上贷记收入。如果它们无法销售掉这批零件，那么便以存货的形式计入GDP核算中——严格来讲，即记入国民收入和生产账户（NIPA）作为投资。储蓄作为其相抵销的流量。在私营部门内，投资增加等于储蓄增加（即保持政府以及世界其他国家结余不变），这一活动对于整个私营部门账户结余没有任何影响（包括家庭和公司）。但请试想一下，如果外国人订购了这批零件，公司便销售了零件（在它们的银行账户上贷记收入），但国内投资却没有丝毫增加。取而代之的是出口增加了——成为经常账户上的一项正值项目。不计其他所有的项目，美国本国私营部门出现了盈余（储蓄），而国外部门则出现了"赤字支出"。

这可能无法回答全部由此产生的问题。本书后文中会提到

“（货币）流通方式”，我们将明白公司如何为小部件生产提供资金，以及如果公司无法以出售的形式将其“兑现”为货币指代物，对公司来说又意味着什么。你可以认为家庭部门的“储蓄”与小部件制造商的非意愿性存货累积相对应，小部件制造商创造了可以被消费或储蓄的家庭收入。当然，公司希望工人永远不要储蓄——因为那意味着它们将损失潜在的销售额。如果家庭进行了储蓄，那么，小部件将作为投资进入存货，公司便遇到了麻烦——无法收回成本。但国外部门或政府也可以介入，并填补需求缺口，购买制造商的商品。否则，那些商品便会成为非意愿性存货累积起来。

问题：个人支出主要由收入决定吗？那么借贷消费又该如何理解？

回答：当然，对于富人来说，即使其收入流量为0，他们也可以随心所欲地支出，因为他们可出售或抵押其资产。但对于大多数家庭来说，收入决定支出，对于大多数人来说也是如此。更重要的理论点在于，在总体层面上，我们需要去考虑反转这样的因果关系。我的家庭收入主要取决于我的雇主决定为我的工资和薪水支出多少钱。因此，家庭消费很大程度上取决于收入（消费被称为“诱发性支出”，即由收入增加诱发产生的消费），但收入又是从其他地方获得的——主要源于公司和政府在工资、赢利和利息上的支出。而公司的支出很大程度上取决于对销售额（家庭、国外部门、政府以及其他公司的开支）的预期。我们还有政府开支、投资以及出口开支等，至少在某种程度上是从收入中“自发”产生的支出（这些并不主要取决于当前的收入）。这些认识对于解释和预测经济效益非常重要。从另外的一个逻辑角度看：一方不能确定是否能获得更多的收入，但可以决定支出更多的金钱，因此，支出在逻辑上处于优先的位置。

问题：难道不是存款者迫使赤字开支出现吗？如果家庭没有开支，GDP 将会下滑，税收收入将下降，从而导致财政预算赤字。

回答：说得好！一个巴掌拍不响。只有一个非政府部门产生储蓄净额，政府部门才可以产生赤字支出。否则，政府支出将提高非政府部门支出，直到税收升高到足以平衡政府预算为止。

1.3 存量、流量与资产负债表：浴缸类比

在公司、家庭或政府的资产负债表中的每个项目记录着一项资产或负债的占有量。占有量是一个存量，即对某一时间点价值的计量。存量受流量的影响，即流入量累积成为存量，流出量则减少存量。

将上述概念类比为浴缸有助于对其更好地理解。图 1.1 是一个装有半池水的浴缸，浴缸中的水成为水的存量。现在，没有任何水从水龙头流向浴缸，而下水道口则有一个塞子保证没有任何水可以从浴缸中流出，因此水的存量保持不变。初始水平面位置如图 1.1 所示，将在下文作为衡量标准。

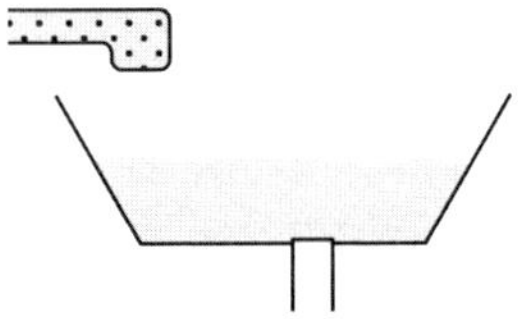

图 1.1 水的初始存量

浴缸中稳定的水平面就像是在支票账户拥有的存款（存款的存量），没有收到更多存款（无流入量），也没有支出任何存款（无流出量）。也可以类比为拥有一定数量的未偿债务，没有更多负债，也没有偿还任何债务。

那么，如果我们突然打开水龙头的话，会发生什么？毫无疑问，水会流入浴缸，而水的存量将上升（如图1.2所示）。

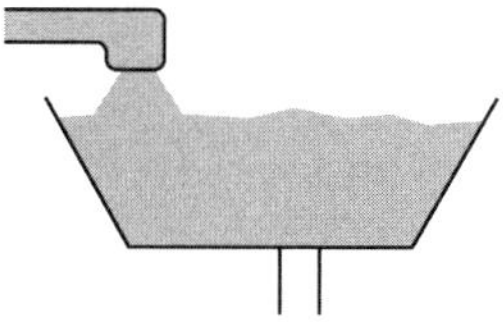

图1.2　水的存量上升

这就像是获得了货币收入并进行储蓄后，支票账户中的存款数量将上升一样。也可以将其比作买了一辆新车同时还保留着旧车，拥有车的存量将上升。如果我们关闭水龙头，拿掉下水道口的塞子，浴缸中的水将流出，水的存量将不断下降直至流尽。从支票账户的角度来看，就像是一个人没有获得任何收入却一直在支出。这样的行为被称为动用储蓄，将导致支票账户存款数不断下降直至存款用尽。相似地，如果一个人不断偿还其债务且不再借款，那么，他的未偿债务数量将持续下降。

如果水龙头和下水道口同时打开，当水龙头的流入量大于下水道的流出量，水的存量将上升（如图1.3所示）。就支票账户而言，意味着如果收入的流入量比支出的流出量要大，该个体就是在储蓄，储蓄的收入增加了支票账户的存款数。如果个体支出大于收入，那么动用储蓄将耗尽支票账户，即如果在浴缸中，水流出的量大于水流入的量，浴缸中的水将会流尽（如图1.4所示）。

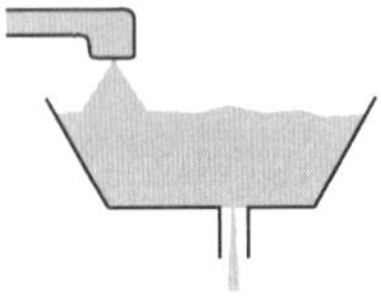

图 1.3 水的流入量大于流出量

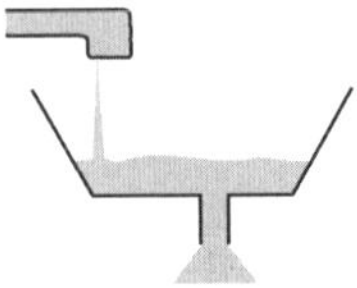

图 1.4 水的流出量大于流入量

国民收入核算（资金流量账户与国民收入和生产账户）的一个中心目标便是多以货币性记账单位（美元、欧元等）计量存量和流量。以货币来计量并不总是那么容易，一些存量和流量的货币价值（Monetary Value）很难弄清楚。其原因之一在于，一些事物并不是被直接购得的或根本不是被购得的（如公共照明、公园、你花园中自己种植的蔬菜）；原因之二在于，一些流入量和流出量无法准确计量（如在水管中可能存在泄漏，水也会从浴缸中蒸发），因此对其没有任何记录。一些人丢了现金，一些人的旧车可能被偷走了或坏了，又或是索赔后没有汇报。更宽泛地说，任何“地下”经济活动都不会留下记录。因此，从实际来看，由于一些计量的困难以及无法获得部分数据，会出现一些统计误差。

国民收入核算的另一个目标在于了解各经济部门之间的关系。例如，当政府对商品和服务进行支出（G）时，将导致私营部门收入的流入。而从另一方面看，税收（T）就像是私营部门的“下水道”。在图 1.5 中，G 大于 T，因此私营部门的储蓄上升。

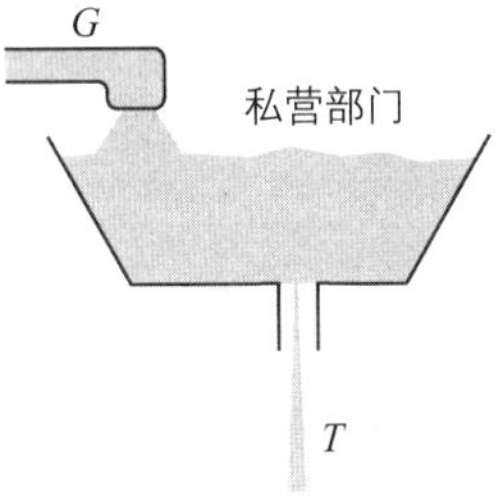

图 1.5 政府赤字与私营部门

在这个简单的例子中，政府实行了赤字开支，而私营部门则在储蓄，因此，浴缸中的水增加了。这样便得出了著名的国民收入和生产账户会计恒等式的第一部分：

$$S \equiv (G-T)$$

根据定义，私营部门储蓄（S）的流量等于财政赤字（$G-T$）的规模，两者永远都相等（因此使用三条横线的等号，即“恒等于”）。

严格来讲，此恒等式只在两部门经济下成立，即只存在政府部门和家庭部门。当我们在家庭部门中加入公司部门，那么就像是增加了另一个水龙头，即公司的投资支出。那么我们的恒等式将变为：$S \equiv (G-T)+I$，I 表示国内私人投资。

如果我们又增加了国外部门，那么我们将需要另一个水龙头（出口）和下水道（进口），我们的恒等式将变为：$S \equiv (G-T)+I+NX$，NX 代表净出口。这就是我们的总储蓄恒等式。

1.4 政府财政预算赤字大多数并非自由决定的：2007 年经济大衰退

在前面几节我们检验了三个恒等式，并说明了三个部门（国内私营部门、政府部门和国外部门）之间的赤字与盈余之和为0。但仅仅列出恒等式是不够的，因此，我们还探讨了其因果关系。我们认为，在个人层面上，家庭收入大体上决定了支出，而从整个经济的层面来看，其因果关系恰好相反，即支出决定收入。

个体家庭可以明确地决定减少支出，以便储存更多的钱。但如果所有的家庭都试图去减少支出，总消费和国民收入将会下降。公司将减少产出，裁退员工，降低工资，从而导致家庭收入的降低。这就是凯恩斯著名的“节约悖论”（Paradox of Thrift）——试图通过降低总消费的方式存钱，不仅不会增加储蓄，反而会减少收入。我们将在后文的探讨框部分对此进行更深入的讨论。

然而，随着赤字危机笼罩整个美国（以及其他多个国家），紧接着出现了另一个问题。全球金融危机后，政府的社会支出（如失业补助金）上涨，而税收收入则出现崩塌式下降。快速增长的赤字造成了公众对于政府无力偿还债务、面临破产以及试图削减开支（可能要增加税收）以减少赤字产生的蔓延性恐慌。全国性对话（如在美国、英国和欧洲出现的全国性讨论）认为，政府财政预算赤字是可以自主决定的，即只要政府足够努力，便可以削减赤字。

然而，任何建议削减政府赤字的人都必须准备好此举将对别的部门（私营部门和国外部门）账户造成的冲击。根据恒等式，除非私营部门或国外部门的盈余（即与国内经常账户赤字相对的一面）减少；否则，政府财政预算赤字将无法降低。在本节中，我们将详细论述全球金融危机袭来后，政府财政预算赤字增长的过程，探究赤字是否曾经或可以自主决定。如果不可以自主决定，那么这种由赤字恐慌所引起的赤字削减方式将会被质疑。

在 2008 年经济大衰退后，许多政府预算赤字急剧蹿升（见图 1.6，以美国为例）。许多观察员将其归因于各国政府不同的财政刺激方案（Fiscal Stimulus Packages）（包括美国对汽车产业以及华尔街的紧急援助、爱尔兰对银行的紧急救助），大多数国家赤字中增长最多的部分都来自“自动稳定器”（Automatic Stabilizers），而不是可自主决定的部分。

图 1.6 给出了美国当时的政府经济数据：税收收入增长率（大多为

自发产生)、政府消费支出（有一定的自主决定权）以及同比增长（相比前一年同一季度的增长）的转移支付（大多为自发产生)。

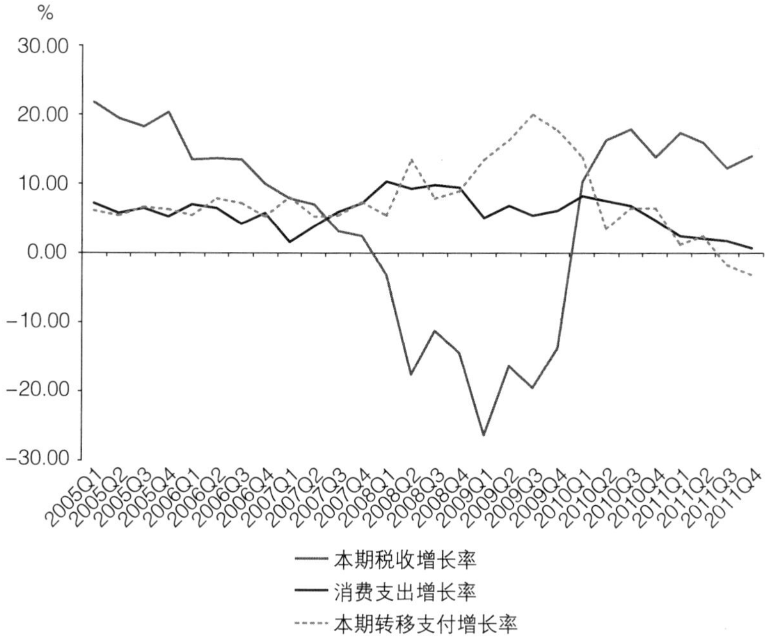

图 1.6　联邦政府税收、消费支出以及转移支付的同比增长率

资料来源：美国经济分析局（Bureau of Economic Analysis，BEA）以及笔者的计算

2005 年税收收入较为活跃，其年均增长率为 15%——远高于 GDP 增速——因此，减少了非政府部门的税后收入，比政府支出年均 5% 的增长率快很多。如此紧缩的财政（称为“财政拖累”)，往往会很快导致经济衰退，伴随全球金融危机到来的经济衰退也不例外。当衰退来临时，财政预算赤字通常会自发地增加。当政府消费支出在经济衰退期始终保持相对稳定时（在 2007 ~2008 年间经历了短暂的小幅上升)，仅仅三个季度，税收收入增长率就从 5% 迅速跌落至 −10%（从 2007 年第四季度到 2008 年第二季度)，在 2009 年第一季度达到了 −15% 的新低。

税收如经济衰退一样一落千丈。

由于衰败的经济状况，转移支付在2007年后以10%的增长率不断上升。尽管消费支出保持稳定，但不断下降的税收伴随着自发增长的转移支付导致了财政赤字不断上升。自动稳定器，而不是紧急救助或刺激方案，才是经济非自由落体式下跌的主要原因，20世纪30年代的大萧条时期也是如此。随着经济放缓，财政预算自发向赤字发展，达到了总需求的下限。

由于有着反经济循环周期的支出和顺经济循环周期的税收，政府的财政预算就像是一个强大的自动稳定器：在经济衰退时，赤字大幅上升。

在全球金融危机后，美国家庭部门紧缩开支（如其在衰退时通常采取的措施），储蓄大幅上升。缓慢的经济增长速度是财政赤字快速增长的原因之一，而缓慢的经济增长速度则是由于家庭部门紧缩开支、高度倾向于储蓄造成的（如图1.7所示）。

图1.7 可支配收入的储蓄倾向

资料来源：美国经济分析局

我们可以看到，自20世纪80年代中期起，家庭储蓄呈较为显著的下降趋势——个人可支配收入下降了约10%，在2005年甚至下降约至0。其原因不是本节内容涉及的范围，但与其相对应的便是家庭负债的增长。在全球金融危机期间，该趋势完全被逆转，家庭部门开始像1992年那样进行储蓄。大多数的美国人面临失业和收入停滞（已是最好的情况），生活的不确定性导致了储蓄倾向的上升。注意，可支配收入中的储蓄部分并不与家庭结余完全相等，即进入三部门均衡方程的部分。这也解释了在部门收支方程中，为什么储蓄仅为一个较小的正值，但家庭实际支出却大于其收入（见本章结尾专业笔记部分对此内容的讨论）。

美国政府部门的财政赤字水平在金融危机后约占GDP的9%，为削减赤字至均衡状态，需要推动私营部门向赤字方向移动，并推动经常账户向盈余方向移动，直至达到占GDP的9%的水平。这是一个巨大的数字。其问题在于，削减支出、增加税收的方式实际上会减少经济增长。可以想象，低经济增长将降低美国经常账户赤字，即让美国人穷到没有能力购买进口商品，降低工资和服务的价格使本国出口商品更具有竞争力，让美元贬值，这些措施都能降低赤字，但对于美国人来说则是一种痛苦的调整过程。这个过程的实现还必须以全球经济不受美国经济放缓的影响为前提。如果全球经济增速也放缓，那么美国的出口将不会增加，这些措施便不会产生应有的效果。

让我们总结一下本节重点的内容。第一，三部门账户结余必须为0。这意味着无法在不改变至少一个部门账户结余的情况下改变另一个账户的结余。第二，从总体层面来看，总支出（通常）决定收入。一个部门可以支出大于收入，但这仅仅意味着另一个部门的支出变少。当我们假设政府或多或少有自主决定收支的权力时，政府税收收入（等同于政府收入）主要取决于经济效益。如图1.6所示，税收收入增长变化很大，以顺经济周期方向移动（在经济繁荣时期迅速增长，在经济萧条时期迅速下跌）。

政府总是可以决定支出更多（即使受到政治的约束），决定提高税率（同样受到政治的约束），但不能决定税收收入有多少，因为我们必须将税率与其他变量结合，如收入、销售、财富等，这些都不在政府的掌控之中。这就意味着，财政预算无论出现赤字、盈余还是均衡，都并非可以自主决定的。

思路转向国外部门，出口大多脱离了一个国家的掌控（我们认为出口需求是“外生的”或“与国内收入无关且自发的”）。出口取决于许多因素，包括“世界其他国家”的经济增长、汇率、贸易政策以及相对价格和工资（此外，努力提升出口的措施将得到国外的回应）。事实上，国内经济表现确实可以影响出口，但政策对出口的影响较为宽松（对于像美国一样的进口大国来说，经济放缓可能会导致全球经济增速放缓，这让增加出口变得越发困难）。

另外，进口主要取决于国内收入（加上汇率、相对工资和相对价格以及贸易政策。当然，如果美国试图减少进口，将有可能引起其经济为贸易导向型增长的贸易伙伴的反应），其是顺周期性的。我们可以认为，经常账户无论出现赤字、盈余还是均衡，都是非自主决定的。

那么，什么是可自主决定的？国内支出是可以由家庭、公司和政府自主决定的，而支出主要决定收入。

然而，部门收支是非自主决定的，部分收支以非常复杂的方式由可自主决定的变量加非自主决定的变量在宏观恒等式的约束条件下决定。

解决问题的最好方式就是推动支出，尽可能使用国内资源使其接近最大生产力，随后让部门收支顺其自然。我们在后文将讨论，最佳的国内政策是追求充分就业和物价稳定，而不是追求专制政府赤字和债务上限——这些大多是非自主决定的。

探讨框：节约悖论与其他合成谬误（Fallacies of Composition）

宏观经济学最重要的概念之一便是合成谬误，即对于个体来说正确的概念，对于整个社会来说可能并不是正确的。

最常见的例子便是节约悖论：个体可以通过减少（在消费上的）支出的方式获得更多的储蓄，但社会职能只有通过增加（例如在投资上的）支出才能获得更多的储蓄。这个例子可以帮助大家更好地理解“合成谬误”的含义。

学生以及其他没有研究过宏观经济学的人自然而然地根据他们在社会中的个体状况对经济进行推断，这样往往会导致合成谬误的出现。当然，这个问题也不仅限于经济学。比如，一小部分人可以很快地走出电影院，当所有的人都要走出电影院时，速度则会变慢。

任何个体都可以通过（在消费品上的）减少支出的方式获得更多的储蓄，只要他储蓄的决定不会影响收入——我们也没有理由认为可能出现这样的影响，他便会减少支出，增加储蓄。举一个我经常使用的例子：主人公玛丽（Mary）每天都会在当地的快餐连锁店吃一个汉堡，后来她决定每周少吃一个汉堡以累积她的储蓄。只要她坚持计划，每周她的储蓄（与金融财富）便一定会增加。

但问题在于：如果每个人都像玛丽一样少吃一个汉堡，那么对汉堡消费的减少是否会增加（国民）总储蓄（与金融财富）呢？

答案是不会。为什么不会？因为如果出现上述情况，快餐连锁店便不会销售那么多的汉堡，他们会开始裁员，减少对面包、肉、番茄酱、酸黄瓜等的订单，等等。

所有失业的工作者获得的收入将会比之前低，他们的储蓄也会相应减少。你可以使用乘数效应（Multiplier）的概念证明：当所有失业者降低的储蓄等于所有减少汉堡消费而升高的储蓄时，这个过程便会停止。在总体层面上，没有出现储蓄（金融财富）的累积。

这只是一个简单甚至有些愚蠢的例子，但其内在的含义很重要，即当我们研究个体储蓄的增加时，我们可能会忽略其宏观效应，因为那对整体经济只会产生极小的影响。但如果每个人都试图去增加储蓄，我们便不能忽视支出降低对于整个经济的影响。这一点一定要理解。

1.5 实物资产与金融资产（或名义资产）的会计处理

到目前为止，我们在本章已经关注过金融流量和存量的会计计算。作为介绍现代货币研究的入门书籍，这个步骤非常合适。人们常说“有钱能使鬼推磨”，在资本主义经济中，绝大多数的生产目的均为赢利，即实现远超货币性成本的货币性销售收入。的确，这是我们现代经济中很重要的一部分。

但同时，也有一些“真材实料”被生产出来，生活本身也不可能脱离生产消费品和服务。这也意味着，经济学家也需要关注“配给过程”（Provisioning Process）本身。这里我们要提出的最后一个要点便是，大多数的供应过程发生在市场外，且不与货币产生直接关系。

那么我们如何解释这些“真材实料”呢？这便是本节的主题。

我们可以用国家的货币单位（Monetary Unit）来计量存款、债务以及一些被称为“价值”的深奥的概念。至此，读者可能对于贷方和借方有了一个较为清晰的了解。我欠政府税款，这些税款以美元的形式计量。这是我的负债，同时也是政府的资产，我们可以将其记录在电子资产负债表上。我在银行的存款以美元计量，它是银行的借据，也是我的银行存款（同样，二者只存在于计算机的电子费用记录中）。

“价值”的计量则更为困难，我们需要一种适合于衡量异源事物的计量单位，我们无法使用颜色、重量、长度、密度等。出于内容安排的原因，我将不会在此继续深入探讨这个问题。我们通常使用国家的记账货币，否则，我们便只能就事物本身来衡量其价值。例如，以糖来计量糖的价值非常容易，使用糖的重量即可；如果水晶看上去都一样，我们实际上可以很容易算出其价值。然而通常情况下，我们以体积计量糖，至少在厨房中是如此。但我们也不能仅仅说“一杯”，而要说“一杯糖”，随后我们再定义糖究竟是什么含义。

我可以从你这里借出一杯糖，并写上“借据：一杯糖”。因为我们生活在一个高度货币化的社会，使用国家货币或名义尺度——美元作为记账单位，因此，我们同意以美元书写借据。糖在商店中的现行价格约为1美元1杯，因此，我也可以写“借据：1美元”。我可能会以1美元（以1美元结算的纸币）、一杯糖或其他与1美元等值的物品来向你偿付。

当我计算所有的财富时，我的计算范围包括了我持有的银行、政府、其他金融机构、朋友以及家人所有以美元记账的借据，这个数字便是我的总金融财富。如果我有可以从那些欠我糖的人手中获得美元的合理预期，那么我的财富也有可能包括一些“以真正的糖记账的借据”。我加总了所持有的所有借据，包括对银行的、政府的、家庭以及朋友的。如果我发行可以强制以美元支付“一杯糖”的借据，那么，可以将其包括在财富中；如果我的“一杯糖”的存款和负债都无法转化为美元，那么应当将其视为实物资产与负债——我可以通过从资产中将负债提取出来，得到真正的“一杯糖”的财富净额。下文中将进行更多关于实物财富的讨论。当我可以将金融性借据从总金融财富中提取出来时，我便只剩下金融财富净额。

很显然，我还没有说完。我买了一个房子和一辆车（以及厨房橱柜中的一些糖），假设我申请贷款（向银行或汽车金融公司发行我自己的借据）购买房子和车，则我将因上述资产的购置而负债。我这部分的金融借据已经包括在上述的计算中，但我已经偿还了数年的债务，因此，未偿债务要远远小于我汽车和房子的价值。将汽车和房子的货币价值与实物资产的货币价值与金融资产相加，就能得到总资产。

当然，我对房子和汽车价值的处理方法非常巧妙且符合会计规则。但在此处，重点并不是理解会计原则。我们得到总资产（金融资产加实物资产）的总价值，减去未偿债务（多为金融债务，但也有可能是一些实物债务，如糖的借据等），就得到了财富净额，其由实物资产与金融财富净额相加而得。因此，由于我有实物资产（汽车、房子和糖），总财富净额将大于金融财富净额。

我也有可能存在负金融财富净额，即未偿债务大于正实物资产可以抵销的数量，那么我便“深陷水中”。由于全球金融危机，许多美国人便“深陷”于住房抵押贷款的“水中”：未偿还抵押债务比其房屋的货币价值还要高。我们不能确定就总财富而言，他们是否还“深陷水中”——必须了解他们其他资产和负债的价值方能确定——但大多数的美国人确定“深陷水中”。

本书会重点关注经济的货币方面，原因在于，这基本上就是在说明资本主义是什么，且我们对于“现代货币”在资本主义经济中如何运转非常关注。本书毕竟是一本现代货币入门书籍。请注意，“税收驱动货币”（见2.3节）也适用于使用货币但不是资本主义的早期社会。

即使在资本主义中也很明显，并不是所有的生产在开始时都与货币挂钩，也不是所有的生产目的都是挣“更多钱”或获利。在接下来的两个小时中我要烹饪晚餐、洗碗，我不会得到工资，也不会挣得任何利润。但在此“生产”过程中，有些也与货币挂钩，比如我购买了大部分用于烹饪的原料，购买了水和肥皂用于洗涤。但有些“原料”（尤其是我的劳动）却是无法购买到的。

那么此类生产是重要的吗？毫无疑问，即使在一个高度发达的资本主义经济中（如美国），如果没有那些无偿参与到“繁殖”“劳动力”活动中的劳动力（引号内是马克思的术语，你可以使用“支持提供劳动力的家庭”来代替），任何货币性生产都难以实现。家务、养育孩子、休闲娱乐等都非常重要，但大多不涉及货币性交易。当然，我们有时也可以为其加上货币价值。不仅有以洗碗形式出现的“流量”维度（见1.4节相关讨论），更有以年轻人积累日后所需要知识和技能形式出现的“存量”维度（通常被经济学家称为“人力资本”）。这一（不断增长的）存量应该被添加到“实物资产”中，从而成为总财富净额的一部分。很显然，这些事物都很难以美元来衡量，同时，它们也很难兑现为货币的形式。无疑，每个人都拥有着无法卖掉的人力资本技能。

探讨框：基于资产负债表的会计

资产负债表是一种记录一个经济单位资产和负债的会计凭证。

资产	负债与资本净值（Net Worth）
金融资产（FA） 实物资产（RA）	金融负债（FL） 资本净值（NW）

一个资产负债表必须平衡，即需满足以下等式：

$$FA + RA = FL + NW$$

资本净值可以被理解为剩余变量，即为了维持等式所做出调整的值，资本净值是资产与负债之间的差异。

金融资产是对其他经济单位与实物资产的金融债权，实物资产则是实物（如汽车、房屋、机器、钢笔、课桌、存货等），金融负债是其他经济单位的债权。

鉴于资产负债表必须平衡，资产负债表任意一个部分发生变化都会导致至少一个另外部分发生相反的变化。

家庭购车

例如，如果一个家庭要买车，通过在其银行账户上开支票的方式支付100美元，那么，银行账户存款余额将减少100美元，$\Delta FA = -100$ 美元，该家庭得到了一辆等值的汽车，$\Delta RA = 100$ 美元。

家庭资产负债表

资产的变化	负债及资本净值变化
ΔFA（银行账户） = -100 美元 ΔRA（汽车） $= 100$ 美元	

正如你所看到的，所有资产的总和并没有改变，负债（和资本净值）也是如此。

家庭可能需要支付汽车的部分价值（比如30美元）以获得汽车贷款（增加金融负债）。

家庭资产负债表

资产的变化	负债及资本净值变化
ΔFA（银行账户）=－70美元 ΔRA（汽车）=100美元	ΔFL（汽车贷款）=30美元

资产负债表的两边各增加了30美元，因此，等式仍成立。

在封闭经济中对本国其他私营部门的影响

我们刚刚仅单独讨论了家庭资产负债表，当一个家庭购买一辆新车时，汽车制造商（非金融企业）获得了资金，失去了汽车。如果该家庭贷款，那么银行便拥有家庭30美元的债权，家庭只需要将其银行存款（70美元）加上贷款所得（30美元）支付给汽车经销商。以下是另外两个资产负债表。

非金融企业资产负债表

资产的变化	负债及资本净值变化
ΔFA（银行账户）=70美元+30美元 ΔRA（汽车）=－100美元	

银行资产负债表

资产的变化	负债及资本净值变化
ΔFA（汽车贷款）=30美元	ΔFL（银行账户）=30美元

注意，所有会计分录在一个经济单位的资产负债表中出现，也必然会在至少一个另外经济单位的资产负债表中出现。例如，家庭贷款30美元，所以银行借出30美元，家庭购车花费100美元，所以汽车经销商卖车获得100美元。

家庭、银行以及非金融企业大体上代表了私营部门。如果你试图计算购车对于私营部门的总体影响，可以对上述所有资产负债表的变化进行求和。

私营部门合并资产负债表

资产的变化	负债及资本净值变化
ΔFA（银行账户）= −70美元+100美元 ΔRA（汽车）=100美元−100美元 ΔFA（汽车贷款）=30美元	ΔFL（银行账户）=30美元 ΔFL（汽车贷款）=30美元

因此，其产生的总体影响如下所示。

私营部门合并资产负债表

资产的变化	负债及资本净值变化
ΔFA（银行账户）=30美元 ΔFA（汽车贷款）=30美元	ΔFL（银行账户）=30美元 ΔFL（汽车贷款）=30美元

引入政府

如果换作政府买车，情况又会有什么不同呢？让我们考虑一个简单的过程，政府通过向汽车制造商发行货币来购买汽车。

政府资产负债表

资产的变化	负债及资本净值变化
ΔRA（汽车）=100美元	ΔFL（现金）=100美元

在私营部门，汽车制造商收到现金（$\Delta FA=100$ 美元），卖出汽车（$\Delta RA=100$ 美元）。

非金融企业资产负债表

资产的变化	负债及资本净值变化
ΔFA（现金）$=100$ 美元 ΔRA（汽车）$=-100$ 美元	

在本例中，私营部门累积了对政府的金融债权，即这一金融债权无法在私营部门内部平衡（抵销）。如果合并政府和私营部门资产负债表，则整个国内经济合并资产负债表如下所示。

国内经济合并资产负债表

资产的变化	负债及资本净值变化
ΔFA（现金）$=100$ 美元 ΔRA（汽车）$=-100$ 美元 $+100$ 美元	ΔFL（现金）$=100$ 美元

经济体本身对自己持有负债，总体国内财政收支净值为0。更重要的是，私营部门财务收支为正值（持有现金），政府是负值（现金是负债）。由于这一笔会计分录发生在私营部门的外部，我们称这类私营部门的财务收支正值为外部财富。

同样地，如果再增加国外部门，本国私营部门可能拥有对国外部门的净金融债权，也算作外部财富，甚至本国政府都能通过持有对国外部门净金融债权的方式拥有金融资产净额。因此，国内经济可能拥有通过持有国外部门债权的形式而产生的金融资产净额。

1.6 美国近期部门收支："金发姑娘"与全球危机

在本节，我们将把本章中学习到的知识应用到真实世界的案例中。让我们来看看20世纪90年代中期美国的"金发姑娘经济"现象，并利用部门收支的方法，寻找全球金融危机的根源。比尔·克林顿（Bill Clinton）执政时，美国经济刚刚摆脱了长期低迷的局面。突然间，美国经济强劲增长，失业率持续走低，达到自20世纪60年代以来的最低水平。令人惊讶的是，通货膨胀仍保持在低水平。这就是为什么这个时期的经济被冠以"金发姑娘经济"的称号——既不太热，也不太冷，恰到好处。然而在90年代末，美国经济开始崩塌，直到布什执政的21世纪初期才有所好转，并有了一些"金发姑娘经济"的影子（这段时期被称为"大稳健"（Great Moderation）时期。但随后，美国再次陷入经济危机，美国人称之为"大衰退"（Great Recession）时期，而其他国家则称之为全球金融危机。

让我们看看如何用部门收支的方法诊断此次危机。

需要指出的是，我们将在后文使用部门收支恒等式与真实世界数据来解读经济崩塌的原因。通常，单纯解读往往会招致争议，恒等式和数据却不会，但二者相结合却无法肯定地"证明"造成经济崩塌的原因。

1998年开始，部分学者开始根据现代货币理论的研究结果警告政府"金发姑娘经济"已经造成了不可持续的部门收支。我们那时便意识到，由于私营部门不可持续的赤字支出的推动，当时的经济处于泡沫中，自1996年起，支出持续大于收入。而我们现在知道，结论下早了，事实上，私营部门支出大于收入的状况持续到了2006年。经济随后崩塌，成为过度支出的牺牲品。在20世纪90年代末，我们很难预测不断积累的私营部门债务会给金融部门带来多么深远的影响。各类贷款人欺诈使债务泡沫（Debt Bubble）越来越严重，最终于2008年破裂，而这距离我们第一次警告的时间已长达十年之久。①

接下来我们看看从“金发姑娘经济”中可以学到什么来帮助我们理解全球金融危机。在90年代末，“金发姑娘经济”进入萧条，克林顿执政时期的财政预算盈余宣告终结。布什总统在任期间，赤字增长到GDP的5%，以恢复经济。随着经济复苏，私营部门再次持续赤字支出，刺激房地产繁荣和消费高涨（如房屋净值贷款等）。

请参看图1.8并注意，我们将每一笔部门收支都除以了GDP（将每一笔收支除以一个相同的数字，即GDP，也不会改变其相互关系），这将是本书中要经常使用、较为方便的缩放比例的方法。由于大多数宏观经济数据随时间增长，除以GDP将更容易绘制图像（而不是与那些数万亿美元打交道），并且，我们所有数据都以占总支出的百分比形式给出。

图1.8显示为“镜像”（Mirror Image），即自1998年起至“金发姑娘经济”年间的政府赤字是本国私营部门盈余加经常账户赤字的镜像（该数值为正的原因在于其反映的是正资本账户结余，即世界其他国家出现了对美国的金融结余正值）。注意：图1.8证明了我们前几节所学知识：三部门间的赤字与盈余的和必须为0，这也是为什么图1.8中出现了以0为对称轴的镜像。在克林顿执政时期，政府预算变为盈余（即高于水平线0的部分），私营部门赤字便是财政预算盈余加上经常账户赤字的镜像。

---

① Wynne Godley and L. Randall Wray, “Can Goldilocks Survive?”, Policy Note 1999/4, April 1999, Levy Economics Institute, http://www.levyinstitute.org/pubs/pn99_4.pdf.

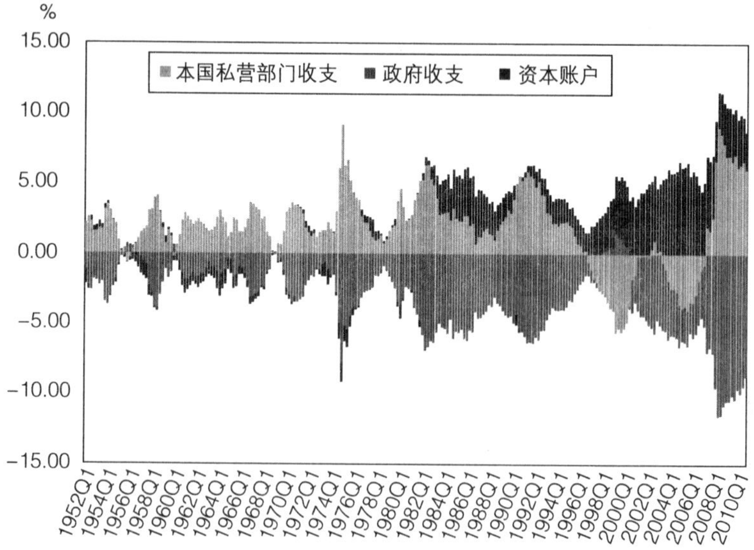

图 1.8　1952 年第一季度至 2010 年第一季度部门金融收支占 GDP 的比例

这个镜像几乎只有研究现代货币理论以及巴德大学利维经济研究所使用韦恩·戈德利的部门收支方法的研究员们才可以理解，大多数人并没有在图 1.8 中看出私营部门赤字和政府盈余之间的关系。在金融崩塌后，本国私营部门迅速累积巨额盈余（这是经济衰退期的正常现象），经常账户赤字下跌（因为美国消费者减少了对进口商品的消费），由于内销和就业率的下降，税收收入崩塌导致了财政预算赤字的上升。

不幸的是，正如政策制定者们从克林顿"金发姑娘经济"时期的财政预算盈余中所认识到的错误的教训——认为联邦财政预算盈余是合理的，但实际上那仅仅是与私营部门赤字开支相对而言的，他们如今又在 2008 年全球金融危机后总结出了错误的教训。他们设法说服自己这场危机都是由于政府部门的肆意挥霍造成的，如此便引发了削减支出的呼声（甚至还有提高税收的呼声），许多国家以此来降低财政预算赤字

（尤其是美国、英国以及欧洲国家，我们在后文会详细讨论）。

现实却是不同的：华尔街过度削减支出加剧了私营部门债务，从而摧毁了经济，降低了政府的税收收入，导致了联邦政府赤字的巨额增长。作为一个主权货币发行者，联邦政府并不受清偿力约束（读者可以暂时记住这个观点），我们在第2章中将会详细讨论）。然而，经济衰退减少了州和地方政府收入，因此，那些政府通过削减开支、裁员以及寻找新的收入来源应对经济衰退。

联邦、州以及地方政府赤字开始下降，经济富足，终结了一场摧毁税收收入的巨大财政风暴。尽管复苏比较疲弱——在第一个五年仅仅创造了少量的就业机会——但已经足以降低政府赤字。就2014年的情况来看，创造就业的步伐已经加快。如果想要预测图1.8中的“镜像”在经济全面复苏后的形态，我猜测经济可能会回归到接近美国长期平均水平的位置：私营部门盈余达到GDP的2%，经常账户赤字达到GDP的3%，政府赤字达到GDP的5%。在我们的简易方程中表示如下：

私营收支（+2）+政府收支（−5）+国外收支（+3）=0

于是，我们的讨论回到了三者和为0这个结果！

探讨框：会计恒等式的反对意见

许多人在第一次见到会计恒等式时都会对其产生怀疑。在接下来的部分，我们将对三种反对意见进行分析。

（1）会计恒等式是否与简单的算术运算相同，即2+3=5是否只是在操纵结果？

（2）我们是否可以选择不同的恒等式？为什么这些恒等式比较重要？

鱼)，直到我们吃掉椰子和鱼。

的确，我们这样的分析省去了经济中最有趣的部分——没有银行、政府、纸币等。我们只是简单地玩了一个“你欠我”和“我欠你”的游戏，却可以展示出简单的部门收支结论：一个部门（我）的财政赤字等于另一个部门（你）的财政盈余。当我们结清所有的货币债权后，剩下的便只有实物资产（椰子和鱼），没有任何魔幻的东西。

所有人都可以累积（非金融性）资产。例如，我们可以在自家的后院中种自己的庄稼，累积不能被金融负债抵销的玉米。大多数的时间，人类都生活在没有货币的世界中，但我们仍旧可以吃饱，穿暖，照顾别人，与别人竞争。在很大程度上，现代货币理论关注“货币”，即金融会计部分，每一笔赤字都会被（某处）等值的盈余所抵销，每一笔债务都对应着持有者的金融财富，因此，最后净值为0。就像我们对乌比冈湖的类比，每个人都可以累积实物资产（我们的智商都高于0)，但我们的金融净额为0（我们的智商水平为平均或高于平均)。

再看意见（2)，有些人喜欢其他的恒等式。例如，不使用本国私营部门、政府部门和国外部门的分类方式，而选择其他分类方法。我们可以根据头发颜色来分类：金色、黑色、红色、蓝色、棕色、银色等。但出于本书的目的，我们采用的分类方式显然更为实用。基于使用不同的货币，将国外部门与本国部门分开的方式并不罕见。

实际上，由于存在多种货币——即使每个国家只有一种不同的货币，我们需要以不同汇率结算。分为政府与私营部门的方式也并不罕见，在讨论“主权货币”时，这样的分类方式非常实用，也符合本书的主要目的。虽然只有国民政府是主权货币的发行者，但为方便起见，我们在国民政府中加入了州和地方政府的分类。不可否认的是，将家庭和公司合并在一起（以及非营利部门）的分类方式较为罕见，部分原因在于数据的限制——一些数据通过此类方式收集。我们如此分类的主要目的是区分货币的“使用者”（家庭和公司）和“发行者”（主权政府）。

我们现在来简单介绍一下在大多数的经济学教科书中经常采用的方法。首先给出GDP恒等式（GDP = 消费 + 投资 + 政府采购 + 净出口），这时它也等于国民总收入（Gross National Income）。为避免过于技术性，GDP来源于国民收入和生产账户（NIPA），而该账户对于担心存量—流量一致性（后文对此将做详细阐述）的人来说，拥有许多明显的不利因素。NIPA实际上将一些并不适合加在一起的价值和实物加在了一起（出现更大、更令人讨厌的“统计误差”，在恒等式中几乎是胡编乱造）。例如，大多数的美国人都有他们自己的房子，但我们均会“消费”“住房服务”（Housing Services）——那种在暴风雨中拥有遮蔽物般纯粹的享受。因此统计学家把我们应该支付的价格（构成该享受所拥有的经济价值）“计入”GDP中。我们不接受这种方法的原因在于，事实上，没有人真的需要为了在房主自用住宅（Owner Occupied Housing）中享受“住房服务”而支付该消费（虽然你在五年前便已经将房屋抵押贷款还清，但根据统计学家的记录，你今年所消费的价值12000美元的享受，却不用进行支付）。

另一个有疑问的地方在于对储蓄的处理。对于储蓄通常有两种处理方式：简单的余额（你的收入减去你的消费），或是财富的累积。在众多计算中，当出现房地产繁荣时，住房存量的价值增加，意味着我们的财富增长，但这必须同时意味着我们的储蓄也增长了。然而，并没有收入来源让我们可以储蓄金融资产。在经济学术语中，这是“未实现”的资本利得。为了实现其利得，必须发生真正的销售。

由于本书重点关注对于全部支出、全部收入、全部消费和全部储蓄的“会计处理”，我们并不想做出没有相对应的金融流量的计入。因此，我们倾向于使用资金流量账户，即存量—流量一致的账户（至少是最接近一致的账户）。事实上，现在国民收入和生产账户数据对于许多国家来说比资金流量的数据更易于获得。因此，有时我们不得不使用GDP等式，而非我们的部门收支等式。这对于“掷马蹄铁游戏”来说是件好事儿（只要离目标足够“近”便足矣），对于大多数的经济学问题也是如此。

以下为两种方法的对比：

本国私营部门结余+本国政府部门结余+国外部门结余=0

（储蓄-投资）+（税收-政府购买）+（进口-出口）=0

你可以看出，它们都可以得出较为合理的近似值。粗略来看，如果私营储蓄超过了投资，私营部门将出现盈余；如果税收比政府购买少，那么政府将出现赤字；如果进口大于出口，国外部门将出现盈余。我们可以得到更多不稳定的、可以放入政府转移支付中的项目（就像失业补助金那样可以增加私营部门收入）以及国际保理支付（International Factor Payments）（美国公司从国外所获得的利润的流量，其缓解了我们的国外部门不均衡），但我们不会这样做。我们通常用部门收支恒等式（因此为资金流量）而非GDP恒等式（NIPA）来计算，但如果读者想要进行两者之间的转换，那么就要伤脑筋了。

最后看意见（3），即我们为什么称“不均衡”为“部门结余”。也就是说，如果私营部门出现赤字，为什么我们称其为私营部门“结余”（Balance，字面意思为均衡）。你在银行的支票账户“结余”可能为正值。如果你开了一张大于你银行账户“结余”的支票，并且你的账户有自动透支保护，那么你将在账户中有一个负值的“结余”。因此，即使该账户是“不平衡”的，你仍可以称其为支票账户结余。“结余”在任何一个部门均可为正、为0或为负。

专业笔记：

个人储蓄率（Personal Saving Rate）与家庭净储蓄（Household Net Saving）在GDP中占比的主要差别如下：

（1）家庭净储蓄是GDP的一部分，而个人储蓄率是可支配收入的一部分。

（2）家庭净储蓄扣除了所有家庭支出，包括消费和住宅投资（Residential Investment），而个人储蓄率仅仅扣除了消费支出。

还有一些细小的差别：

（1）家庭净储蓄将家庭资本消费（即折旧）备抵计算在内，个人储蓄率则没有。

（2）家庭净储蓄将保险和养老金储备计算在内，个人储蓄率则没有。

（3）家庭净储蓄包括本期应付的工资减去企业对家庭的支出，个人储蓄率则没有。

2

本国货币发行者的支出

在前文中我们已经详细讨论了韦恩·戈德利提出的“三部门平衡”理论，在某种意义上，这是了解现代货币本质的基础。现代货币理论在“政府如何支出”这一问题上的观点独树一帜，因此在本章开头，我们将首先探讨有关主权货币（Sovereign Currency）的问题。

政府发行本国货币，其支出行为是我们研究的重点。首先，我们将提出适用于任何货币发行者的准则，无论汇率制度如何，这些准则在发达国家和发展中国家均适用。其次，我们将特别讨论发展中国家的情况。最后，我们将在第6章分析不同汇率制度，并从中得到启示。

在2.1节中我们将探究“主权货币”这一概念。

2.1 什么是主权货币

2.1.1 本国货币

我们首先介绍“记账货币”（Money of Account）。澳元、美元、日元、英镑、欧元都是记账货币，其中，前四种各与一个国家相联系，而欧元是EMU中的多个国家所采用的记账货币。从古至今，通常的情况应该是“一个国家，一种货币”，但现在已经出现了一些特例，欧元就是其中之一。接下来将讨论更常见的情况，即一个国家采用本国的记账货币，并以此作为记账单位发行货币。在一些例外情况中（如EMU），货币与国家分离，我们需要仔细甄别这一过程中的不同之处。

大部分发展中国家都采用本国的货币。下文将会讨论到，一些国家实行货币钉住制度，因此在制定本国政策时做出了一定程度的妥协。但是，由于这些国家确实发行自己的货币，我们这里对主权货币的分析便同样适用于他们。

我们也要认识到，个体家庭和企业（甚至是政府），在国内经济中也可以使用外币。例如，在哈萨克斯坦（和许多其他发展中国家），很多交易可以用美元进行，其他的交易使用坚戈；个人可以以美元或坚戈计价积累净资产。但是，适用于一种主权货币的准则同样分别适用于每一种货币。

2.1.2 一个国家，一种货币（及其例外）

在实践中，绝大多数国家都会使用本国特有的记账货币：在美国使用美元，在澳大利亚使用澳元，在哈萨克斯坦使用坚戈。政府以其记账货币为单位发行货币（通常包括不同面值的金属硬币和纸币）。政府的支出和需上交给政府的税款、费用、罚金都要以同样的记账货币支付。民事案件中，法院系统用国家记账货币评估损失。例如，工资以国家的记账货币为单位计算，如果雇主不支付工资，法院将强制执行劳动合同并要求雇主赔偿雇员估算的经济损失。

政府可以使用外币进行部分政府采购，或接受外币支付，还可以借入外币，这通常发生在政府进口采购或试图积累外汇储备时（如当该国将本国货币钉住某种货币时）。但重要的一点是，这些行为并不会改变本国货币的核算。也就是说，如果哈萨克斯坦政府以坚戈计价的支出比税收收入多，将会出现财政赤字，赤字的金额正好等于非政府部门坚戈盈余的金额（如果外资部门保持平衡，国内私营部门将产生坚戈盈余）。

我们认为，相比外币，政府在用本币开销或征税时有更多调整余地（被称为“国内政策空间”）。对哈萨克斯坦政府来说，如果出现美元的财政赤字，政府就不得不外借美元以弥补赤字。相比之下，政府发行本币并支出，使货币流入想要积累坚戈净储蓄的国内私营部门就要简单得多了。

需要注意的是，在许多国家，使用外国记账货币的私人合约广泛存在。比如，在一些拉丁美洲国家和世界范围内的其他发展中国家，签订合同用美元计价是很普遍的；在许多国家，私人交易使用美元支付也很常见。据推测，在美国境外流通的美元总量甚至超过国内的流通总量。因此，在许多国家，除本国记账货币以及以此为单位计价的本国通货以外，人们也经常使用一种或多种外国记账货币。

使用外币有时是被官方允许并认可的，但有时却是地下经济的一部分，目的是躲避侦查。在美国，直到19世纪，外币才能像美元一样正常流通，这可能让人吃惊，但美国财政部确实是19世纪中期才允许以外币支付税款的。

但是现在，在发行本国货币的发达国家，上述做法已十分罕见（欧盟国家除外，它们使用从各国角度来看都实为外币的欧元）。相反，在发展中国家，外币与本币共同流通的情况很常见，政府很愿意接受外币。甚至在一些情况下，相比本币，卖方更愿意接受外币。

这会对政策的制定有所启示，在后文中我们会加以讨论。

2.1.3 主权与货币

本国货币（National Currency）通常指由政府发行的“主权货币”，政府借此来保留个人或机构所没有的权力。在这里我们只考虑与货币有关的权力。

只有政府有权力决定哪种记账货币是官方认可的货币（如前文所述，政府可以选择接受以外国货币支付，但这是统治者的特权。进一步讲，只有现代政府拥有发行以记账货币为单位的货币的权力。最终，政府决定在法庭上合同将如何被执行——指定履行合同时可交付哪种代币（Money Tokens）。

如果政府以外的其他实体试图发行本国货币（除非政府明确允许），它将被指认为货币伪造者，并被处以重罚。

而且，政府用本国的记账货币征税（还有收费和罚款），并决定如何支付这些钱。也就是说，纳税人履行纳税义务时，由政府来决定要接受哪种货币。

最后，政府还可以决定要如何支付：当购买商品、享受服务时，或当政府履行义务时（比如必须支付给退休人员的养老金和支付给国债持有者的利息）交付哪种货币。大部分现代政府在支出和收入税款时都要求使用本国货币。

在2.2节中我们将继续讨论、探究现代货币“靠何支持”。

探讨框：常见问题解答

我们在这里简单探讨一个常见问题，后文中将有更为详细的阐述。

问题：主权货币与交换媒介（Medium of Exchange）的联系是什么？

回答：我们在2.1.1节中首先介绍了记账货币：美国的美元和英国的英镑。它们都是记账单位，就像“英寸”“英尺”“码”一样，其存在甚至不同于电子记录。记账货币完全抽象，且具有代表性，连警犬都嗅不到。

接下来我们介绍了“代币”的概念。代币是以记账货币为单位的记录，是可以被感知到的。与此类似，狗嗅不到测量长度的单位，但却可以嗅到测量的东西，如尺蠖虫长一英寸[①]。脚长一英尺[②]左右，足球场的大小是亨利一世的鼻子到拇指距离的100倍——也许还更多，众所周知，君主总喜欢夸大自己的解剖特征，就像今天的说唱歌手一样。代币既包括可感知到的东西，如硬币、纸币等，也包括无法感知到的电子记录。我们将继续讨论这些用记账货币来衡量的事物的本质。

在这一节中我们介绍了主权货币——政府采用的国家的记账货币。理论上，私人实体可以创造并使用记账货币，但在一个主权国家内，就算存在不止一种记账货币，也只有政府所采用的货币通常才是主要的记账货币。

---

① 1英寸=0.0254米。——编者注

② 1英尺=0.3048米。——编者注

“货币”这个词不仅用来代表政府所采用的记账货币，也用来代表政府发行的、以记账货币为单位的代币。在美国，货币指的是由财政部发行的硬币以及由美联储发行的纸币。换句话说，主权货币（记账货币）和美国政府发行的代币（纸币或硬币）是两个不同的概念，我们却用“美元”这个词将其统一了起来。

我们还没有介绍“交换媒介”的概念。大部分教科书一开始便会谈及“交换媒介”（如鲁滨逊和星期五到处寻找贝壳作为方便的交换媒介），本书却并未一开始就讲述这个故事，而是故意等到现在才引入这一概念。我们先跳过这些故事和概念在此提出以下观点：由政府发行的代币或货币总体上确实发挥着交换媒介的作用，其他私人发行的代币亦是如此。最重要的是，支票要由银行存款支付（尽管现在借记卡正在迅速取代支票）。

这就是代币的作用，但其对我们了解货币的本质并无助益。其他的作用还包括支付手段（偿还债务）、价值储藏等。

在美国，当你走进一个新开业的小餐馆或任何一家家庭经营的小公司时，通常会在墙上看到一个画框，里面镶着一张美钞，写着“我们赚的第一桶金”或类似的话。在这里，纸币作为一种纪念物，反映了店主白手起家的骄傲之情。20年前，华尔街的许多商人把卷起的百元美钞作为运送可卡因的工具。我认为，过早地强调货币的不同职能没有意义，所以，至少让我们先了解一下货币的本质吧！

2.2　货币靠何支持？为何有人接受

30年前，当我刚开始从事教学工作的时候，大多数学生认为美元有黄金来支持，美元之所以有价值，是因为诺克斯堡储满了黄金，如果他们偷偷带着大把现金开车去那里，便可以装回满车黄金。因此，当他们发现从他们出生时起美元就已经没有黄金作为支持时，每个人都惊诧不已。现在，很少有学生会这么认为了，他们都明白，货币是“法定”（Fiat）的，根本无物支持，也无法索偿。

2.2.1　金属储备和外汇储备支持货币

人们对主权货币困惑已久。例如，许多政策制定者和经济学家一直不明白为什么在政府进行购买活动时，私营企业会接受其发行的货币。

很多人——如“常年”的总统候选人罗恩·保罗（Ron Paul）——与我的学生一样，认为用贵金属支持货币很重要，因为这能确保人们接受该货币作为支付手段。历史上，有的政府有时不储存本国货币，而是持有黄金或白银储备（或二者兼有）。它们认为，如果民众一直以货币向政府换取贵金属，它们会接受货币，因为货币和金子一样重要。有时货币本身就包含贵金属，金币就是个例子。在20世纪60年代的美国，财政部持有的黄金储备相当于发行货币价值的25%。有趣的是，美国居民不被允许以货币换黄金；只有国外的美元持有者可以。

但是，美国和大多数国家早已放弃了这种做法。即使没有黄金支持，美元依然在世界范围内炙手可热，所以，认为货币需要贵金属支持的观点是错误的。

我们继续探讨所谓的“法定货币”（Fiat Currency），即一种不需要贵金属支持的货币。许多国家明确使用外汇储备支持本国货币（例如采用货币局制度，以固定汇率按需兑换美元或其他货币），但大部分发达国家的政府发行的货币都无须外币支持。

“法定货币”最多只是一个模糊的术语。如果有人认为，由于人们只能选择接受该货币，因此“法定”是指政府告诉你必须接受该货币，那就是对此概念有所误解了，虽然一些国家确实通过了法定货币法（详见2.3节）。不管怎样，我们需要解释清楚为什么即使没有“支持”，像美元、英镑、日元这样的货币也能在全世界流通。

2.2.2 法定货币法

法定货币法是解释政府法定货币（没有明确说明可以转换为黄金或外币的货币）可接受性的方法之一。许多国家政府已经立法要求在境内支付中必须使用本币。确实，美国发行的纸币上印有“这张纸币是法定货币，可偿付所有公共、私人债务”；加元纸币上也写着“这张纸币是法定货币”；澳元纸币上也印有“这张纸币是法定货币，全国通用”。

相比而言，英国的纸币上仅印着女王的头像，5英镑的纸币上面写着“我承诺持票人一经请求，即付5英镑现金”。也就是说，如果你要把一张5英镑的纸币呈交给女王，她承诺将给你另一张5英镑的纸币！

纵观历史，有很多政府通过了法定货币法，但本国货币仍然没有需求，人们在私人支付中不接受本币，有时甚至拒绝用本币向政府交钱。有时候，不接受本币的人会受到严酷处罚，包括用炽热的硬币烫其前额等。可见，不使用这样的手段，人们是不会接受本国货币的。

因此，有的货币不需要法定货币法，人们也对其趋之若鹜，有的货币即使有法定货币法也令人避之不及。众所周知，美元在很多国家自由流通，即使美元不是它们的法定货币（在某些国家美元被抵制，甚至使用美元被视为非法行为）。我们可得出结论，法定货币法本身是无法解释人们接受一种货币的原因的。

如果“现代货币”大多不是靠黄金或外币支持的，如果人们接受一种货币不是因为法定货币法强制规定人们必须使用它，那是为什么呢？看起来这确实是个难题。教科书中的典型回答就是：你会接受本国的货币是因为你知道别人也会接受它。换句话说，你接受，是因为大家都接受了。这种解释依赖于“无限追溯”理论：约翰接受一种货币是因为他认为玛丽也会接受，玛丽接受这种货币是因为她认为沃尔玛也会接受。

以此为基础的货币理论岂不是摇摇欲坠的空中楼阁？

有人认为，货币的唯一支持是“更傻的傻瓜”理论和“烫手山芋”理论：我接受一张美元纸币是因为我相信会有更傻的傻瓜接受这张纸币。

要把这些理论写在我的书中或用以说服一个多疑的学生，对我来说是很困难的。

对于假钞，这个理论同样适用：只有当我认为我可以偷偷地把假钞花出去的时候，我才会接受假钞。但我是不会试图用这么愚蠢的理论来说服各位入门的读者的，2.3节中会有一个更具说服力的论断，看看你是否能够想到答案吧！

对于“金本位制”“法定货币”“法定货币法”“烫手山芋”和“更傻的傻瓜”等经济理论你是否感到满意呢？黄金是钱吗？可以成为钱吗？如果黄金不支持货币，美联储为何要储存黄金呢？货币可以只用“信任”支持吗，即预期某人会在某地把我手中的货币拿走？

请天马行空，尽情思考吧！

探讨框：常见问题

问题：既然黄金不支持货币，它为什么这么重要呢？

回答：黄金很闪、很亮，是永不改变的“贵重元素”，不生锈，易清洁，可被分割成小片，戴在耳朵上、牙上、手指上都很好看。几千年来，黄金高处图腾柱的顶端，具有神秘气息，许多国家在多年以前还让货币钉紧黄金。最后，制造业的强大需求和政府储藏黄金的倾向（在诺克斯堡这样的地方）保证了黄金的价值。投机者估计政府不会拿出储备的黄金，否则它们将被彻底摧毁。为了防范风险，有人［如艾伦·格林斯潘］（Alan Greenspan）在政府中主张金本位。据我所知，还没有其他的解释可以说明人们对于黄金的着迷。

问题：法定货币不是因为其“价值储藏”功能而被接受的吗？

回答：一张只写着“我承诺支付给你5张欠条”的纸会有什么储藏价值呢？什么也没有。这看起来像是另一个无限追溯的论点：如果人们认为法定货币可以持续使用，并对此有需求的话，货币将会拥有储藏价值的功能。但我们需要解释最初为什么有人想要货币，它就是2.3节中我们关注纳税义务的原因。

2.3 税收驱动货币

在2.2节中我们提出了这样的问题：在哪里货币不能以固定汇率与贵金属或另一种强势货币兑换？如果法定货币法不足以或没必要用法律

来确保一种货币被接受，如果政府的“承诺支付”仅意味着两张5美元纸币的兑换，那么，为什么会有人接受政府的货币呢？在本节中我们将根据现代货币理论探究以上问题的答案。

2.3.1 主权和税收

政府拥有的最重要的权力之一就是征税（和其他上缴给政府的钱，包括费用和罚金）。税收义务通过国家的记账货币衡量：美国、加拿大、澳大利亚使用美元；日本使用日元；墨西哥使用墨西哥比索。更进一步，政府还决定公民应交付哪种货币来履行纳税义务。在大多数发达国家，缴纳税款时政府只接受本国货币。

在后面几节中我们将详细阐述公民如何付款给政府。看起来纳税人大多使用私营银行开出的支票来支付税款，但实际上，当政府收到这些支票时，借记私营银行的准备金。私营银行在纳税人和政府间起媒介作用，代表纳税人用货币缴税（技术上讲，是用国家央行的借据——准备金缴税）。一旦银行完成了支付，纳税人就履行了义务，纳税责任就被消除了。

现在我们能回答之前提出的问题了：为什么会有人接受政府的法定货币？因为政府的货币是缴税和偿还政府其他债务时，政府接受的主要（通常也是唯一的）货币。为了免受逃税的惩罚（包括进监狱），纳税人需要获得政府的法定货币。

现在有银行作为中间人支付货币，但在从前，纳税人不经过中间人直接交税——他们真的会把硬币、统计木棒或纸币带到财政部，去向政府缴税，缴各种费用和罚金。后面我们会谈论到，现在银行可以通过政府的银行（即央行）中各自的账户替纳税人做这些事情。

当然，政府法定货币也有其他用途：硬币可用来在自动售货机买东西；纸币可以解决私人债务；政府货币可以存在存钱罐里方便以后使用。但是，货币的这些作用都是附属的，派生于政府在收税时对货币的接受意愿。

最后，正是由于任何有纳税义务的人都可以用货币来消除这些义务，人们在购买或履行私人义务时都可以用它支付，政府法定货币才很抢手。政府不能轻易强迫别人在私下支付时使用政府法定货币，或在存钱罐中储存政府法定货币，但可以在征税时强迫人们使用政府法定货币来履行纳税义务。

因此，保证政府法定货币被接受既不需要储存贵金属（或外币），也不需要法定货币法，只需要有用政府法定货币才能履行的纳税义务。纳税（或其他强制的支付）才是幕后黑手。

2.3.2 政府承诺了什么？政府欠你什么

在英镑上印上“承诺付款”的字样实际上是多余的，具有误导性。这句话实际是指“我接受你使用这张纸币缴税”。我们知道，提交一张5英镑纸币时，英国财政部不会支付任何东西（除了另一张5英镑纸币）。但是，在纳税时政府将会，也必须接受这张纸币，如果不接受自己开出的欠条，那就是拖欠债务了。

美国总统乔治·布什说过：“在田纳西州——也可能是在得克萨斯州——有这么一句谚语：‘就让你骗我一次吧，你真的、真的很可耻；骗我吧，我就不会再次被骗。’”

原谅他吧！他在大学时可能听了太多“谁人”（The Who）乐队主唱罗杰·达尔特瑞（Roger Daltry）的歌。他的意思是说，主权可以愚弄我一次，政府在这一点上真是可耻，但我不会再被愚弄了。

这就是出现英格兰银行（Bank of England）的主要原因。英国国王拖欠了债务，信誉不好，于是创造出英格兰银行，充当相互之间缺乏信任的国王和国民之间的桥梁——英格兰银行拿走国王的欠条，开出新的欠条来资助国王的开销。当然，这又是另一个故事了。

这就是政府货币的兑换方式：不是用来兑换黄金，而是支付给政府。稍后我们将讨论纳税相关的会计问题。现在，我们已经了解到，我们是通过将政府的欠条交给收税人员来履行纳税义务的。明白了这一点，我们的阐释目的就已经实现了。

2.3.3　结论：税收驱动货币

现在我们可以得出结论：税收驱动货币。政府首先创造一种记账货币（如澳大利亚的澳元、哈萨克斯坦的坚戈、菲律宾的菲律宾比索），然后用这种记账货币征税。在所有现代国家，这就足以确保许多（实际上是大多数）债务、资产、价格都可以用本国记账货币为单位进行计价。

请注意，这是一种有利于统治者的、不平等的情况：政府对你征税，你就必须接受其欠条。这是个很好的把戏，如果你在自己的小城堡中当国王的话，也可以这么做。你可以用本家的货币，如“约翰逊币”，向孩子们征税，他们每干一件家务活，你就付给他们工资，这样他们就可以赚钱交缴了。如果你会因为他们逃税而对其施以惩罚，那么，他们为了得到家里的“约翰逊币”，就会努力工作。

之后，只要政府接受缴税时所用的货币，就可以发行以同样的记账货币为单位的货币。没有必要用贵金属支持该货币，也没有必要颁布法定货币法迫使人们接受本国货币。因此，所有政府要做的不是在纸币上印刷“这张纸币是法定货币，可偿付所有公共、私人债务”，而是应该承诺“缴税时接受此纸币”，以此确保国内甚至是国外接受该货币。

2.4 民众不接受本国货币怎么办

在2.3节中，我们提出并回答了以下问题：既然“法定货币”本身没有价值，也没有贵金属支持，为什么会有人接受呢？我们已经讨论过，法定货币法自身是不足以迫使人们接受一种货币的，因为这对政府来说太难了（在政府支出时除外）。而且我们知道，即使没有要求在“公共和私人”场合都要使用法定货币（如在没有法定货币法的地方），法定货币仍然被人接受了。

我们得出“税收驱动货币”的结论：如果统治者有征税的权力，便可以确保货币的需求。政府很容易就可以保证，人们在付钱给政府时，会使用法定货币。

我们还可以针对其他义务得出同样的结论：如果你需要缴纳费用、罚金或什一税，你至少需要足够的货币来交钱。最后我们意识到，当局垄断所需资源（如土地、能源等），决定价格单位，也就是决定要得到商品必须支付什么。之所以这些义务也可以驱动货币，是因为当局可以选择支付的形式。

驱动货币的最好方式就是义务范围内的支付，一种你为了避免“牢狱之灾”“口渴致死”而必须支付的款项。必须使用当权者的货币的义务款项可以保证货币的需求。即使一个人自己没有要缴的税（或费用等），他也会接受这种货币，因为他知道，只要别人有纳税义务，就会接受这种货币。但是人们会接受多少货币呢？统治者可以发行比应缴税款更多的货币吗？如果可以，能多多少呢？

征税至少确保了那些要缴税的人对本币有需求，需求量至少与应缴税款相等。在发达国家，除了纳税所需，民众还愿意拥有更多的本币——很典型地，政府发现，在收款时，没有卖家不愿意收本国货币。在美国、英国、日本就是这样的，通常情况是本国卖方均愿意收取本币。通过发行本币，政府可以买到任何东西。

再说得清楚些，如果有商品以美元标价出售，人们可以用美元买到它。我们在这里做个附加说明，后文会详细解释：有时候，尤其是在邮寄付款时，纸币和硬币是不被接受的。但是，用支票或电子方式支付时，就有一个从银行储备转换的过程。后面我们会探究银行储备究竟是什么，在此暂且看作主权货币“亲密的表兄弟”吧！

但在发展中国家情况就大不一样了，在私人交易（支付中不包括政府的交易）中，外币更受青睐。的确，民众需要充足的本币缴税，但税款可以通过避税、逃税来减少。这将限制政府用自己的货币购买产品的能力。随着外币在私人支付中的使用和广泛存在的避税、逃税现象，民众可能已不想持有太多政府的货币了。

我们可以大致体会到在民众偏爱外币的国家，政府政策存在的局限性。比如说，政府按照所测 GDP 的 1/3 征税，但是因为非正规部门未被计算在内（若将非正规部门计算在内，计算其交易的名义价值将很困难），我们假设 GDP 只代表了实际生产总值的一半。

我们进一步假设，由于逃税，政府只能收到一半的税款。这意味着收到的税款只占所测 GDP 的 1/6，占真正产出和收入的 1/12。在这里不得不提一下希腊，虽然只是开玩笑，但这确实是人们经常提到的一种说法——在希腊，由于避税、逃税和非正规部门的交易，政府收到的税款极少，导致了巨大的财政赤字。

在这种情况下，政府通过用本币支出，最少能将国内产出的1/12转移到公共部门（因为那些需要纳税的人需要本币来履行纳税义务）。在实践中，政府收到的钱可能会多于国内产出的1/12，因为一些私营企业（国内或国外的）想积累本币和其他的政府债权（例如国债）。之前我们讨论过，政府赤字会让人们以政府借据的形式积累更多的净金融财富，因此，政府购买有可能稍大于国内产出的1/12，收到的税款等于国内产出的1/12，那么，一些家庭、企业（或外国人）就会持有那些多出来的货币，作为积累的净金融财富（等于政府赤字数额）。

这些只是估算，因为我们忽略了纳税和消费对民众行为可能产生的影响。例如，纳税可能导致更多产品进入非正规市场，使所测GDP和应缴税收入更低。这就是“拉弗曲线”（Laffer Curve）背后的理论基础：提高税率会降低测量到的GDP，从而减少税收收入。

为了获得更高比例的国内产出，政府追求的政策要能实现以下两点：其一，减少逃税；其二，使更多非正规部门正规化。这两项措施将增加民众赋税，而由于政府货币需求量增加，政府将获得更多产出。或者，政府可以保持税收不变，降低支付的价格。令人惊讶的是，降低价格后，政府可以以同样的税收额将更多资源转移到公共部门。

如果税收只占国内产出的1/12，政府仅靠增加支出无法达到转移资源到公共部门的目的——这只会引起通货膨胀，卖家因而定价更高，会收到更多本币，而此时他们已经有足够的货币来缴税了，政府会发现，卖家其实不需要额外的货币了。虽然我们不能说税收是为政府的支出“埋单”（原因后面会解释），但政府无力征税确实会限制其掌控资源的能力。

这里引出一个重要的问题：建立货币体系的目的（从货币发行者的角度来看）在于让资源向公共部门流动，税收的目的在于创造货币需求，这些目的均已达到。政府需要税收，不是为了增加财政收入，而是促使人们为了得到货币而出卖劳动力、资源和产品。大多数人认为，政府收税是为了创收，以弥补财政支出。事实上区别很微妙，但其含义很重要。政府是不会花光“所需资金”的，但公众为了获得货币（至少以一个固定的价格）出卖更多劳动力、资源和产品的意愿却可能耗尽。为了转移更多资源，政府试着提高支付的价格（但这有可能失败，最后引起通货膨胀），或者增加税收，但增加税收的目的不是创收，而是为了刺激货币需求。

问题不完全在于政府的“负担能力”，而在于政府有限的资源转移能力，这是因为政府不能为了达到理想效果而大幅提高税率。政府花多少钱都付得起（在这个意义上政府可以发行更多货币），但如果它不能征收税款了，人们在卖东西给政府时就会不愿意接受本国货币。

简单来说，如果民众已经缴足政府所要求的税额了，他们就会发现，加上一些以备不时之需的货币，自己已经不需要更多的本币了。在这种情况下，增税会提高政府货币的需求量（为了缴税），这会使更多人为了得到货币向政府卖东西。直到政府能征收更多税款时，民众为换取本币卖东西的意愿就会约束政府的实际支出。不过，也可能是因为人们为了纳税以外的其他目的，更青睐使用外币，这在发达国家不是大问题，但对发展中国家来说是极大的约束。

在本节中，我们假设政府用货币（纸币和硬币）支出和收税。现实中，政府会使用支票，并会越来越多地使用银行账户的电子记录。确实，政府会利用私营银行来完成许多或大部分与支出和收税有关的交易。在后面的章节中，我们将提供一个更真实的情况，即政府用银行账户而不是现金来进行收支。这并不改变本质，但却需要对银行、央行、财资运营有所了解，后文中我们会详细讨论。

探讨框：常见问题解答

问题：你说过政府可以用自己的货币买任何东西，但它为什么不能直接在外币交换市场交换外币，然后使用各种货币买东西呢？

回答：这是因为跳探戈至少需要两个人。就国内而言，政府通过用本币征税确保卖家接受本币，但政府不能向境外的外国人征税；否则就是侵犯别国主权，该国政府是不会允许的。想象一下，希腊政府为了弥补财政赤字而向德国人征税会发生什么？所以举个例子来说，哈萨克斯坦政府是不能强迫意大利人用坚戈征税的。要想从意大利进口商品，哈萨克斯坦政府可能不得不使用欧元。特别说明：如果没有负担能力的问题，意大利商家可能会接受坚戈，所以我们就说意大利人不想要坚戈。确实，哈萨克斯坦政府可以去外汇交易市场以坚戈换欧元，但有一个问题：现在这种行为受制于外汇市场中对坚戈的需求。坚戈可能永远也用不完，但兑换坚戈的汇率是在改变的。极端情况下，即使坚戈对欧元的汇率无限大，也没人愿意兑换（如在津巴布韦和德国魏玛）。我不是在说这种情况可能发生，我只是说我们需要对此有所警惕。在国内，只要是以本币标价的货物，政府都可购买，通过征税便可创造需求。如果在哈萨克斯坦，货物都以外币标价，政府就不能用坚戈购买了，而是必须进入外汇市场。

2.5 用记账货币保留记录

在本节中，我们将回到存量与流量的不同这个问题上，把金融体系看作一块巨大的记录记账货币的记分牌。大多数情况下，私营银行是记分员。银行为它们的客户付款，一般来说是付给其他银行或政府的银行（央行）。银行以记账货币为单位，使用自己开的借据付款（一般是活期存款）。渐渐地，这些行为都可通过资产负债表的借方与贷方进行电子化处理。

2.5.1 以本国记账货币为单位的流量与存量

在前面章节中我们给出了流量与存量的定义以及两者间的关系。如果你快速复习一下前面关于流量与存量及两者关系的讨论，可能会对本节的学习有所帮助。存量由流量积累而成，资金存量和资金流量以记账货币为单位。在本节中我们会详细阐述如何以记账货币为单位记录存量与流量，也会讨论“金钱”与“支出”之间的关系，即我们是如何付款的。

如前文所述，记账货币几乎总是本国货币——由政府选择的记账货币。但有些情况下，可以用外币记账。在本节中，我们将忽略那些复杂情况，假设只以本国记账单位保留记录。

首先，我们以员工赚工资为例。工作时，雇员会源源不断地获得以记账货币为单位的工资，积累雇主的货币债券。在付款日，雇主会给雇员一张由银行承兑的工资支票来抵销债务。同样地，支票也是以记账货币为单位的。如果需要，雇员在银行兑现支票，得到政府的货币——这次不是借据，而是政府的债务。央行会以兑换的金额借记雇主开户银行的准备金。

或者雇员把支票存放在银行里，这样就拥有了该银行一张以记账货币为单位的银行借据。在这种情况下，银行将支票交给央行，贷记准备金（是政府的负债，因为央行是政府的银行），同时，雇主的银行获得借记准备金。

不用于消费的工资收入代表储蓄，是积累的财富。储蓄可以存在银行账户中，这是一种金融财富（银行的债务）。当需要缴税时，雇员开给政府一张支票，由政府借记雇员开户银行的准备金（银行再借记雇员的账户）。准备金只是政府货币的一种特殊形式，银行借以向其他银行或政府支付。正如所有货币一样，准备金是政府的借据。

当纳税人缴税时，他对政府的税款债务就被消除了。同时，以银行准备金形式存在的政府借据也得以消除。银行以税款金额借记雇员的账户，因此，雇员的金融财富减少。

比如，我们设想雇员需要向政府上缴时薪的10%作为税款。随着雇员不断赚到工资，其对政府的债务也逐渐增加，这些债务都要从雇员的财富里支出。税款从雇员的金融财富中支出的同时，政府借记银行的准备金，以记账货币衡量的税款债务被消除（借记存款同样以记账货币衡量）。

税款付清的同时，政府资产（雇员所欠的税款负债）和政府负债（私营银行的准备金）也都被消除了。

有时，把资金流动比作河里的水流很形象，河水被水坝拦截便可蓄水（回想我们在第1章中讲到的浴缸例子）。但我们必须明白，在概念上，资金的储蓄和流动不过是用记账货币来衡量的会计分录，和溪流或水坝后方蓄水库里的水不同，流动和累积的资金除了纸钞上的墨水和电脑硬盘驱动器里的电荷以外，不需要以其他任何物质表现形式存在（请参见第 1 章中浴缸储水和放水的方式）。

的确，在现代经济中，工资可以直接贷记银行账户，税款可以不用支票而直接借记银行账户。我们可以想象，没有了硬币、纸币和支票簿，我们仍然可以使用电脑的硬盘驱动器通过电子渠道进行支付。同样地，我们不用纸就可以说明所有金融财富的用途。确实，大多数支付与金融财富都不过是以国家记账货币衡量的电子记录。支付行为意味着借记付款人的账户、贷记收款人的账户——所有这些都通过电脑中的电荷进行记录。

最后，我们假设雇员为政府工作。到月底时，财政部签发用于支付雇员薪水的支票，雇员将其存在银行中。银行贷记雇员的账户，把支票交给政府的银行——央行，央行贷记该银行的准备金。现代财政部都在央行有存款账户，所以央行以工资的数额借记财政部的活期存款。以上所有活动也可以用电子方式进行。

稍后我们将谈论财政部和央行究竟是如何共同完成政府收入和政府支出的。

2.5.2　作为电子记分牌的金融体系

现代金融体系是一种复杂的计分操作，可以将其看作资本主义经济游戏的记分员。

对于熟悉橄榄球的人来说，金融记录与运动中的记分牌类似。当一队持球触地得分时，记分员奖励其分数，电子脉冲信号发送到发光二极管，恰当组合后记分牌就会显示出“6”这个数字。随着比赛进行，两队的总分也各自发生着变化。

分数没有实体存在，只根据比赛规则记录了两队的表现。分数没有实体支持，但却很有价值，因为积分高的队伍就是“胜者”，也许可以名利双收。

当裁判判定犯规时，作为惩罚，犯规者所在队伍有时要扣分。被扣的分数哪里也没去，只是在记分员从总分中减去相应分数时消失了而已。

同样，在生活中，赚来的钱相当于运动中的“分数”，贷记在保存于金融机构里的“得分”中。不同于橄榄球，生活中一个玩家得到的每一“分”都是从另一个玩家的“得分”中减掉的——不管是减少付款人的资产还是增加负债。生活中的会计师总会十分小心，力图保证金融账户的收支平衡。支付工资会借记雇主银行中的“得分”，贷记雇员的“得分”，但同时也会消除雇主支付所得工资的隐性义务和雇员法律上对工资的请求权。

所以，尽管生活比橄榄球稍微复杂一些，但其中记录金钱得失的概念与橄榄球记录分数得失的概念不谋而合。这可以帮我们记住，金钱不是一个实物，而是我们记录所有借贷或“得分”的记账单位，这些“得分”几乎都用国家的记账货币来记录。

探讨框：常见问题解答

问题：所有货币都是负债吗？

回答：是的，并且所有代币都是负债的记录。我们要搞清楚货币与代币的区别，前者作为报价、保存金融记录和衡量负债的记账单位，而后者是实际的货币记录。

问题：我们能把通货当作“出狱自由卡”吗？

回答：完全可以。有人建议陷入危机的欧洲国家发行缴税时可兑现的“税收预期债券”（Tax Anticipation Notes），使其作为通货流通，帮助这些国家解决开支受限的问题。你可以把通货想成“税收减免额”，人们可以用它缴税以避免牢狱之灾。

问题：记账货币和交换媒介有什么区别？

回答：你可以这么理解：记账货币是度量单位（如英尺、码、英寸），而交换媒介是被度量的事物（如鞋、手臂、耳垂）。本币是政府的借据，活期存款是银行的借据，但两者都以记账货币为单位（如美元、日元、欧元）。借据代表负债，因此政府的借据是政府的负债，活期存款是银行的负债。我们以记账货币为单位计算债务，这两种债务都可被当作交换媒介。

2.6 主权货币与实物资产货币化

实物资产是如何货币化的呢？

几百年前，许多人开垦荒原，消灭了多萝西（Dorothy，《绿野仙踪》中的人物）所害怕的狮子、老虎和熊，赶走了原住民，建造了自己的房子（历史上，现代国家的兴起建立在可耻的占领与征服上）。他们耕地播种，也许还贩卖一些田里的产出，买些商品，还缴些税。但大多数情况下，他们的生活不需要货币。他们很少负债或持有金融资产，但很明显，他们拥有具备生产力的实物资产（即使产出大多被消耗了）。我们可以赋予所有东西以货币价值。当然，从“移居者”的角度来看（“移居者”是一个很糟糕的词语，因为该词忽略了他们对原住民、动物和环境的恶行），为这些东西赋予货币价值实在愚蠢。或者，至少在他们决定卖掉农场，在佛罗里达的海滩上安度晚年之前，这种做法是愚蠢的。

今天，如果你建造一个可以增加你的财产价值的工棚，可以将其加到你的净财富总值中（当然要减去你购买材料所借或所用的钱）。当你出售资产时，你就会知道其货币价值了（包括你建造的工棚所带来的额外价值）。

问题是，这些钱从哪来？购买你资产的人向抵押贷款者开立借据，为了支付你建造工棚所带来的额外价值，贷款额必须稍多一点。当你出售资产时，便会知道你建造的实物资产——工棚的货币价值了。

比如说，购买者不是借钱，而是用现金进行支付（以活期存款开立支票）时，我们马上会陷入无限的回溯中，因为现在必须搞清楚购买者是如何获得信贷的。也许她只是卖了一套西海岸（加利福尼亚）的房子，买家是用抵押贷款支付的，所以她的活期存款可以追溯到买家的银行贷款，因为银行放贷的方式是接受借据（作为银行资产），并开立活期存款账户（储户持有的银行的借据）。于是，我们又会发现贷款创造了“货币”，你房子的购买者在她的支票账户中就有这种货币。

你可以设想无数情景，最后你会发现，一切都回到了贷款的情景。当你出卖资产时，收到的活期储蓄实际是银行接受借据时开立的另一张借据。你可以这么想：所有的银行存款都来自银行接受贷款者的借据时所敲击的几个电脑按键①，所以，所有使用活期存款的购买行为在背后都与某笔贷款相关。

总之，有人贷款时，实物资产就可以货币化了。

---

① 指的是输入电子记录时敲打电脑键盘。——译者注

有一个例外很重要。比如说购买者退休了，靠社会保障金度日。多年来她存下救济金，就为了买你的房子（和工棚）。每个月财政部都会打给她救济金，表现为银行开立给她或其活期存款账户的借据，同时贷记银行在美联储的准备金账户。

当政府进行支出时，会为非政府部门创造“净金融资产”（以储蓄、债券、现金的形式）。当政府支付社会保障金时，将形成三条电子会计分录：

退休人员：拥有的活期存款；

银行：拥有的准备金＋应支付的活期存款；

政府：应支付的准备金。

注意，使用复式记账法时每个项目要记录两次：一次在借方，另一次在贷方。银行账户净额为零：其拥有的准备金正好等于应支付的活期存款。政府的欠款增加，正好等于退休人员活期存款的贷方总额，增加了非政府净金融资产。

在这里必须向真正的“偏执者”解释清楚：在此行为背后有两条会计分录。社会保障金项目要审查受救济者的资格，在政府的资产负债表中计入负债方，数额等于所欠救济金金额；同时在非政府的资产负债表中计入资产方，数额等于拥有的救济金金额。当然，此时救济和被救济都还未发生。当政府支付救济金时，借记政府的“所欠救济金”账户，借记非政府的“政府将发救济金”账户。国会的笔轻轻一落，政府就欠下了以救济金金额计量的负债，私营部门也会收到救济金，创造等额的财富。当政府的货币收据以银行准备金的形式创造出来时，接受者的活期存款被贷记入账。福利货币化得以“一键实现”。

如果政府欲购买实物资产，会直接通过发行货币来进行购买。货币是政府的借据，所以，政府的货币化行为不需要任何私营部门负债。

我们知道的是，只要政府提供货币，私营部门就不需要通过负债获得货币。所以，如果我们把（封闭式）经济看作整体，净金融财富总和仍然是零：政府的负债额等于退休人员的活期存款。如果没有非政府部门，政府的借据（无论是央行准备金、现金还是长期国债券）就是净金融财富。

真实财富又是怎样的呢？政府拥有很多真实财富：桥梁、公路、公园、公共建筑、原子弹、航空母舰等。这些都算在国家净财富总额之内。

最后，我们要看一下对外国人的实物及金融债权和外国人对国内的实物及金融债权。显然，净金融财富（和净财富总额）既可是积极的也可是消极的。这些债券以不同货币为单位，所以在计算时我们必须将汇率考虑在内。

许多读者可能会疑惑：为什么一个自给自足的农民不能自己种庄稼、生产需要的产品，而要花时间淘金、用金子在市场上换取奢侈品呢？如果他永远不参与市场经济，只是积累大量黄金，就不能变得很富有吗？黄金不是金融财富吗？

这其实就是之前工棚的例子，只是黄金更闪亮，但也更没有用。我在地里淘金，而不是去开垦森林，建造房子，或再加盖一间漂亮的柴房。我可以用市场价格衡量其价值（就像工棚一样）。现在为了增加银行资产我想卖掉黄金。那么，其他人怎么购买我的黄金呢？和之前我们讨论的住房抵押贷款一样：买方去银行提交一张借据，获得活期存款信贷，开立支票，然后把活期存款转移给卖方。

或者说，买方的活期存款中已经有了足够的钱，那么，这就是无限回溯的过程，一切都来源于贷款。换句话说，如果没有银行的债务人，黄金就不可能成为金融财富，也不能通过买卖进行货币化。

政府还是个例外。如果我卖黄金给政府，政府会增加我的活期储蓄和我所在银行的准备金。银行购买黄金就像支付社会保障金一样，只是政府必须走到每一个拥有黄金的家庭中去，而这些家庭已将黄金上锁，以防被小偷偷走用于制造人造牙冠。这不是很有意义吗？我们要开始一场战役，即解放黄金！

总之，实物和金融的区别现在应该很清楚了。在任何社会中，最有趣的活动一般（或几乎）都发生在货币领域之外。这些非货币活动很重要，没有这些活动，货币领域也不会持久。我认为，对更多活动进行持续的货币化是有问题的，可能会威胁人类和地球上许多其他物种的生存。我还认为，我们需要赋予一些行为（如照顾自己的孩子）以货币价值，但经济学家不会这么做。

但毕竟这只是一本现代货币的入门书，我们关注的东西很有限，也忽略了很多人类学家、政治学家、心理学家、艺术史学家关注的、真正有趣的事物。

2.7　可持续性条件

这一节技术性较强，我们会用简单的例子来说明，以便于大家理解。在最后有一个数理计算附录，但对这些计算就算没有完全理解，也可以掌握本节的主要内容。在这里我们关注一下“技术指标偏执者”所担心的问题：有没有可持续的政府最高赤字率？当然，普通人对自己也有这种担忧。在所谓的“欧猪五国”（PIIGS，即葡萄牙、爱尔兰、意大利、希腊、西班牙）发生债务危机后，许多人想知道在不引发债务危机的情况下，政府负债的极限在哪里。还有许多人担心美国贸易逆差的可持续性。所以，在本节中我们将按顺序处理可持续性条件的问题。

2.7.1 政府赤字的可持续性条件

那些死钻牛角尖的经济学家喜欢通过看某个政府的预算立场来决定其是否能永存下去。许多人反对这种单纯的脑力训练，一个很大的原因就是没有政府能够长盛不衰，所以这种脑力训练纯属浪费时间。经济学家赫伯·斯坦恩（Herb Stein）曾讽刺道，不可持续的过程不会持久，总有事物会改变。这一观点多少让我们更接近了类似问题的本质。最后，如果我们要处理政府财政赤字的问题，首先要明白什么是不可持续的。这需要做一些理性训练，而大肆鼓吹财政赤字是不理性的。

我们先来看一个相对简单的、不可持续的过程。假设有一个人——我们称为摩根（Morgan）——决定复制“超码的我”（Supersize Me）的实验（基于2004年摩根·斯普尔洛克执导的纪录片）。他每天摄入5000卡路里，消耗2000卡路里。这多余的3000卡路里让他每天增重一磅。如果他1月1日的体重为200磅①，到年末就会增加到565磅。100年后他将重达36700磅——已经达到非常肥胖的水平了。我们继续计算，100000年后他将重达36700000磅，几百万年以后，他的体重足以影响地球的自转和公转。但在那些爱钻牛角尖的经济学家看来，这段时间还不够长，得把时间拉到无限大，而摩根的体形就像宇宙一样巨大。如果他增长的速度比宇宙膨胀的速度更快，总有一天，与他相比，宇宙会变得无限小。这就是不可持续的情况。是不是大家都很聪明?

① 1磅≈0.45千克。——编者注

但过程真会如此发展吗？当然不是。第一，摩根不会活无限年。第二，最后他要么爆炸（确实会），要么节食减肥。第三，也是最重要的，他的身体会调整适应。当他的身体快速增大时，每天消耗的卡路里会多于2000——也许他每日的脂肪燃烧率会达到5000卡路里——他的身体会以低效率的方式消耗食物。所以，他的体重不会再增加，也就不会成为宇宙黑洞了。看来赫伯·斯坦恩所言极是。

我们之前的脑力训练从根本上来说是有瑕疵的。我们假定卡路里摄入（流入）率和卡路里消耗（流出）率固定，二者的差值构成储备（增长的体重，本质上以脂肪的形式“储存”在体内），同样以固定的速率增加。身体没有调整也没有新陈代谢，设定无限范围的估计方式使体重增长到荒谬的程度。你会发现，这是赤字斗士操纵的游戏，他们试图“证明”美国联邦的财政赤字是不可持续的。

赤字斗士的把戏大同小异，但会保留输入和输出。GDP增长是输入，类似于摄入卡路里；支付利息是输出，类似于燃烧卡路里；财政赤字积累到政府的未偿债务（Debt Outstanding）中是输出，类似于增加体重。为了控制模型，保证模型不可持续，我们要做的是设定比GDP增长率更高的利率——正如我们假设摩根的卡路里摄入为5000，而消耗仅为2000一样——这将保证负债率（Debt Ratio）不会持续增长（正如我们确保摩根的腰围可以无限增长一样）。我们来看一下这是怎样实现的。

先举一个简单的例子。有两个部门：政府和私营部门。政府财政盈余，支出少于收入（税收）；私营部门赤字，支出大于收入。我们知道这意味着私营部门产生负债，政府将该负债视为资产（政府积累私营部门的借据从而产生盈余）。私营部门必须还本付息，这也就增加了其赤字（利息是从收入中拿出的额外的支出）。与"超码的摩根"相比，可持续性条件将由利率、收入增长率（GDP）和私营部门的赤字数额决定。

为了计算赤字开支（Deficit Spending）的可持续性，詹姆士·加尔布雷斯（James Galbraith）建立了典型模型。主要公式为：

$$\Delta d = -s + d \times [(r-g)/(1+g)]$$

在这里，d 是负债对 GDP 的初始比率，s 是减去净利息支出后的"基本盈余"（Primary Surplus）或财政盈余（作为 GDP 的一部分），r 是实际利率，g 是 GDP 实际增长率。[①]

这似乎有点偏执，但其核心观点是：（假设基本盈余和初始负债的关系是既定的——两者以占 GDP 比重的形式表示）只要利率 r 高于增长率 g，负债率就会增加。加尔布雷斯将这些关键术语尽可能真实化，即采用通胀调整数值，但这其实无关紧要。我们可以采用所有术语的名义值，而根据通货膨胀率进行调整只不过是将所有的数值都除以通货膨胀率而已。注意，初始负债比率 d 和基本盈余（私营部门不用付利息时的预算）也有一定作用。加尔布雷斯证明了初始负债比率并不是很重要——就像摩根的初始体重并不是很重要一样，因为不管最初怎样，最后他的体形都会无限大。

我们得到了上升的负债比率，但不需要过分关注数学意义上利率是否高于 GDP 增长率。无限的时间里该比率会变大，变得非常大。这听起来很糟糕，也确实很糟糕。记住，这是爆发全球金融危机很重要的原因：私营部门过度负债，无法用有限的收入支付利息。全球金融危机等

① 详见加尔布雷斯的论文：http://www.levyinstitute.org/publications/?docid=1379。

同于摩根“爆炸”，只有这样才能阻止摩根的体形继续增大。其实，减少债务远比爆发危机更可取，但美联储的主席格林斯潘和伯南克（Bernanke）反对干预华尔街那些放贷的“骗子”，而这些骗子使得美国金融体系的泡沫不断膨胀，直到爆炸。

现在这些都改变了。我们假设政府财政出现赤字，私营部门实现盈余，我们可以得到相同的等式。明确一下，持续的赤字并不意味着负债率增长——这要取决于 r（利率）和 g（增长率）的关系。加尔布雷斯证明，如果利率足够低，即使是持续的高基本赤字（Primary Deficit）也是可持续的，因为负债率最终会停止增长（下面的附录会提及其他情况）。这时，那些不靠谱的经济学家又会说，政府的负债率将会由于某种假定的利率、增长率和基本赤字的关系而激增，如果无限下去，这岂不就是不可持续的了？

等一下，这种脑力训练是否理智呢？我们已经知道“超码的摩根”会自我调整：他会节食、爆炸、加快新陈代谢或减少卡路里的吸收效率。如果摩根没“爆炸”，他会达到一种“平衡状态”——卡路里的摄入等于消耗，他的体形就不会变化了。

我们“超码”的政府又是怎样的呢？赤字持续快速增长意味着利息和负债率增长，以下是可能出现的后果：

（1）通货膨胀：这时政府有增加税收收入的趋势，使其比财政支出增长得更快，从而减少赤字。包括加尔布雷斯在内的许多人认为这种趋势会产生“消极”实际利率。换句话说，（名义的）增长率会大于利率，赤字率减低，负债率停止增长，情况有所转机（这相当于摩根的卡路里消耗率增加，所以他的体形不再增长）。

（2）经济紧缩：政府会尽力适应财政态势（增加税收、减少支出以降低赤字)。这相当于摩根在节食。当然，一个人跳不成探戈，提高税率可能不会改变财政收支平衡，因为 GDP 增长率会降低，从而增加负债率的增长率。只有当非政府部门盈余减少时（支出更多用以刺激生产)，提高税率才可以减少赤字。

(3) 私营部门会根据政府的立场，调整现金流（支出和储蓄)。如果政府还是支出大于收入，私营部门净资产就会增加，利息付款也会增加到收入中。我们不能相信政府负债率的无限增加（意味着私营部门的净财富比率达到无限大)，不会诱发私营部门的支出，我们称为“财富效应”(Wealth Effect)。换句话说，政府的负债是私人的财富，当私人的财富无限增长时，最终会导致与私营部门收入相关的支出增长，导致税收收入增加，从而使政府赤字减少。而且，私营部门收入包括政府利息付款，所以增加的利息付款可以偿还债务、刺激消费。说到底，鉴于本身不断增长的财富，私营部门不愿意看到开销比收入流量少，因此，会调整储蓄行为。如果私营部门试图减少盈余，就只能通过减少政府部门的赤字来实现。一个巴掌拍不响，可能的结果就是税收和消费增加，政府赤字和私营部门盈余减少。

(4) 政府的赤字开支和利息支付可能使增长率提高，甚至高于利率。这会导致负债率停止增长，使情况有所好转。

利率是一个政策变量（下文中将会讨论)。为了避免负债率过高，各国政府可以忽略前面讨论的几点，降低支付的利率，使其低于经济增长率。最终，实现可持续性。

最有争议的一点是：假设上述的几种情况都没有出现，政府负债率仍有上升趋势，政府有没有可能不管利息有多少，都欠着利息不还呢？答案很简单，不会。我们需要更多的现代货币理论才能解释为什么不会。但简单来说，伯南克主席常常要解释美联储用于拯救华尔街的所有开销：政府通过键盘或电子记录，在资产负债表上支出。这样做并没有技术和操作上的限制，只要有键盘，政府就可以支付利息并将其记入贷方。

最后，我们要考虑私营部门的永久赤字开支和政府部门永久赤字的区别：前者是不可持续的，而后者恰恰相反。

现在，我们需要清醒的头脑。我们已经论证了政府持续的财政赤字会增加负债率，改变私人财富比率，从而改变人们的行为。这些都会导致通货膨胀和政策改变，因此，是不可能“永存”的。所以当我们说“可持续”时，只是指无论需要支付多少钱，政府都可以继续到期付款（包括应付利息）。仅仅是付款行为就可能改变增长率、财政赤字和负债率的增长。

2.7.2　经常账户（Current Account）赤字率的“可持续性”

经常账户赤字的可持续性又是怎样的呢？对美国来说，这似乎是一个重要的问题，因为美国常年经常账户赤字，需要靠资本账户平衡。简单来说，美国经常账户赤字，美元外流，资本账户盈余，美元回流，两者的数额相匹配。看起来，美国是借美元来为贸易逆差“埋单”（这具有误导性）。我们也可以这样说，美国进口比出口多，因为世界上其他国家都想积累美元资产。这是后面章节的内容，在此不过多展开。

但有一个问题：经常账户持续赤字有可能吗？答案很简单，有可能。只要一个愿打一个愿挨：如果别国想要美元资产，而美国想要别国的出口品（进口到美国），美国经常账户就会一直赤字。

担心的人会说，等一下，再想想看。世界各国积累美元债权时，也可以获得利息，这项生产要素费用加大了美国的经常账户赤字。你可以从前文的论述中知道政府赤字和利息支付的关系。整个世界被美元耍了两次：一次是美国用美元过度进口，另一次是美国用美元支付债务利息。

有一点很有趣：尽管美国是“地球上最大的债务人”，生产要素费用（利息和利润）却一直向对美国有利的方向流动（至少现在仍是这样）。美国向外国人支付的利息率和利润率极低，却因为持有国外投资和债权获得高额的利息和利润。为什么会这样？因为美国是地球上最安全的投资地。当世界上任一国家发生金融危机的时候，国际投资者往哪里逃呢？向美元所在的方向逃。

讽刺的是，当美国发生金融危机时，情况亦是如此。美国拥有主权政府和主权货币，由美联储设定利率，可以一直把利率设得比增长率低（而且加尔布雷斯指出，美国的通胀调整利率通常比实际增长率要低）。尽管美国和国外都出现过赤字恐慌，却没有投资者认为美国财政部会拖欠债务。所以，当全世界人心惶惶时，投资者便逃向美元。这种情况也许会改变，但我们可能是看不到了。

时至今日，必须有一种货币出现，来代替美元成为国际储备货币了。这可能会减少美元的外部需求，即世界各国减少美元储备，也渐渐减少对美国的净出口。这一般不会引起恐慌，因为这件事的另一面是美国会增加产出以替代减少的进口（大部分经济学家会庆祝这件事，因为这会带来更多就业）。但有人担心，当世界各国很快脱手美元时——进行贸易以换取另一种货币，这种转变会太过突然。事实上，这是不可能的事。拥有巨额美元储备的国家（如日本和中国）知道，快速抛出美元可能会使美元贬值，造成巨额资本损失。国际储备货币由美元转为另一种货币更有可能在数十年以后才会发生，而最近几周、几个月甚至几年内都不太可能发生。

总之，我们无法预测美国的经常账户赤字会持续多久，但我们相信，会比我们想象得更久。只有世界各国决定不再积累美元、美国人不再想要别国生产的廉价的商品和以牺牲环境为代价产出的油时，经常账户赤字才是不可持续的。我们无法知道这一天什么时候到来，也不必杞人忧天。是的，我们可以计算、分析“可持续性条件”，但这仅仅是一种脑力训练。我们已经做了很多，尽管鼓舞人心，却任重道远。

探讨框：负债对 GDP 比率的动态性

政府未偿债务水平（D）遵循以下公式随时间变化：

$$D_t = D_{t-1} + Def_t$$

也就是说，每年未偿债务随赤字规模的增加而增加。财政赤字是政府支出（G）和税收（T）之差，加上未偿债务的利息（iD），i 代表利率。

$$Def_t = G_t - T_t + iD_t$$

我们看一下在提高负债率的不同赤字情况下，负债对 GDP 的比率是如何变化的。

例 1：平衡的基本预算：政府货物服务支出等于税收收入。

我们假设财政收支为零（$G = T$），所以：

$$D_t = D_{t-1} + iD_{t-1}$$

或：

$$D_t = D_{t-1}(1 + i)$$

假设国内生产总值（Y）按 g 比率增长，并遵循以下公式：

$$Y_t = Y_{t-1}\ (1+g)$$

因此，负债对GDP比率为：

$$D_t/Y_t = [D_{t-1}\ (1+i)]/[Y_{t-1}\ (1+g)]$$

使用递归，用d表示我们得到的负债对GDP的比率：

$$d_t = d_0\ [\ (1+i)/(1+g)]^n$$

很明显，如果$i>g$，当n趋于无穷时，负债率趋于无穷；如果$i<g$，负债率趋于零；如果$i=g$，那么$d_t = d_0$始终成立（负债率是常数）。

例2a：长期的基本赤字：政府货物服务支出大于税收收入。

我们用S表示财政收支情况：$S>0$，财政赤字（$G-T$）>0，所以：

$$D_t = D_{t-1} + iD_{t-1} + S_t$$

因此：

$$D_t/Y_t = [D_{t-1}\ (1+i)\ + S_t]/[Y_{t-1}\ (1+g)]$$

使用递归，用s_0表示S_0/Y_0，得到：

$$d_t = (d_0 + s_{0/i})/[\ (1+i)/(1+g)]^n - (s_0/i)\ [1/(1+g)^n]$$

我们得到与例1一样的结果。如果$i<g$，d_t趋于零；如果$i>g$，负债率趋于无穷；如果$i=g$，那么$d_t = d_0$，$d_t = d_0 + s_{0/i}$。因此，尽管政府货物服务支出大于税收收入，只要偿债的花费（利率）小于等于经济活动增长率，负债对GDP的比率仍然减少或持平。

例2b：基本赤字对GDP的比率为常数。

在例2a中基本赤字水平不变，但随着GDP的降低而降低。现在我们假设基本赤字水平与GDP以同样的速率增长，这表明两者的比率为常数。

$$D_t = D_{t-1}(1+i) + S_t$$

现在除以 Y_t，假设 s 始终为常数。

$$d_t = d_{t-1}[(1+i)/(1+g)] + \bar{S}$$

递归后我们得到：

$$d_t = d_0[(1+i)/(1+g)]^n + \bar{S}[(1+g)/(g-i)]\{1-[(1+i)/(1+g)]^n\}$$

同样，如果 $i>g$，负债对 GDP 的比率向 $[(1+g)/(g-i)]$ 收敛；如果 $i \geqslant g$，该比率将连续增长。

例 3：负债对 GDP 的比率为常数。

最后，假设负债对 GDP 的比率为常数 x。这种情况下有：

$$Def/Y = (G-T+iD)/Y = x$$

因此：

$$d_t = d_{t-1}/(1+g) + x$$

通过递归我们得到：

$$d_t = x(1+g)/g$$

负债对 GDP 的比率达到稳定。

3

国内货币体系：商业银行与中央银行

所有的“现代货币”体系（如凯恩斯所言，包括“至少4000年以前”的货币体系）都是国家货币体系，主权国家在货币体系中选择记账货币，并在该货币单位下征收税款，随后，国家便可以发行用于缴税的货币。在本章中，我们将进一步对当今货币制度的运行进行分析，检验以国家记账货币为单位的借据的面值。

3.1 以本国货币计价的借据

3.1.1 政府

在之前的章节中，我们曾注意到资产和负债均以记账货币为单位，而记账货币则由国家政府选定，并通过税收机制使其产生效力。在浮动汇率制度下，从某种意义上讲，政府没有承诺可以将其所拥有的借据——货币——兑换为贵金属、外国货币或其他任何东西，因此，该货币是不可兑换的。相反，政府允许人们使用政府所拥有的借据作为对政府支付的手段（大多数以税收的形式产生，少数为收费和罚款）。这便是最必要也是最基础的承诺：借据的发行者必须在对其支付时接受该借据。只要政府同意接受人们用借据缴纳税款，人们就会产生对政府的借据的需求（至少可以用来缴纳税款，也可能存在其他的用途）。

另外，当政府承诺可以按需兑换（外币或贵金属）时，政府债务的持有者便拥有了兑换的选择权。在一些情况下，这实际上会增加政府货币的普遍接受度。同时，如前文所述，政府承诺按需兑换，意味着政府需要累积外币储备或贵金属储备以保证兑换。讽刺的是，若货币是可兑换的，就会有更多的人愿意接受这种货币，但增加货币的发行量又会提高其无法满足所有兑换需求的风险。

因此，政府要限制可兑换货币的发行。如果货币持有者开始怀疑政府是否能够按需兑换，那么，除非政府有足够的外币储备或贵金属储备（有充足的储备或是对储备的借贷）；否则，这场持有者和政府的货币游戏将直接结束。如果无法兑换，那么政府将被迫违约，而任何违约的迹象都一定会导致货币贬值。在这种情况下，只有拥有100%的储备支持（或拥有可以创造储备的贷方的支持），政府才能避免违约。

但我们再次强调，可兑换性并不是保证本国货币需求的必要条件。正如前文所讨论的那样，只要可以征税和收税，政府便可以保证人们对于至少一种不可兑换货币的需求。政府唯一需要做的便是：坚持税收必须以政府发行的货币来支付。“承诺接受以货币支付的税款”对于产生一种货币需求来说已经足够了，此即为税收驱动货币。

3.1.2 私营借据

相似地，私营部门借据的发行者同样承诺接受自己的负债。例如，如果一个家庭有银行贷款，那么该家庭便可以银行的存款账户来开支票，用于支付本金和利息。在这样的情况下，银行接受该家庭的借据支付。

事实上，现代银行体系提供支票结算服务，这使得每一家银行都可以接受国内其他银行所签发的支票。因此，每一个人都可以通过使用国内任意一家银行所签发的支票来支付其对任何银行的欠款。随后，支票结算服务将结清不同银行间的账务（在3.2节中将对此问题进行更多的探讨）。

关键之处在于，银行接受以其负债（存款所开支票）支付对银行的债务（银行贷出款项）如同政府接受以其负债（货币）支付对政府的债务（纳税义务）一样。

3.1.3 举债经营

然而政府和银行间存在一个巨大的差别：银行通常会承诺将其负债兑换为其他的东西。你可以向银行出示支票，让其兑换成为货币——这便是我们通常所说的“兑现支票”，或者你也可以在自动柜员机（ATM机）上取出自己任意一个银行账户中的现金。在上述任一情况下，银行借据都兑换成了政府借据。银行通常承诺“见票即兑”（活期存款账户，通常为支票账户），或者在特定的一段时间后进行兑换（定期存款账户，包括储蓄账户与存款证，提前取出通常会被扣除罚款）。

为了满足这些兑换，银行通常会在自己的金库中存有少部分的货币。如果银行需要更多的货币，便会请求央行派遣一辆装甲车将货币押送过来。银行不想持有大量现金，在通常情况下也并不需要这样做。

大量的现金可能会增加银行对抢劫者的吸引力，但主要原因还是在于持有货币的成本太高，最明显的便是管理金库和雇用安保人员的成本。当然，最重要的原因还是持有大量的货币储蓄并不获利。银行宁愿持有贷款作为资产，因为债务人会就贷款对银行支付利息。因此，银行利用其货币储蓄“举债经营”。而相较于其存款类负债，货币储蓄仅占其资产中非常小的一部分（本章3.4节将详细分析银行资产负债表）。

只要每天将存款兑换为现金的储户人数较少，银行所持有的货币便可以满足他们的需求，也就不存在任何问题。然而，银行如果出现挤兑的情况，即大量储户在同一天兑换现金，那么，其将不得不向央行求助，以获取更多的货币。

这甚至会导致央行扮演“最终贷款人”（Lender of Last Resort）的角色，向面临挤兑威胁的银行进行贷款。在其介入下，央行将自己的借据贷给商业银行，换取商业银行的借据（有担保的借据），商业银行将从央行获得一笔贷款（成为商业银行的资产），而央行则持有银行的借据作为其资产。当现金从银行取出时，将借记其在央行的准备金，商业银行本身则借记储户在该银行的账户。随后，储户手中的现金便成为央行的负债，通过银行对央行的负债抵销。

在3.2节中，我们将分析银行是如何通过使用在央行的准备金来清算各银行间的账户的，还会讨论“金字塔式交易法”（Pyramiding），即在现代经济中，利用负债使某一方的借据可以与债务金字塔中更高一层的借据相互兑换。最终，所有讨论都将集中到“央行”——国家自己的银行身上。

探讨框：常见问题解答

问题：美联储是否可以通过提高法定准备金率来控制货币和通货膨胀？是否可以提出100%的法定储备金要求？

回答：法定准备金率无法控制银行贷款，我们接下来将对其进行一个比较详细的分析。为了达到其利率目标，无论法定准备金率是1%（这是金融危机和实行量化宽松政策前美国境内对于所有存款的平均准备金率）还是10%（该比率多用于教科书中，以简化数学计算），央行必须满足对准备金的需求（加拿大的法定准备金率是一个大大的0！这也是整个市场体系最先进的运转方法）。既然其无法控制贷款，那么便没有理由认为提高准备金率可以影响通货膨胀。同时，需要注意的是，准备金率是一个政策变量，提高准备金率并不影响隔夜利率（美国联邦基金利率）。

更高的准备金率就像是对银行征收税款一样——银行势必将持有收益非常低的资产。如果准备金率为1%，它们便持有1%的总资产（约为1%，已足够接近此处分析的数据），该资产利率非常低（支持其低利率的部分央行通过准备金进行支付）。银行需要通过剩余99%的资产来弥补这里的成本并获利。如果将准备金率上调至10%，则意味着它们仅可以使用90%的资产来获得更高的收入。以此类推，这将会影响贷款利率所得（银行向贷款者收取的费用）与存款利率支出（银行向储户支付的费用）吗？银行通过上述两种交易方式获取利润，这便是银行弥补费用并获利的方法。当然，提高准备金率可能会导致它们提高贷款利率或降低存款利率，这对于贷款者或存款者来说都不算是一件好事。

最后，来谈谈是否可能存在100%的存款准备金率。在费雪、西蒙斯、弗里德曼所提出的“芝加哥计划”的基础上，罗尼·菲利普斯（Ronnie Phillips）在1995年的著作中试图去实现这样的准备金率。这样的准备金率通常被看作一种让银行变得更“安全”的手段：银行将仅持有与活期存款相等的储蓄或国库券，资产安全了，存款将永远安全，也就不再需要存款保险，即美国的联邦存款保险公司（Federal Deposit Insurance Corporation）。这样的计划听上去不错。但既然不再允许银行进行贷款业务，势必有其他个人或机构发放贷款，这就使“狭义银行”免受借贷的风险，但其他个人或机构的贷款以及其开出的借据仍然不是由100%的储备所支持的。我们并不清楚这个计划是否会减少“货币”创造，即以记账货币计价的借据，但这个计划一定会产生一大批无法创造货币的“狭义银行”。

3.1.4 央行资产负债表

任何一家央行的资产负债表都大体如表3.1所示。

表3.1 央行资产负债表

资产	负债与资本净值
A_1：信贷市场工具（证券）	L_1：库存现金与流通现金（商业银行与公众所持有的央行纸币）
A_2：国内银行贷款（国内银行准备金预付款）	L_2：储备余额（商业银行的支票账户）
A_3：黄金，外汇，特别提款权	L_3：财政部与其所持有纸币的支票账户

（续表）

资产	负债与资本净值
A_4：国库货币（央行所持有硬币）	L_4：国外部门与其所持有纸币的支票账户
A_5：其他资产（建筑物、家具等）	L_5：其他负债（包括资本净值）

纸币（在美国被称为联邦储备券）以及在央行的支票账户均为央行的负债，同时也是每一个人的资产。注意：央行的资产中并没有国内货币工具（除了少数的硬币——如在美国，财政部负责制造硬币）。

“$L_1 + L_2$”近似为我们所说的“基础货币”（Monetary Base）（需要再加上流通的硬币才是所有的基础货币），其和等于公众（以纸币的形式）与商业银行（以纸币、储蓄以及在央行的支票账户的形式，其和等于银行准备金）所持有的央行货币指代物的总量。

通常使用央行资产负债表中的项目来表示“基础货币”或“高能货币”（High-powered Money）等式。这个等式并不是完全恒定的，所以，谨慎的读者可以跳过此部分。

由资产负债表可知：

$$L_1 + L_2 = A_1 + A_2 + A_3 + A_4 + A_5 - L_3 - L_4 - L_5$$

因此，这些项目的改变将会增加或减少基础货币。

例如：

资金注入的来源：央行通过发行负债的方式购买资产，其持有资产增加。

A_1 增加：购买证券（短期国库券、长期国库券等）（公开市场业务）；

A_2 增加：联邦基金预付款（贴现窗口业务）；

A_3 增加：购买黄金；

A_5 增加：从别处购买建筑物或服务。

资金减少的来源：注入资金的减少。①央行资产的减少：出售证券；②银行和其他部门预付款的偿还。

下面，让我们来看看基础货币将如何变化。例如，假设央行从商业银行购买价值100美元的短期国库券：

表3.2 商业银行资产负债表

资产的变化	负债与资本净值的变化
ΔA_1 = +100美元短期国库券	ΔL_2 = +100美元准备金

你刚刚所见证的便是基础货币的创造：央行贷记商业银行的准备金账户（也可以通过印发央行纸币：ΔL_1 = 100美元来代替）。

那么美联储是从何处获得其所提供的基金的呢？答案是：凭空而来。由于准备金是央行的负债，央行便可以创造无限数额的基金。央行不需要黄金、税收收入或其他东西来发行借据。2009年3月12日，美联储主席伯南克在接受哥伦比亚广播公司（Columbia Broadcasting System，CBS）电视采访时表述了以下看法：

> 佩利（Pelly）：美联储使用税收收入进行支出吗？
>
> 伯南克：不是税收收入。商业银行在美联储拥有自己的账户，就像你在一家商业银行里拥有账户一样。所以，如果要借钱给银行，我们只需使用计算机在它们的美联储账户上标注一笔款项即可。

他说得对，美联储只是敲敲键盘，向资产负债表加上一笔记账条目而已，转瞬之间便可完成，与税收收入无关。

那么人们缴纳税款会带来什么样的结果呢？假设X先生需要缴税1000美元，结果便是他在银行A的账户上借记1000美元，同时，银行A的储蓄减少1000美元（$\Delta L_2 = -1000$美元），而财政部账户则增加1000美元（$\Delta L_3 = 1000$美元）。

表3.3　央行资产负债表

资产的变化	负债与资本净值的变化
	$\Delta L_2 = -1000$ 美元 $\Delta L_3 = +1000$ 美元

你刚才所看到是某些基础货币的损失（因为财政部在央行的存款是不被计算在基础货币内的）：税收减少了基础货币（$L_1 + L_2$减少），即公众和商业银行所持有的央行的货币指代物的总量下降。

3.2　结算和金字塔式负债

虽然我们不同意一些看法，比如银行向外贷出储户的储蓄，或它们需要先有储蓄才能贷款。但不可否认，银行确实通过储蓄来与各方进行结算。银行储蓄由库存现金与在央行的存款组成。银行仅持有非常少量与它们所创造的存款（各种类型存款）相关的储蓄，对于部分存款承诺可按需兑换为现金或储蓄（即所谓的“高能货币”）。我们可以称其为“杠杆”，即持有少量政府的货币储备，发行大量以国家记账单位计价的借据，同时承诺将借据全部兑换为货币或储蓄。这很有可能导致对私营借据的“挤兑”，人们要求兑换全部借据。而由于储蓄并不足以满足所有兑换需求，央行必须扮演“最终贷款人”的角色，通过把自己的借据贷给商业银行以满足兑换的需求，从而停止“挤兑”。后文我们将探讨央行这样的介入方式。本节中，我们将研究银行结算以及以政府借据为顶部的“金字塔”式负债。

3.2.1 结算账户偿清借据

银行使用政府借据结算账户。通过此方法，银行一方面可以保证在其金库中持有货币，另一方面，即更重要的是，可以维持在央行的存款准备金。此外，它们还能通过从其他银行借款（所谓的银行同业拆借市场，在美国即联邦基金市场）和向央行借款的方式，获得更多银行通常所需的储蓄规模。

所有的现代金融体系都制定出相关程序，以保证商业银行获得足够的货币和储蓄来结算银行间账户和储户账户。当第一国民银行收到第二国民银行开出的支票时，会要求央行借记第二国民银行的准备金，贷记第一国民银行的准备金。现在，这样的交易都已经实现了电子化操作。需要注意的是，第二国民银行的资产将会因此减少（减少量为上述借记的准备金的数额），其负债（支票存款）将会减少相同的数额。同样，当储户使用 ATM 机取钱时，银行的资产（现金储备）将因此减少，储户手中所持有的该银行的借据（对存款账户中负债）也将减少相同的数额。

其他的行业通过使用商业银行的负债来结算自身的账户。例如，零售商通常会承诺在指定的一段时间后付款，并以此为条件从批发商处获得产品。批发商在这段特定时间内持有零售商的借据，零售商则在经过这个时间段后以其银行账户开具发票支付货款（越来越多的商家也开始使用电子转账的方式向批发商付款）。支付完成后，批发商手中的借据将被抵销。

也有可能出现批发商不想等到指定的时间段结束才收取货款的情况。这时，批发商可以通过打折出售零售商借据的方式收取货款（少于零售商所承诺的在时间段结束后可收取的数额）。批发商所给出的折扣便是其为了提早拿到货款而愿意放弃的数额。

通常，一家金融机构以折扣价格购买借据的行为被称为“贴现”（这便是央行的“贴现窗口”这一术语的来源：美联储将会从商业银行手中以折扣价购买商业票据，即商业公司的借据）。在这种情况下，零售商在到期时会向借据的持有者（或许是一家金融机构）付款，后者有效地获取了利差（借据的贴现价格和零售商偿清借据时实际支付的价格之差）。零售商的借据将通过交付一笔银行负债（零售商借据的持有者的银行账户贷方收入一笔存款）的方式被撤销。

3.2.2 金字塔式货币

私营金融负债不但可以政府的记账货币计价，同时也可兑换为政府的货币。

正如我们在前文所探讨的，商业银行明确地承诺可以将其负债兑换为货币（无论是活期存款的即时兑换还是定期存款的定期兑换），其他的私营公司大多使用商业银行的负债来结算自己的账户。从本质上看，这意味着它们承诺将自己的负债转换为银行的负债，在指定的日期“通过支票支付”（或按照合同中指定的其他条款支付）。因此，它们必须拥有存款并能够使用存款，然后通过银行完成支付。

当然，由于有一系列可以提供支付服务的金融机构（以及一系列提供金融服务的非金融机构）的存在，支付方式可能会变得更加复杂。这些机构都可以使用银行的负债在这些“非银行金融机构”（亦称为“影子银行”）间进行净额结算，为其他公司进行支付。而银行则通过政府的负债来进行账户的结算。

由此便可能造成结算账户债权方与债务方之间“六度分离”的现象，即多层的金融杠杆，它们最终在央行的账簿上进行净额结算。

我们可以想象出一种金字塔式的负债结构，即根据对央行的分割而产生不同的层次，如图3.1所示。底部的一层由家庭借据构成，通常被其他家庭、从事生产的公司、银行以及其他金融机构所持有。其重点在于，家庭通常使用负债金字塔更高一层的负债来进行账户的结算，这些负债往往来源于金融机构。

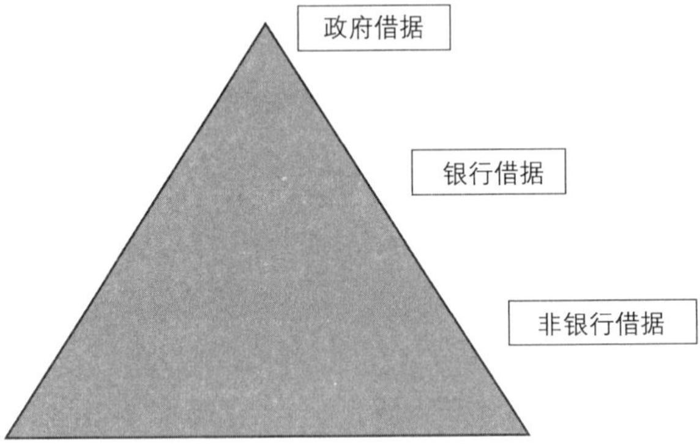

图3.1　负债金字塔

由下向上的第二层则是由从事生产的公司的借据构成，其负债大多被金字塔更高一层的金融机构所持有（有一些是直接被家庭或其他公司所持有），多使用金融机构发行的负债来结算账户。

由下向上的第三层则出现了非银行金融机构的借据，通过使用金字塔更高一层银行的负债来进行账户结算。

而处于金字塔顶端之下的便是银行的借据，它们通过使用政府负债进行净额结算。

最后，政府的借据处于金字塔的顶端——没有比政府的不可兑换借据更高等级的负债了。

以金字塔的形状来说明央行的负债结构具有启发意义，原因如下：首先，金字塔式的等级体系，即负债由较高一层的机构发行，通常更容易为人们所接受。在某些方面看，这是由较高的信誉决定的（主权政府的不可兑换负债无信用风险；我们从上向下看金字塔，从银行借据一直到最底层的家庭借据，信用风险逐渐上升——当然，这并不是绝对的）。其次，每一层的负债通常都会利用更高一层的负债作为杠杆。由此，整个金字塔便是建立在（相对数量较小的）政府借据的杠杆效应之上。通常金字塔底层的负债要远远高于更高层的负债，至少金融业发达的经济体是这样的。

但是请注意，对于一种可兑换货币来说，政府货币并不处于金字塔的顶端。由于政府承诺以固定汇率按需将货币兑换为其他东西（黄金或外汇），那么，这些“其他东西”便处于金字塔的顶端。我们之前便已经得出过这样的结果：政府必须持有或至少能够获得可以兑换其货币的东西。这将会约束政府使用政策来实现充分就业、推动经济增长等相关目标的能力，我们将在第5章中讨论这一话题。

当然，上述的金字塔是非常简单的模型——我们还可以将商业银行划分为不同类别，而大多数情况下，将非银行机构划分为公司和家庭会更加实用。事实上，我们在划分银行借据以及其他金融机构的借据时是较为随意的。也许最实用的划分方式便是将其分为可以直接与央行进行交易的机构和无法直接交易的机构。

这也可以反映出以下问题：如果靠近金字塔底部的机构（例如那些

无法与央行直接进行交易的影子银行）出现了问题，将会导致怎样的后果？这实际上便是全球金融危机中出现的问题。通常，在金字塔较低位置的机构发行的借据在某些条件下可以兑换为银行借据，从而可以再兑换为政府（央行准备金）借据。当出现问题时，那些非银行机构与影子银行将求助于银行的资金支持（以非银行机构的借据为抵押发放贷款），银行则去寻求央行的帮助。但当对未来的预期变糟时，银行便不会放贷，非银行机构将因此无法兑现其承诺。2007 年底的流动性危机便是由此导致的。美联储最终决定借钱给几乎每一个人，包括了投资银行与影子银行部门的所有其他机构，甚至还有如哈雷·戴维森（Harley Davidson）这样的非金融性公司以及国外的央行。

此外，金字塔式负债还可以帮助我们思考某些机构究竟使用哪些借据来支付自己的借据。你当然无法通过使用自己的借据来偿还自己的借据（那你仍旧负债，不算偿还），但主权政府可以这样做（正如我们讨论过的那样，如果你向女王出示一张 5 英镑的纸币，她只会给你另一张 5 英镑的纸币，她仍欠你 5 英镑，但即使你将她告上法庭也无法从女王那里得到其他的东西）。你使用别人的借据来赎回自己的借据，我们称其为第二方或第三方借据（第一方借据是你自己的借据，第二方借据是你的债权人的借据，第三方借据则是一个不相关机构的借据）。通常处于金字塔较低位置的机构使用银行借据，而银行则会使用政府借据（央行准备金）来“结算”其自身的借据。

探讨框：常见问题解答

问题：如何结算欧洲美元（Eurodollars）？

回答：欧洲美元是以美元计价但由美国境外银行发行的存款账

户。我们在此不会讨论欧洲美元出现的历史，但其出现的部分原因是规避美国的法规和银行的监管。事实上，它与美国境内银行的结算是相似的。由于欧洲美元是在美国美元的基础上产生的，所以，其最终清算还是由美联储完成。我们简化处理了这个问题，事实上，也有一些私营结算服务对欧洲美元进行结算。拥有抵销请求权的银行便可以使用私营结算系统。由于只有央行可以创造储蓄，它们仅需去央行进行净额结算。

问题：比特币（Bitcoins）是货币吗？

回答：比特币不是货币。（参见 http：//www. wsj. com/articles/do-cryptocurrencies-such-as-bitcoin-have-a-future-1425269375）埃里克·泰摩尼（Eric Tymoigne）对此做出了如下解释：

比特币是一种特殊的商品。它并不是金融工具。比特币的价值波动过大，这也与对比特币支付系统总效用看法的不断变化与投机热潮相符。比特币的面值背后没有任何的金融逻辑，其违反了所有的金融规则，没有中央发行人向持有人保证按照其面值支付。事实上，比特币根本没有潜在的面值，因此也就没有到期时的估值，这意味着在偿还债务中使用比特币是完全不切实际的。通过未来现金流量贴现测量可知，比特币的公允价值为0。

使用比特币同时还存在巨大的流动性风险，任何持有比特币的人最终都需要将其兑换为以国家记账单位计价的货币，即美元或者欧元，从而得以缴纳税款或偿还个人债务，并用于其他交易。如果一个人计划在接下来的几年内买一幢房子，存钱上大学，或者本身就拥有房屋贷款或汽车贷款，那么，比特币极端的波动性将使其成为一个风险极高的赌博式选择。如果比特币是一个投资组合中的主要资产，那么投资者的偿付能力将面临极大的风险。

简而言之，比特币只是一个欺骗傻瓜的工具。正如P·T. 巴纳姆（P·T. Barnum）所言，每一分钟都在诞生一个新的比特币，所以比特币可能还会存在一段时间。当我还是孩子时，理发的费用约为“4比特”——但这是真正的钱，约为0.5美元。该术语源自对西班牙货币的一种古老的处理方法，即将其分为“8比特”以获取小面额的硬币。

3.3 危机中的中央银行：最终贷款人

在危机中，央行扮演了重要的角色——“最终贷款人”，为金融机构提供所需的储备。这原本是用来阻止“银行挤兑”的，即大量的储户试图将他们的存款兑换为现金。多亏存款保险的出现，如今这样的挤兑已经很罕见了，大多数的挤兑以没有保险的债权人拒绝“续期”短期银行负债的形式出现。全球性的金融危机袭来时，由于它们的债权人要求其支付已到期的负债，银行无法通过再融资的方式累积资产，美联储因此不得不介入，为其再次提供资金。[①] 在本节中，我们将讨论美联储在危机中的作为，包括普通贷款和“最终贷款人”贷款两种操作方式。其他国家的央行也采取了类似的做法［由于每一个成员国都为本国银行而独自承担责任，欧洲央行（European Central Bank，ECB）并未采取该做法，但我们会看到，欧元区的危机将强迫ECB也介入其中］。

---

① 上述内容在斯科特·富尔怀勒的论文中有更为详细的讨论（对于普通的读者来说可能有过多的细节），详见：http：//papers. ssrn. com/sol3/papers. cfm？ abstract_ id＝1874795。

首先，美联储贷款所扮演的最常见的角色便是通过日间透支实现的，其要求商业银行每日业务结束后进行结算，就像是一种对于自己的支票账户的“透支”保护。在雷曼兄弟（Lehman Brothers）出现危机（全球金融危机的导火索）前，美联储的此类贷款平均每日每分钟可达到500亿美元，结算的峰值每分钟可达约1500亿美元，有很多的贷款均由美联储借出（然而在危机后，银行持有了大量超额准备金，这种类型的贷款逐渐减少）。但需要注意的是，在一天的业务结束后，银行需要通过隔夜拆借储蓄结算其透支额。当一家银行资金短缺时，会向私营“联邦基金”市场借款。如果无法获得任何基金，美联储通常会通过贴现合法资产的方式向其提供临时贷款（“贴现”一词在此意指那些资产被作为抵押品——与为隔夜基金支付利息时提到的“贴现”含义相似）。

其次，美联储总是将隔夜贷款或贴现窗口贷款视为“不能见光的丑事”，其宣称的目的始终是让银行在一天结束前结算透支额。许多其他国家的央行以它们自己的方式贷款且并不认为这“不能见光”，而美联储则通过在公开市场购买国债的方式向市场提供最多的储备。这算得上是一种独特的方式。更为复杂的是，与大多数银行同业拆借体系不同，美国的系统是高度分散的。这意味着，美联储公开市场活动不足以完成一些并非罕见的事情，如：抵销资产负债表上所有的变化，为每一家银行提供其想要的储备结余，等等。将上述两点（美联储视其贷款“不能见光”及美国体系的复杂性）结合起来，那么，你将有可能得到一个比美联储隔夜利率还要高的目标利率，而这个目标利率则阻止商业银行借贷超额准备金，转而去寻求美联储的贷款。

处于危机时，这反而会让事情变得更糟。由于银行对彼此都很谨慎，隔夜利率的上升将远远高于目标利率。请注意，尽管如此，这也并不能阻止美联储扮演最终贷款人的角色。事实上，美联储最终贷款人的行为在平常和危机时期都会出现，但出现危机时会以更高的价格出现（比目标利率更高的利率），人们对此往往会心生不满。在危机期间，美联储意识到有更多的事情需要去完成，于是提供了各种类型的经常性融资便利，以充分履行其作为最终贷款人的职责。这些非传统的经常性融资便利与传统的贴现窗口不同，往往不会被打上“不能见光”的标签。我们在此不会深入讨论这个问题，但美联储只会以“拍卖”储备而非贴现窗口贷款的形式给银行提供资金。美联储将会宣布，其愿意通过新的特别便利提供1000亿美元储备，但从本质上看，还是在以抵押合法资产的方式进行贷款。在某些情况下，这种方法也被称为回购协议，即美联储暂时购买银行的资产，而卖出资产的银行承诺在未来以较高的价格将其回购。卖出和买回的价格差即为央行所收取的利息。

探讨框：常见问题解答

问题：央行以什么为抵押发放贷款？它怎样获得现金？

回答：央行一般以合法资产为抵押发放贷款。在借贷体系中，中央银行就是“老板”，可以决定一切。通常，央行以国债券（财政部借据）、“真实票据”（银行给信誉良好的客户提供的短期商业贷款）或投资风险高的住房抵押贷款证券（Mortgage Backed Securities，MBS）（这些次级住房抵押贷款证券即为全球金融危机的导火索——所以这也许是个坏主意）为抵押发放贷款。央行可以通过对抵押品的要求来监管或管理商业银行——通过限制其可接受的抵押品的方式鼓励商业银行仅发放安全的贷款。

当你前往ATM机提取现金时，你的开户银行手中持有着部分现金——作为其储备基础的一部分。但如果每一个人明天都要去提取现金，那么显然，银行的现金将会很快用完，它们便会向央行订购更多的现金——由装甲车押运而来——央行则将借记银行准备金。准备金账户不足时，央行将通过收取银行抵押品的方式向银行发放现金贷款（对于准备金的贷款）。央行持有商业银行借据作为其资产，当然，这也是商业银行的负债。

问题：借款人破产会导致怎样的后果？银行是否可能在缺乏流动资金的前提下仍有偿付能力？

回答：我们将在下文研究银行如何运转时进行详细的讨论，但在此先作一个简短的说明。银行可能在缺乏流动资金的前提下仍有偿付能力。在银行的资产负债表上，资产在一侧，负债和资本在另一侧。资产有损失时，资本便会减少（股东流失）；一旦资本损耗殆尽，损失将出现在其他负债中，银行债权人的利益便会受到损害。由于政府常常为储户担保（在美国，联邦存款保险公司扮演这样的角色），如果损失大到足以威胁到其存款时，政府将出面弥补这些损失。但这当中存在一个特别的流动性问题：资产可能是完美的，但如果不能在不损失其价格的前提下将其快速推销出来，那么银行将面临通过出售资产也无法满足所有提款需求的风险。而央行则以抵押品为凭借，向商业银行提供贷款，以帮助其解决流动性问题。商业银行的负债价值大于其资产价值时，意味着其无力偿还债务。这些问题必须得到解决。解决流动性问题的方法有很多，但大多通过出售资产的方式来实现，先满足被保险的储户的需求，（如果可以的话）再满足其他债权人的需求，而损失则由股东承担。

3.4 银行的资产负债表，货币创造与银行同业结算

一家典型银行的资产负债表大体如表3.4所示。

表3.4 银行资产负债表

资产	负债与资本净值
预付款（贷款）	支票账户
证券	储蓄账户
储备金	其他负债
其他资产	资本净值

那么，货币指代物属于资产负债表的哪个部分？它们位于支票账户和储蓄账户下，均属于商业银行的借据，商业银行承诺将支票账户内的存款（以及大多数储蓄账户中的存款）按需兑换为现金。

假设A银行拥有如表3.5所示的简化的资产负债表：

表3.5 A银行资产负债表（一）

资产	负债与资本净值
建筑 = 200 美元	资本净值 = 200 美元

现在，A银行还没参与任何银行业务活动，其所有者使用实收资本购买建筑。随后，X先生来到银行，表示希望贷款200美元购买一辆车，于是，银行开始了解他的信誉（查看其所得税申报表、资产证明、信用记录等）。如果银行批准X先生的贷款请求，那么资产负债表将会发生如表3.6所示的变化：

表 3.6　A 银行资产负债表（二）

资产	负债与资本净值
X 先生贷款 =200 美元 建筑 =200 美元	X 先生支票账户 =200 美元 资本净值 =200 美元

请注意，银行的总资产和总负债现在均为400 美元。银行在这笔银行业务中创造了200 美元的货币指代物（以 X 先生支票账户的存款换取 X 先生的借据或支付200 美元的承诺）。在讨论 X 先生对其存款如何消费之前，我们先仔细地研究一下资产负债表的变化。

银行是从什么地方获得了货币指代物或一笔货币记录的呢?

（1）银行不需要从任何地方获得这些东西：支票账户是凭空产生的，即通过向计算机内输入一个数字（200）而产生。银行在过去可以发行自己的纸币，但现在通常只有央行才能发行货币。

（2）该银行不需要任何事先的存款或库存现金。事实上，商业银行在央行的账户中并没有任何的存款或库存现金。

（3）银行并不是在借贷其拥有的任何东西，而是在创造一笔货币借据的记录——银行存款，银行将根据其意愿用银行存款来购买借款人的借据。

（4）那些货币记录是银行的负债或借据。

（5）通过创建这些银行借据，银行承诺：按需将存款兑换为现金；接受以银行借据（存款）来支付对银行的债务。

支票账户便是承诺按需兑换现金与接受以银行借据支付对银行债务的法律保证。活期存款是银行的负债，为储户所有。银行在发放贷款时不需要持有任何现金。

例如，你在邮件中收到一张获取免费比萨饼的优惠券。在制作比萨饼前，优惠券便打印出来了，比萨店也并不需要在优惠券印发前事先制作好任何比萨饼，只有当你在比萨店使用优惠券时才会制作比萨饼。现金就像是比萨饼，而优惠券就是支票账户，可以在任何时间将优惠券（支票账户）兑换为比萨饼（现金）。大多数人会满足于在支票账户中拥有存款，通常不会要求兑换现金。如果人们想要兑换现金，银行可以非常容易地得到现金。问题在于得到现金的成本可能会很高（正如如果面粉价格升高，那么制作比萨饼的成本也将升高）。

银行业务的成功进行（通过接受借据以及创造活期存款的方式提供贷款）取决于：

（1）X先生的偿还能力（信誉）。

如果X先生无法及时偿还债务，将影响银行资产的价值以及其收入的流入，最终影响银行的资本净值、资本比率以及股东权益回报率。

（2）如果出现下列情况，将影响银行以低成本获得储蓄的能力。

①X先生想要提取现金。

②银行需要偿付其他银行的欠款，即银行同业结算。

③银行需要结算X先生对政府支付的税款。

如果X先生无法支付，或银行不能获得所需的储蓄，银行将陷入麻烦，面临无偿付能力或不能变现的风险。无偿付能力意味着其资本净值可能跌至0甚至更低；不能变现则意味着其无法满足提取现金或结算的需求。因此，即使银行可以创造无限的存款，由于无利可图，且面临无法偿付和不能变现的风险，银行也没有创造存款的动机。

那么，如果X先生现在向一个拥有B银行账户的汽车经销商支付了200美元，又将会产生怎样的不同呢？此时，银行的资产负债表大体如表3.7、表3.8所示。

表 3.7　A 银行资产负债表（三）

	负债与资本净值的变化
	X 先生支票账户 = −200 美元 应支付 B 银行储蓄 = +200 美元

表 3.8　B 银行资产负债表（一）

	负债与资本净值的变化
对 A 银行储蓄债权 = +200 美元	汽车经销商支票账户 = +200 美元

A 银行欠 B 银行 200 美元储蓄，但 A 银行却没有任何储蓄。那么储蓄究竟在哪儿呢？

A 银行将通过成本最低的方式获取储蓄。它可能会出售资产（在我们的例子中，A 银行仅有一幢建筑，通过出售建筑获取储蓄将是十分昂贵的方式，但如果该银行拥有债券，则可以通过售出债券的方式获取储蓄）或者从其他银行、其他经济单位（国内或国外）或央行借入储蓄。最常见的方式便是从央行处借入储蓄，央行是储蓄的垄断供应商，因此，各机构资产负债表如表 3.9 和表 3.10 所示。

表 3.9　A 银行资产负债表（四）

资产的变化	负债与资本净值的变化
储蓄 = +200 美元	对美联储的负债 = +200 美元

表 3.10　美联储资产负债表（一）

资产的变化	负债与资本净值的变化
A 银行储蓄贷款 = +200 美元	储蓄 = +200 美元

现在，A 银行拥有了可以用来结算其同 B 银行之间债务的储蓄，见

表 3.11 和表 3.12。

表 3.11　A 银行资产负债表（五）

资产的变化	负债与资本净值的变化
储蓄 = -200 美元	应支付 B 银行储蓄 = -200 美元

表 3.12　B 银行资产负债表（二）

资产的变化	负债与资本净值的变化
对 A 银行储蓄债权 = -200 美元	
储蓄 = +200 美元	

就这样，两个银行间的债务得到了结算。而 A 银行、B 银行和央行最终的资产负债表如表 3.13、表 3.14 和表 3.15 所示。

表 3.13　A 银行资产负债表（六）

资产	负债与资本净值
对 X 先生的预付款 =200 美元	对美联储的负债 =200 美元
建筑 =200 美元	资本净值 =200 美元

只要对 X 先生的预付款收取的利息高于其向美联储支付的利息，那么，A 银行就会获利。

表 3.14　B 银行资产负债表（三）（假设之前没有任何储蓄）

资产	负债与资本净值
储蓄 =200 美元	汽车经销商支票账户 =200 美元

表 3.15　美联储资产负债表（二）（假设没有向商业银行提供任何预付款或现金）

资产	负债与资本净值
A 银行储蓄贷款 =200 美元	储蓄 =200 美元

请注意，上述所有银行业务均未涉及任何实物现金的交易——所有

交易均为通过计算机敲击而完成的账簿条目。我们仅列出了与我们例子直接相关的资产和负债，但实际上，私营银行和央行的资产负债表上拥有多项资产、负债以及资本净值。

在实际业务中，央行通常不会以无抵押预付款的形式向商业银行直接提供预付款，其往往需要商业银行提供抵押品（通常为国库证券），同时，其所提供的资金一般小于抵押品的价值。因此，如果A银行拥有300美元的债券，那么A银行将贴现债券以向央行换取储蓄。如果贴现率为5%，那么美联储通常将向其提供285美元的储蓄。

探讨框：常见问题解答

问题：借贷记账法与资金收付记账法有什么区别？

回答：在本书中，我们使用在货币和银行业教科书中常见的"T型账户"（T Accounts）记账方法。银行贷款在银行资产负债表上属于资产一栏，活期存款则属于负债一栏。而对于借款人资产负债表来说，则两者相反。对于有商科教育背景的偏执者，我强烈建议你们阅读下面这篇文章："The Flow-of-Funds Accounts：A New Approach"[1]。里特（Ritter）在文章中讨论了资产负债表，资金收付记账法，以及资产处置，并将其融入了资金流量账户的会计方法中。从概念上看，这两种方法殊途同归，但T型账户记账方法（即借贷记账法）更为简单。

问题：缺少储蓄会限制贷款吗？

回答：不会。但请不要相信我的话。前纽约联邦储备银行副行

① Ribber，"The Flow-of-Funds Accounts：A New Approach"，Journal of Finance，May 1963.

长艾伦·霍姆斯（Alan Holmes）在1969年解释了为什么当时盛行的货币学派政策——通过控制基础货币（储蓄加现金）来控制通货膨胀——最终走向失败。他指出，这是由于该政策建立在了一个“天真的假设”之上，即银行系统仅在美联储（或市场因素）将储蓄投入银行系统后才扩大贷款的投放。在现实世界中，银行先提供信贷服务，然而在此过程中创造存款，最后才去寻找储蓄。① 光看题目——“跟我念：银行不能也不会借出储蓄”，便可管中窥豹，可见一斑了。

问题：银行在哪里保存货币？是在金库，还是在央行？

回答：银行不会在央行或者金库来保存货币，事实上，银行甚至并不“拥有”货币。威利·萨顿（Willie Sutton）的所作所为是错误的。当问他为什么要抢劫银行时，据报道，他的回答是“因为钱在那里”。不要试图去抢银行了，因为钱真的不在那里。银行在美联储有其电子账户——那仅仅是在硬盘上的数字。此外，银行只有很小的一笔“库存现金”在其金库中。相信我，那点钱绝对不值一“提”。如果你真想去抢劫银行，那么，我的同事比尔·布莱克（Bill Black）会说，抢银行最好的办法就是去拥有一家银行。② 接下来，你只需向你自己的银行账户中多贷记一些金额即可。那么，当你拥有一家银行时，你去哪里获得数百万的美元来填充自己

---

① Paua Sheard，“Repeat Aften Me：Banks Cannot and Do Not Lend Out Reserves”，Standard & Poor，Credict Market Services，Global Economics and Research，New York，August 2013. http：//www. money. for-nothing. nl/wp-content/uploads/Sr-Banks-Cannot-And-Do-Not-Lend-Out-Reserves-aug 2013. pdf.

② 请参阅：“The Best Way to Rob a Bank is to Own One：How Corporate Executives and Politicians Looted the S&L Industry”，University of Texas at Austin Press，April 2005。

的账户呢？通过电脑按键输入！就像是在橄榄球比赛中把比分输入记分板一样。事实上，储户的账户便是由“输入”的记账条目组成的“银行货币”构成的。

3.5 外生利率和量化宽松

在经济学中，外生和内生的区别主要存在下列三个不同的层面：控制、理论以及统计。只有计量经济学家才会关注统计层面——需要从误差项中处理变量的独立性——所以，我们将统计层面略过不谈。从控制层面而言，外生性（Exogeneity）意味着政府可以“控制”该变量，例如，政府可以控制货币供给、利率或物价水平等。

现代货币理论与“内生货币”（Endogenous Money）或“水平主义”（Horizontalist）的观点一致，认为央行不能控制货币供给或银行准备金，而是必须满足银行对于准备金的超额需求（在下文会提到量化宽松）。了解更多水平主义相关观点，请参阅莫尔（Moore）于1988年所著的文章。另外，央行的目标利率在控制层面上看显然是外生的：央行可以将其目标设置为25个基本点，或者提高到150个基本点。

理论层面与控制层面相关但并不完全相同。假设一个国家实行固定汇率制度并使用其利率政策钉住该汇率制度，我们就可以说利率是被外生控制的（由央行设定）。但由于主要政策目标是钉住汇率，这种外生控制并不是理论层面的外生控制。在理论层面上，央行所关注的是达到汇率目标，因此将放弃对利率的控制（央行将利率作为达到汇率目标的工具）。除此之外，假设央行的目标是充分就业并使用其利率来帮助实现此目标，我们便可以说，在控制层面上利率是外生的。但由于主要政策目标是充分就业，这显然也不是理论层面的外生性。

上文曾讨论过，我们通常将隔夜利率看作控制层面上外生的，但由于央行是为了达到利率目标而满足银行对准备金的需求，所以，准备金是内生的。这便是1980年前后流行的“让货币内生，让准备金保持水平”（Endogenous Money，Horizontal Reserve）方法。然而，这个理论建立的基础在于，在美国，向准备金支付的利率为0，同时，美联储的隔夜利率目标则大大高于0。在这种情况下，超额准备金导致市场利率（美国联邦基金利率）低于目标，美联储便需要通过在公开市场业务中出售国债的方式耗尽准备金。但在全球金融危机后，美联储实施了接近于0的利率目标（如同日本一样）。因此，美联储便可以让超额准备金留在储备体系中，并向其支付25个基本点的利息。在这种情况下，不管银行持有多少超额准备金，市场利率均接近25个基本点——任何银行都可以从美联储获得超额准备金的25个基本点的利息。在联邦基金市场上低于该利率向银行贷款将毫无意义。在实践中，由于一些持有者并没有获得超额准备金所带来的利润，美国联邦基金利率已经跌破了美联储的目标利率。但这只是一个很小的技术性问题，我们可以忽略不计。

在量化宽松的背景下，美联储“外生地”增加了银行准备金，远远高于银行希望持有的数量。但由于美联储只能让商业银行充满超额准备金，却不能让其缺少准备金，所以，将导致市场利率高于目标利率，出现不对称的情况。这可能会使美联储在公开市场上购买国债为增加准备金，将美国联邦基金利率重新调整至目标利率。

通过上述分析，我们可以得出以下结论：在通常情况下，由于央行满足对准备金的需求，准备金是“内生的”，央行设定隔夜利率目标，因此，利率是“外生的”。但在量化宽松的背景下，央行可以不断增加准备金，远远超过银行的持有意愿，却无法在控制隔夜利率的前提下减少准备金，使其低于银行想要持有的规模。在量化宽松的背景下，央行向所持有的准备金支付25个基本点（0.25%）的利息，向透支（贷出准备金）收取50个基本点（0.50%）的利息。即使银行持有大量的超额准备金，银行间隔夜拆借市场利率仍将会保持在这个范围（0.25%~0.50%）。

探讨框：常见问题解答

问题：美联储从何处贷款，贷款有限额吗？将钱用来拯救缅因街（Main Street）普通民众岂不是更好吗？难道美联储主席伯南克不承认他通过敲击了几下键盘而拯救了银行吗？

回答：对于后两个问题，我会给予肯定的答复。美联储确实通过敲击键盘创造了数万亿美元的准备金，通过特殊贷款机制，以购买国债和高投资风险的住房抵押贷款证券的方式贷出准备金。将这个过程称为“借款”可能会导致误解，所以我并没有使用这个词语。美联储深陷债务危机，“敲击”1美元就会有1美元的债务，因为准备金便是美联储的借据。因此，你可以称这个行为为“借款”，称债权人——拥有准备金的商业银行——为“出借人”。但这与你和我借款买车是不一样的，我们的借款额度受到了限制，而美联储则不受限制地敲击键盘，将某些数字输入电子账户中，准备金则在敲击键盘之后才会产生。美联储支出（购买资产）和贷出总计29万亿美元拯救全球金融危机后的整个金融体系。[①] 将钱用在

① 一系列的数据构成了总数，详见http：//www.levy.org。

拯救普通民众和失业者的身上岂不是更好吗？我也是这样认为的。相信大多数的美国人都会同意这样的想法。

3.6 中央银行与财政部协作的技术细节：美联储[①]

我们在之前曾讨论过政府支出、税收和出售债券的问题。简单总结一下，在政府支出的同时，一笔账目会借记在某人的银行存款中，以及商业银行在央行的存款准备金上；而如果政府获得税收，这一过程则相反：借记某人银行存款以及商业银行准备金，而出售债券只需借记银行准备金。

为了简化解释过程，我们将财政部和央行账户合并为一个“政府账户”。当然，现实世界中的情况更加复杂：有单独的央行与单独的财政部，它们会采取特别的业务流程。此外，这些业务也存在一定的制约因素。两个常见且最为重要的制约因素在于：①财政部在央行拥有存款账户，且支出时必须要从账户中提款；②央行被禁止直接从财政部手中购买债券以及直接向财政部贷款（这将会直接增加财政部在央行的存款）。

美国便是一个典型的拥有这两个制约因素的国家。在本节中，我们将探讨美联储和美国财政部所采用的这些复杂的业务流程。斯科特·富尔怀勒是研究此类问题的最负盛名的经济学家，下文将大量引用其论文

① 以下的讨论基于斯科特·富尔怀勒的文章：《财政部的债务行动——分析整合社会结构矩阵（Social Fabric Matrix，SFM）和社会核算矩阵（Social Accounting Matrix，SAM）》，2010 年 9 月发表，2011 年 4 月修改，http：//papers. ssrn. com/sol3/papers. cfm？abstract_ id = 1874795。

中的观点。如果想要了解其更多研究内容，请参见其论文。论文“使用存量—流量一致性方法”，清晰地给出了结果。

我们首先来分析一个简单的案例：以合并政府（央行加财政部）为例，观察其支出，随后再以当今的美国为例，来讨论真实世界中的情况。我们将在讨论中运用一些简单的T型账户，这可能需要读者们耐心地去研读，但使用这些资产负债表可以帮助读者理解之前的例子。注意：这里的资产负债表实际上只是其中的一部分，书中仅给出尽量少的条目已简洁地解释究竟发生了什么。

让我们假设政府先增加了一笔纳税义务，随后购买了一架喷气式飞机。以此为案例1a，如图3.2所示。

政府

资产	负债
+喷气式飞机	+储蓄
+纳税义务	+资本净值

私营银行

资产	负债
+储蓄	+活期存款

私营非银行机构

资产	负债
+活期存款	+纳税义务
-喷气式飞机	-资本净值

图3.2　案例1a

政府增加一笔纳税义务，随后通过向在私营银行的账户贷款的方式购买了一架喷气式飞机。

政府得到了飞机，私营卖方则获得了活期存款。需要注意的是，纳税义务减少了卖方的资本净值，增加了政府的资本净值（这也就是税收的目的——将资源向政府移动)。私营银行得到了一笔政府的存款准备金。

通过借记纳税人的存款和银行准备金，政府得到税收收入。

政府

资产	负债
- 纳税义务	- 储备

私营银行

资产	负债
- 储备	- 活期存款

私营非银行机构

资产	负债
- 活期存款	- 纳税义务

政府

资产	负债
+ 喷气式飞机	+ 资本净值

私营非银行机构

资产	负债
- 喷气式飞机	- 资本净值

图 3.3　案例 1a 的资产负债表的最终状态

政府通过支出和税收的“平衡预算”使喷气式飞机移向政府部门，同时减少私营部门的资本净值。政府使用货币制度完成了其“公共目的”，以获得诸如喷气式飞机这样的资源。

现在，让我们看看当政府赤字支出时会发生什么，即案例 1b，如图 3.4 所示。不要疑惑——我们并不是在说明不需要税收，请谨记，正是“税收驱动货币”才导致了税收制度的出现。但政府可以决定在本周买一架喷气式飞机而不是去征收任何额外的税款。

政府

资产	负债
+ 喷气式飞机	储备

私营银行

资产	负债
+ 储备	活期存款

私营非银行机构

资产	负债
－喷气式飞机 ＋活期存款	

图 3.4　案例 1b：政府赤字支出，创造私营净财富

现在，喷气式飞机已移动到政府部门，政府赤字支出使私营部门产生了金融资产净额（卖方拥有与政府金融负债等值的活期存款——储蓄）。然而，银行持有比意愿更多的储蓄，将会使其获得更多的利息收入。因此，政府将出售债券（出售债券是货币政策的一部分，可以使政府达到隔夜利率目标）。

政府

资产	负债
＋喷气式飞机	－储备 债券

私营银行

资产	负债
－储备 ＋债券	

政府

资产	负债
＋喷气式飞机	＋债券

私营银行

资产	负债
＋债券	＋活期存款

私营非银行机构

资产	负债
－喷气式飞机 ＋活期存款	

图 3.5　案例 1b 的资产负债表的最终状态

以国库券的形式出现了金融资产净额，而非储蓄。与案例 1a 相比，私营部门更开心了！因为，其总资产虽然并未改变，但从一项实物资产（喷气式飞机）转换成了一项金融资产（对政府的债权）。

这样似乎有点太容易了，政府决定通过出售债券以避免赤字支出的方式来“自缚双手”。图 3.6 为第一张资产负债表，银行购买债券并贷记政府活期存款账户。

政府

资产	负债
+活期存款	+债券

私营银行

资产	负债
+债券	+政府活期存款

图 3.6　案例 2：政府必须在赤字支出前出售债券

政府

资产	负债
–活期存款	
+喷气式飞机	

私营银行

资产	负债
	–政府活期存款
	+私营部门活期存款

私营非银行机构

资产	负债
–喷气式飞机	
+活期存款	

图 3.7　政府通过向私营银行开支票的方式购买喷气式飞机

银行借记政府存款，贷记卖方存款。资产负债表的最终状态如图 3.8 所示。

政府

资产	负债
+喷气式飞机	+债券

私营银行

资产	负债
+债券	+活期存款

私营非银行机构

资产	负债
-喷气式飞机	
+活期存款	

图3.8　案例2中资产负债表的最终状态

其结果与案例1b完全相同：只要私营银行可以购买债券，政府可以通过其存款账户开出支票，那么其在赤字支出前出售债券对结果毫无影响。

这看上去也相当地容易。那么，让我们把政府的鞋子也绑在一起：政府只可以通过其在央行的账户开出支票。因此，政府首先需要出售债券从而在私营银行获得一笔存款。

财政部

资产	负债
+私营银行活期存款	+债券

私营银行

资产	负债
+债券	+财政部活期存款

图3.9　案例3：财政部只能通过其央行账户开出支票

财政部必须先将其存款转入央行才能用于购买喷气式飞机。

财政部

资产	负债
-私营银行活期存款	
+央行活期存款	

央行

资产	负债
+贷出储蓄	+财政部活期存款

私营银行

资产	负债
	–财政部活期存款 +借入储蓄

图 3.10 财政部将存款转入央行账户

我们已经假设：当财政部转移其储蓄后，银行没有借记额外的储蓄，因此，央行不得不贷款给私营银行（正如我们所看到的暂时贷款）。现在，财政部在央行拥有了存款，可以通过开出支票来购买喷气式飞机了。

政府

资产	负债
–活期存款 +喷气式飞机	

央行

资产	负债
–贷出储蓄	–财政部活期存款

私营银行

资产	负债
	+活期存款 –借入储蓄

私营非银行机构

资产	负债
–喷气式飞机 +活期存款	

图 3.11 财政部购买喷气式飞机

政府

资产	负债
+喷气式飞机	+债券

私营银行

资产	负债
+债券	+活期存款

私营非银行机构

资产	负债
-喷气式飞机 +活期存款	

图3.12 案例3中资产负债表的最终状态

令人意想不到的是，这与案例2和案例1b的结果完全相同！即使政府自缚双手且把自己的鞋带都绑在一起，也不会使结果产生任何变化。

当然，不可否认的是，这些都只是非常简单的理想假设。那么，让我们来看看在美国发生的真实情况——财政部在私营银行和美联储均拥有账户，但仅能以美联储账户开出支票。此外，美联储不能从财政部直接购买国库券（且不能透支其财政部账户）。财政部在私营银行的存款（大多）来自税收，但财政部不能以该存款开出支票。财政部需要在支出前先将这些存款从私营银行转移出来，且在税收过低时必须通过出售债券的方式来获得存款。我们需要认真查看这些实际采取的操作和步骤，虽然它们可能会有些偏执。

探讨框：常见问题解答

问题：研究现代货币理论的学者总是想要将美联储和财政部合并在一起，但实际上，美联储是一个私营机构，并不是政府的一部分，财政部也不能在美联储尚未允许的情况下进行支出，除非其已经在支出前获得了税收收入。那么，政府支出是否真的会像一个家庭或公司那样受其收入的限制呢？

回答：从开始创造出现代货币理论开始，其展示出的便是无论合并或分开两个部门，资产负债表都不会产生任何变化。现代货币理论的逻辑始终保持不变，即政府创造记账货币，以其为计价单位征税、支出，并收入以其自己的货币支付的税款。

美联储并不是一个私营机构，而是国会的产物，与财政部、国防部、交通部或是联邦税务局的独立程度相似。通常，美联储可以独立设定隔夜利率目标，不受政策的影响，当然，许多政府部门机构也拥有相似的独立性。

无论是合并还是分开，在进行T型账户的操作后都将获得完全相同的结果，财政部在美联储的存款仅仅是一笔政府内部的记录。美联储是一家银行，其将借据借出并兑现。财政部则是政府负责征收税款的一个分支，由国会授权立法产生，而这些税收则是财政部货币的驱动力。财政部赋予美联储的借据以价值（联邦储备券，FRnotes），其非常希望接收储蓄与联邦储备券作为税收支付。如果财政部拒绝这样做，那么，美联储的负债便和一家小银行一样了。如果美联储的背后没有财政部在支持，那么，我们将回到19世纪，那时，纸币还没有一个明确的票面价值。

那些习惯于将美联储和财政部分开讨论研究的学者非常乐意去相信美联储拥有无上的权力，而可怜的财政部（乃至整个美国政府）都受制于美联储这个“私营”部门。但实际上，美联储也是国会的产物。在战时或危机时，美联储直接服从于财政部。而在其他时候，美联储则服务于国会与财政部的喜好，尽管对其监管力度并不大。当然，我认为这是一个错误，这既没有让美联储完全独立，也没有让其拥有统治地位。

3.7 财政部的债务经营

《联邦储备法》(Federal Reserve Act) 规定，美联储仅可以在“公开市场”购买财政部债务，尽管情况并非总是如此，但需要财政部在美联储的账户结余为正(《联邦储备法》中规定，美联储为财政部的财务代理，同时持有财政部结余作为其资产负债表中负债的一部分)。因此，在支出前，财政部必须通过税收、其他收入或对“公开市场”的债务保险来补充其在美联储的账户。

鉴于财政部的存款账户是对美联储的负债，资金流入或从该账户流出都将影响其储备规模。例如，财政部支出将增加储蓄，获得税收将减少储蓄。通常，增加或减少均将影响隔夜利率。因此，财政部的操作与美联储设定和保持目标利率的货币政策操作是不可分割的。如果财政部账户金额与美联储在当天满足目标利率所需要的金额规模不相符，流向财政部账户或从该账户流出的资金数量就必须被美联储资产负债表上的其他条目所抵销。正因如此，财政部将通过与数千个私营银行存款账户(活期存款账户与定期存款账户) 的交易来满足其目的，这些账户通常被称为纳税账户与贷款账户。

2008 年秋季前，财政部试图维持其大多数时间在美联储的日终账户规模为 50 亿美元。当其账户低于 50 亿美元时，财政部将从纳税账户和贷款账户中将资金转至其在美联储的账户；当其账户高于 50 亿美元时，财政部将从其在美联储的账户中将资金转至纳税账户和贷款账户。全球金融危机与美联储的应对，尤其是量化宽松政策的实施导致了一些我们通常会忽视的异常情况的发生。

换言之，财政部债务操作的时效性的实现需要其对自己的支出与收入的管理时间序列与美联储对其利率目标管理的时间序列一致。因此，在通常情况下，全球金融危机前美联储设定的目标利率大于对银行储蓄结余支付的利率（2008 年 10 月前，利率为 0，如今，由于美联储向储蓄支付利息，其设定利率大于 0），财政部为了赤字支出需要进行六笔必要的金融交易。

除非财政部在美联储的账户中已经有充足的存款，否则其必须要进行下列六笔交易来推动其支出。如果财政部没有足够的存款，便需要对新发行的债券进行一轮“拍卖”。

（1）美联储承诺对一级交易商的回购协议（美联储从一级交易商处购买国库证券并承诺在指定日期重新卖给交易商），以确保有充足的储蓄结余流通，从而使财政部的“拍卖”结算得以运行（借记银行账户的储蓄结余，贷记财政部账户），同时，实现美联储的目标利率。众所周知，财政部拍卖结算的几日是“高额支付流动日”，比往常需要更大规模的储蓄结余流通，美联储需要满足这些需求。

（2）财政部拍卖结算即为将国库证券换为储蓄结余，因此借记银行储蓄账户，贷记财政部账户，同时借记交易商在银行的账户。

（3）财政部将从拍卖结算中贷记的结余注入其纳税账户和贷款账户，这一交易将贷记纳税账户和贷款账户持有银行的储蓄账户。

（4）［交易（4）与交易（5）是可互换的，即实际上，交易（5）可能会发生在交易（4）之前］在一级交易商从美联储回购国库证券，即第二轮回购协议生效时，美联储的回购协议将实现反转，交易（1）也将反转。

（5）支出前，财政部将从其在银行的纳税账户与贷款账户中调入资金，交易（3）将反向发生。

（6）财政部通过借记其在美联储的账户而进行赤字支出，从而贷记其在美联储的银行储蓄账户与支出接收方银行账户。

对减税与支出增加造成赤字的分析大体相同，即减税后，财政部支出大于收入，与其主动地进行赤字支出相同。

需要注意的是，最终结果也与前文使用合并政府部门（财政部加央行）的例子完全相同：政府进行赤字支出导致需要贷记某方的银行账户与对其银行的储蓄，从而换取一笔财富以清偿其超额储蓄。然而，采取实际的程序后，这些交易会更加复杂，交易发生的顺序也将不同。但资产负债表的最终状态是相同的，即政府拥有喷气式飞机，私营部门拥有一笔财富。

这个案例对于理解上文中提到的政府自缚手脚的“自我约束”似乎非常重要。只有储蓄结余才能通过联邦储备系统通信网络结算财政部的拍卖。请注意，久而久之（除美联储资产负债表自发的变化所带来的短期影响外），储蓄结余的唯一来源是美联储的贷款以及美联储直接或通过回购协议购买的金融资产。此外，美联储经常购买国库证券，并以国库证券为其回购协议的抵押品。在全球金融危机后，美联储高度介入了一系列资产的非寻常购买，并以一系列资产作为抵押对外贷款。由于现存的国库证券是先前政府针对财政预算赤字而发行的，那么，需要购买国库证券以产生储蓄结余则是先前政府赤字或美联储向非政府部门贷款的产物。即使财政部必须在支出前拥有正的储蓄结余并且美联储被依法禁止向财政部透支其账户，这样的表述也是正确的。

最后，请谨记：

（1）即使在美联储的利率目标下对储蓄结余支付的利息以及大量的超额储蓄结余脱离了流通——如同在危机后美联储处于量化宽松政策

的不同阶段——该分析也是不变的。

美联储不会积极参与以实现和维持其目标利率为目的的财政部拍卖的有关操作。正在流通的储蓄结余是通过美联储对私营部门的贷款（或购买私营部门的证券），或通过之前的赤字而产生的。

（2）总体来看，为实现美联储业务的时效性而增加财政部必须向其公开市场业务注入资金这一条规定，导致了前文所述的为了实现财政部债务经营的六笔交易。财政部经营的复杂性的增加是非必需的，因为其并未改变以下事实：①储蓄结余必须通过先前的赤字或美联储为了计算财政部拍卖对私营部门的贷款提供；②伴随着新国库证券发行的赤字所导致的存款流通不会比不发行证券更少。此外，所增加的规定和复杂性如果在宏观经济困难时期影响到了政策制定者的决定，可能会适得其反。

总之，即使增加了自我约束的措施以及仔细研究了美联储与财政部经营的每一个细节，我们还是会发现，在前文所举的简化例子中的基本结论完全站得住脚。政府赤字支出增加了支出接收方的银行存款。银行储备开始被创造出来，超额储备则（通常）会被转换为国库券。私营部门持有的金融资产净额按赤字的数量增长（银行持有的存款与欠款相等，所以，金融资产净额等于银行持有的国库券加上额外的储蓄或留存现金）。该问题在“关于债务上限的讨论”（见 7.5 节）中将进行详细阐述，即债务上限是另一项自我约束措施。

探讨框：常见问题解答

问题：我对于本国政府部门财政预算盈余的理解是政府仅仅“摧毁”了先前政府支出所创造的美元而已。那么，建议一个主权

政府“储蓄”其自己的货币不是没有意义的吗?

回答：从实际的角度来讲，确实没有意义。在克林顿执政的经济繁荣期曾有一个预测，即美国所有的未偿国库券均会被赎回。这导致美联储疯狂地想要了解，在无政府借据可“摧毁”的前提下，联邦政府如何才能继续盈余。如果真的出现了这样的情况，那么，私营部门可以持续使政府出现赤字的方法便是以其资产（而非政府借据）向政府支付。你可能需要将你的汽车、房子、银行账户甚至儿童都交给政府以支付税款。这是政府出现无限多盈余符合逻辑的结果：政府将累积对私营部门无限多的债权。同时，你没有犯错，主权政府没有也不能“储蓄”自己的货币。

3.8 结论：中央银行与财政部扮演的角色

正如前文所述，批判者通常都会抓住我们一开始所简化的假设，即我们将中央政府与财政部合并进行讨论。我们随后抛弃这一假设，分别研究两者所扮演的角色，这样会使讨论更加复杂，但不会改变整体的逻辑，即主权政府需要在税收前支出。

政府支出和银行贷款之间存在一种对称关系：政府需要在纳税人可以使用货币来支付税款前支出（或贷出）货币；银行则需要在银行的债务人可以使用存款偿还贷款前贷出存款。过去，财政部可以通过财政政策独自进行这些操作：支出货币，随后以税收的方式收集货币。而现代政府则将这些职责进行分工，分给财政部和政府的银行——央行。央行向政府支付，并为政府接收税收支付。财政部仍负责发行一些货币，但大多数的货币来自央行（联邦储备券）。

就像许多公司和家庭通过支票（或直接从账户扣款）的方式进行支付一样，大多数的财政部支付也是通过支票或银行账户贷款完成的。

央行拥有的第二个功能就是让大多数观察者明白：央行是银行的银行——运行整个支付体系，维持平价结算。

这两个功能与央行的资产负债表密切相关。我们可以将财政政策的相关操作分离出去，让财政部去完成所有的财政政策。这样做的复杂性在于，私营银行需要在财政部拥有账户，这样财政部才可以直接与它们的账户进行交易，在收取税款时直接从其账户中扣除。同时，也要在央行拥有账户，以进行银行间的结算。

因此，如果我们真正分离了美联储和财政部这两个机构，银行便需要分别在这两处拥有账户。这当然可行，但何必这么麻烦呢？为什么不能继续让美联储同时扮演财政部的银行和银行家们的银行呢？哦，这太混乱了！这意味着美联储要拥有两个功能，它既是财政部的银行，又是银行家们的银行。如果经济学家可以理解这些，那么他们便不会担心美联储和财政部之间存在内部记录了。

美联储与财政部确切地知道自己在做什么。那我们从何而知它们正在做正确的事呢？从支票不会再被拒付，美联储达到了目标利率。如果财政部的支票开始被拒付，我们便会知道国会在这时需要介入，并且好好地教训美联储主席一顿。在这之前，我认为所有支持分开讨论二者的人仅需要屏住呼吸等待就可以了。

同时需要注意，有大约 40 个一级交易商需要去竞价国库证券，这将让利率保持尽可能低的水平。交易商这样做的主要原因在于，他们的客户仅能与一级交易商进行交易。这意味着，财政部为了支出，可以一直出售证券并在美联储获得存款。这样，那些“自我约束”的措施将不再是约束，也就不会有那些通过拒绝给“山姆大叔”（美国政府）贷款而阻止其支出的“债券义勇军”（Bond Vigilantes）了。

4

独立货币发行国的财政运作

本章将对以下问题进行讨论：政府支出、税收、利率设置以及债券发行。换言之，我们将探究发行独立货币的政府所采用的财政政策。由于无法将财政政策与货币政策完全剥离开，因此，我们将兼顾央行以利息为主导的运作方式，特别是在政府发行国债方面。

需要时刻牢记的是：汇率制度可以映射出一个国家的国内政策。对于所有发行货币的政府以及允许所发行的货币汇率浮动的政府，我们将区分两者所适用的操作方式及限制。前文对此已有不少讨论，在本章我们将对其本质进行深入研究。同时，我们也将一如既往地坚持以本书的基本目的为准则，对各货币发行国进行整体分析。对于只适用于特定汇率制度的部分我们会予以注明。在第6章中我们将具体研究汇率制度选择的意义。

4.1 基本原则

4.1.1 对于主权货币发行国的误解

首先让我们来看一些似是而非却被人津津乐道的言论，换言之，以下论断均不适用于发行主权货币的政府。

（1）有预算约束（如房屋或公司）的政府应通过税收或借款的方式筹集资金。

（2）财政预算赤字只有在特殊情况（如经济大萧条）下才不被视作经济的沉重负担。

（3）政府财政赤字将促使利率上调，排挤社会经济私营部门，并导致通货膨胀。

（4）政府财政赤字将使可用于投资的存款总量减少。

（5）政府财政赤字的影响会波及后世，因此，政府需要在当下缩减多余的开支以及税收，以削弱其不良影响。

（6）政府财政赤字越高意味着未来的税收越重，政府将以此偿还赤字造成的债务的利息及本金。

尽管以上论断很合乎常理，其中某些论断也在那些不发行货币的政府那里得到了或多或少的验证，但其对于发行货币的政府却不具有任何借鉴意义。

4.1.2 主权货币发行国适用原则

现在让我们来罗列一下适用于发行货币的政府的观点，这些观点同样适用于采用固定汇率制度的国家。

（1）政府可命名一个记账单位，以该记账单位征税，并发行以该记账单位计价的货币，通过此货币缴税。

（2）政府通过贷记银行准备金进行支出，通过借记银行准备金进行征税。

（3）银行将作为政府及非政府部门之间的媒介，贷记储户账户作为政府支出，借记储户所缴纳的税款。

(4) 可将政府财政赤字视作向银行系统储备及银行存款的贷记净额。

(5) 隔夜利率目标是由央行设定的，因此是“外生的”，而准备金的规模则由私营银行的需求决定（前文也提到，在量化宽松政策实行期间，央行可以在为银行提供额外准备金的同时，通过向准备金支付支持利率来达成利率目标)，因此是“内生的”。

(6) “存款乘数”仅仅是根据过去对经济发展形势的分析而得来的准备金与存款的比值。更好的做法是：将存款视为可以在以准备金为基础发生杠杆效应时自发增加，而不是根据既定的杠杆比率而产生的。

(7) 财政部需要与央行协作，以确保支票不会被退回，以及其财政运作不会让隔夜利率与目标利率相差越来越远。

(8) 发行国债并不是主权政府的一种借款行为（传统观念是如此认为的)，而是帮助央行达到目标利率的工具。

(9) 尽管政府对于支出始终会有所约束，但财政部总是“支付得起”以其发行的货币为单位的任何事物。

尽管上述言论中不少已为人所熟知，但其中的含义依旧晦涩不明，在下文中我们会对其进行深入剖析。接下来，我们将阐述概括性的原理，以与将政府预算比作家庭预算的“传统观念”形成对比。

不要急于认为以上观点支持政府无节制的开销，也并非表明，既然政府可以“支付得起”任何以自身所发行货币为单位的事物，就理应将其全部买下。若这些事物仅以外币形式出售，那么，政府便无法使用自己的货币进行直接购买，在此情况下，需要对“支付能力”进行考虑。

上述原理并未否认政府的过度开支会产生通货膨胀的隐患。此外，也应对汇率一并进行讨论。政府支出过高或将目标利率设置过低，都会使得货币面临贬值的压力，意味着政府的利率设定政策以及财政预算政策应该关注对于汇率或通胀率可能产生的影响，利率设定政策和财政政策受制于政府对汇率和通胀率的管控欲望。

这就需要我们探讨汇率制度：上述观点对于钉住自己货币汇率的政府实用，它们也必须运用财政政策及货币政策维持汇率的固定。因此，即使政府可以承受更大的开支，它们也会为了稳定利率而选择减少开支。此外，即使政府能够依靠“外生”力量降低目标利率，也会与目标汇率发生冲突。由此，如果政府钉住其汇率，则应选择将目标利率保持在较高水平。

在4.2节中我们将具体探究政府发行独立货币时的政府预算。

探讨框：常见问题解答

问题：用于纳税的难道不是活期存款吗？

回答：当你把支票交给征税机构（通常指财政部。在美国，指联邦税务局）时，银行会将支票交给央行，实际上是在使用准备金为你纳税，随后，央行会借记银行准备金（同时增加财政部存款）。

4.2 主权政府预算赤字对于储蓄、准备金及利率的影响

现在我们来深入探究政府预算及其对非政府部门的影响。本节中，我们将关注预算赤字与储蓄的关系，以及预算赤字对银行准备金及利率的影响。下文先进行一般性讨论，之后再对一些特殊约束条件和其他细

节进行探究。

4.2.1 预算赤字与储蓄

在之前的讨论中，我们发现，一个部门的赤字支出会带来其他部门的盈余（或储蓄）。这是由于，当收入真正被创造出来时，出现赤字的部门在某种意义上是可以决定支出大于收入的部门，出现盈余的部门单位则可以决定支出小于收入。用凯恩斯的术语来说便是双生理论——“支出产生收入”及“投资产生储蓄”的又一版本。此处是指政府部门的赤字支出带来了非政府部门的盈余（或储蓄）。

显然，这一理论推翻了传统观念中的因果关系，实际上是因为政府的赤字支出为非政府部门的储蓄提供了“资金”，即政府赤字支出为非政府部门提供了收入以实现盈余。在股市中，正是由于政府发行的借据才使得非政府部门累积了对政府的债权。

这听起来似乎有些玄妙，但整个过程却并不难理解。政府通过贷记支出接收者的银行账户进行支出（购买商品及服务或是进行社会保险及福利金等的转移支付），同时贷记它们在央行的准备金。政府通过借记纳税人账户（央行贷记账户所在商业银行的银行准备金）来征税。一段时间的赤字（假定时限为一年）意味着贷记的银行账户多于借记的银行账户，非政府部门会发现它们的盈余最初来自对银行账户的贷记净额。因此，上述理论就变得简单易懂了：政府赤字产生非政府部门盈余。

在政府出现盈余时上述理论恰好相反：政府盈余意味着非政府部门出现赤字，银行账户（及准备金）存在借记净额。这种对于非政府部门金融资产净额的消耗（净借记）等于政府的预算盈余。

4.2.2 预算赤字对准备金及利率的影响

预算赤字最开始会造成准备金的等量增加，这是由于在财政部支出的同时需要贷记支出接收者的银行存款账户以及央行的银行准备金账户。

让我们回顾一个曾经存在多时，但直到最近才得以改变的体系：在联邦政府采取量化宽松政策之前，央行是不支付准备金利息的。创造银行准备金的赤字支出将（最终）导致准备金过量，银行将拥有数额超过持有意愿的准备金。对此的解决办法便是：立即在隔夜银行同业拆借市场（在美国叫作联邦基金市场）出借准备金。

如果整个银行体系拥有超额准备金，那么，出借准备金将无法在现存的隔夜拆借利率（通常叫作银行利率，在美国叫作联邦基金利率）基础上实现。因此，拥有超额准备金的银行将会以极低的利率出借准备金，使得实际市场利率低于央行隔夜基金的目标利率。

由于对准备金的需求缺乏利率弹性，故单纯降低市场利率无法提升对准备金的需求。换言之，通过降低隔夜利率无法消除整个银行系统内准备金超额的状况。一旦利率跌破了中央银行的容忍底线，央行便会介入。

通过出售财政部债券储备来去除超额准备金，这便是公开市场出售。公开市场出售用债券代替了超额准备金：借记央行负债（准备金），借记购买债券银行的准备金账户，借记央行持有的国库券，银行资产得以等量增加。

由于银行国库券数量增加，储蓄开始等量减少，这就等于进行了有效的资产替代。现在，银行以对国库券（债券）的债权代替了对央行

（准备金）的债权，而央行掌握的资产（债券）减少，负债（准备金）也因此减少。由于可以从债券的利息中得利，银行业从业者会非常开心。

一直以来，尽管美国和加拿大等国所做的是由央行向准备金支付利息，同样的过程也会发生。一旦银行的准备金达到了它们的预期，它们就会将其转化为收益更高的国库券。它们不会将隔夜利率降低至央行的“支持利率”（央行向准备金支付的利率）以下，因为没有一家银行会愿意收取比原本能向央行收取的利息更低的利息。因此，银行会立即将非意愿持有的准备金投入国库券市场以寻求更高的收益。

实际上，采取如此做法的央行通常支付的利息比贷出准备金稍低。举个例子，如今在美国和加拿大，央行通过“贴现窗口”贷款获得的“贴现利率”（也称为银行利率或隔夜利率），比向准备金支付的利率高出25个基本点（0.25%）。如，银行收取的贷款利率为2%，而向央行支付的准备金利率则为1.75%。银行同业拆借的“市场”利率也在这个区间，有准备金需要的银行可以选择以2%的利率向央行贷款，而拥有过剩准备金的银行则可因央行的持有而赚取1.75%的利息。

4.2.3 复杂性与私人偏好

政府支出同时贷记支出接收者的银行账户与银行储蓄——对于此言论通常有两种质疑：①这一原理过于简单；②如果私营部门支出与投资组合偏好与政府财政预算结果不匹配将会怎样？

对于第一种质疑，一系列出版物与论文均进行了细致的讨论，贝尔（即斯蒂芬妮·贝尔·凯尔顿，Stephanie Bell Kelton）、贝尔与L.兰德尔·雷、L.兰德尔·雷、富尔怀勒与雷森德（Rezende）等多组作者在其文章中都关注了美国、加拿大和巴西的实际经济运行过程，详见3.6节、3.7节。实际上，由于银行在财政部没有账户，财政部通常无法直接贷记银行账户。

财政部在每一次支出和征税时均需要与央行、私营银行进行一系列复杂的协作。央行与财政部协作可以确保政府有能力支出，纳税人向财政部缴纳的税款不会带来空头支票，更重要的是，不会对银行系统储蓄产生负面影响。尽管最终的结果如上文所述（国库开支贷记银行账户，税收借记银行账户，预算赤字等于活期存款和银行准备金的贷记净额）一致，其过程却更为复杂（详见3.6节）。

这就引出另一个问题：如果央行拒绝与财政部合作会怎么样？答案是：央行将无法达成隔夜利率目标（因为支票将会无法兑现，最终殃及支付体系）。读者可以参考大量有关两者协作的文献或是参见3.6节（及其最后的探讨框）。对业余读者来说，以上简洁的解释就已足够，即政府财政赤字的确是准备金的贷记净额，如果出现非意愿的超额准备金，则将通过出售债券来吸收以维持央行目标利率的稳定。而央行能够达成利率目标，国库债券不会遭到退票，这便是央行与财政部合作的证明。

出售债券这一运作产生的影响便是政府债券代替了准备金，就像是在央行为银行设立存款账户（政府债券）而不是支票户头（央行准备金）。如此一来，就减轻了隔夜利率的下行压力。

对于第二种质疑，如果政府的财政态势与非政府部门愿意持有的储蓄不匹配，那么支出和收入会自行调整直至政府财政结余与非政府部门结余一致。例如，如果政府的赤字大于非政府部门的盈余意愿，那么非政府部门通常会打出一套“组合拳”，如增加支出（减少非政府部门的储蓄与预算赤字）、扩大税收收入（达到缩减预算赤字并减少储蓄的目的）、提高非政府部门的收入（使持有储蓄的意愿增加就等同于赤字增加）等。

由于税收收入（以及一些政府支出）由经济表现决定，因此，财政态势或多或少也存在内生性。同理，非政府部门取得的实际结余也由内部的收入和储蓄倾向决定。根据会计恒等式（前文所述三部门均衡理论），非政府部门结余与政府部门结余不可能相异（表现相反：一方出现赤字，另一方便出现盈余），非政府部门的储蓄总量也不可能少于（或多于）预算赤字。因此，结余一定是平衡的！

在4.3节中我们将具体探讨私营储蓄决策，以便更好地回应第二种质疑。

探讨框：常见问题解答

问题：隔夜利率由央行设定，那其他利率由谁决定？假如市场对于预算赤字的反应恰恰相反，导致债券市场的“义勇军”要求更高的利率，该怎么办？

回答：央行有权设定隔夜利率以及其他计划出售或购买的金融资产的利率，可以限定十年期政府债券利率或三十年期政府债券利率。在美国，美联储在“二战”期间的确是这么做的，但如今却通常不会这样了。即使在量化宽松政策实行期间（本该降低长期利率时），美联储也只是采取了一种迂回战术来降低国库券的长期利率。美联储试图用数量而非价格来达成价格目标，即其将公布会用多少钱购买国库券，希望借此显著降低利率。而更有效的做法则应当是：宣布要买入足够数量的国库券，以将长期国库券的利率降低至目标水平（随后便着手买入必要数量的国库券）。

央行对于没有目标的利率有更复杂的设定方法。美国是通过政策来设定储蓄存款和活期存款利率的。这便是Q条例（Regulation Q），即活期存款利率为零，定期存款利率根据机构类型区分，最高不超过5.25%或5.5%。美国的政策也同样会设定一些贷款利率。除政府管控的利率外，其余利率由更为复杂的控制因素所决定，包括管制利率的升降、信贷与流动性风险、央行政策预期、预期汇率变动等。由于利率理论实在太过复杂，在此不做详细剖析。

“债券义勇军”？如果他们要求的利率高于政府预期便不要将债券卖给他们。主权政府从不需要出售债券，其完全可以以储蓄的形式留给银行，央行可以为储蓄支付任何支持利率甚至零利率。这样的做法是凯恩斯所推崇的，他称为“食利者的安乐死”——将零风险的利率永远固定为零。

4.3 政府预算赤字与储蓄的“两步式”过程

前文中我们提到，政府预算赤字是以央行的银行准备金的贷记净额以及贷记接收政府支出净额的银行账户的形式出现的。这通常会造成超额准备金，其可以政府债券的形式由央行或财政部出售，从而被吸收。因此，预算赤字通常带来的结果便是非政府部门的国库券净正值积累。但即使不购买债券，非政府部门的净储蓄也会以政府债权（现金或储蓄）的形式存在。

简单来说，政府赤字支出为非政府部门创造了以本国货币形成存在的储蓄（现金、准备金及国库券），因为政府赤字意味着政府通过支出所贷记银行账户的金额超过了通过税收所借记的部分。

我们需要明确的是：我们正在讨论本国货币的净储蓄，而本国非政府部门也可以使用外币进行净储蓄。此外，一些非政府部门也可以通过拥有其他非政府部门债权的形式进行储蓄，但其总和为零（即我们所说的“内部财富”）。

让我们回到前文提出的对于政府支出同时贷记支出接收者的银行账户与银行储蓄的两种质疑：①这一原理过于简单；②如果私营部门支出与投资组合偏好与政府财政预算结果不匹配将会怎样？在4.2节及3.6节中我们解决了第一种质疑，现在我们来回应第二种质疑。

根据前文所述，非政府部门本国货币储蓄无法在预算赤字之前产生，因此我们不应该认定政府在支出前需要先行向非政府部门借贷。相反，我们应该认识到，是政府先进行支出，并贷记银行账户，随后才产生以预算赤字以及非政府部门金融资产净额储蓄的增加（预算盈余）的形式而存在的余量，且两者数量相等。

所以我们应当视非政府部门的净储蓄是政府赤字支出的结果，是赤字支出创造了收入和储蓄。由于只有政府的贷记净额才能创造储蓄，因此其不会早于赤字出现。储蓄并不会为赤字埋单，反而是赤字创造了等量的储蓄。本书一再强调，一个巴掌拍不响，且其调节过程极为复杂。非政府部门必定存在持有净储蓄的需求，而该需求由政府赤字来满足。

总体来讲，正如凯恩斯所言，储蓄过程分为两步：给定收入，决定储蓄多少；给定储蓄金额，选择以何形式持有储蓄。因此，提出第二种质疑——认为非政府部门投资组合偏好可以同政府支出计划相偏离的人，在内心其实已经承认非政府部门的投资组合偏好了（即储蓄的第二步）。如果非政府部门的储蓄情况与其储蓄意愿相匹配，我们如何确定产生政府债权累积的预算赤字是否与投资组合偏好也相匹配？答案在于：利率（因此导致的资产价格）调节的方向可以确保非政府部门乐于以既定投资组合来持有储蓄。

在此我们必须通过政府用以赚取利息的债务（“国库券”，或长期国债与短期国债）所扮演的角色来理解。

为满足讨论这个问题的目的，我们假设向政府出售商品或服务的任何人都是完全出于自愿而完成交易的（不存在“强制”交易），并假设政府“转移”支付（如社会保险等）的所有接收者都自愿接收该存款。接收者可以通过银行存款的形式持有政府开支，可以支取现金或使用存款购买商品、服务或资产。

第一种情况是储户没有对投资组合做出任何改变。第二种情况是银行准备金和存款负债等量减少（如果银行系统的准备金总量因此降到了愿意持有或要求持有的标准之下，则需要采取后续措施，但银行的意愿标准通常由央行调整，避免银行自行调整准备金储备造成目标利率发生大幅度波动）。第三种情况是存款方变为出售方（出售商品、服务或资产）。只有支取现金或还贷才能减少银行存款，否则只是银行账户的持有人发生改变而已。

这些过程也会影响商品价格、服务价格以及最重要的资产价格。如果政府的预算赤字所创造的存款和准备金多于预期总量，那么，“存款转移”将会抬高商品、服务和资产的价格，降低利率。拥有超额存款的一方可以还贷，还贷后，便同时清空了银行负债表上的贷款与存款。当商品、服务与资产价格调整到所有多余存款都被意愿持有后，非政府部门才会停止移出银行存款。

现代央行根据隔夜利率目标运行。因此，若隔夜利率偏离了目标，央行就会采取措施。例如，当银行因为超额准备金而着手降低实际隔夜利率时，政府将在公开市场出售债券，从而吸收超额准备金。

请谨记，在银行的资产负债表中准备金是资产，存款则是负债。当政府支出时，两者均会增加——贷记央行的银行准备金，同时贷记支出接收者的活期存款。大多数的额外准备金构成了超额准备金（当准备金需求延迟计算时会更为复杂，此处我们不做深入探讨），银行会做出投资组合决策：购买利率较高的投资品。首先，银行向隔夜市场借出准备金以压低利率。其次，银行购入替代品，如国库券（政府债券），并完成资产形式转化（注意：除非银行从财政部或央行购买国库券，否则准备金只是在银行间周转，总量并未减少）。由于央行需要保持利率目标，所以，当利率低于目标时，央行会开始出售国库券，以此消耗超额准备金并释放利率的下行压力。前文也提到过：当目标利率为零或央行的支持利率低于超额准备金因而无法推动市场利率时，我们将对此做出调整。

因此，针对投资偏好不匹配的解释很简单：资产价格与利率的比例调整是根据政府支出导致的准备金和存款的数量进行的，以确保非政府投资组合偏好与之相匹配，如果央行不希望短期利率偏离目标，便会介入公开市场。注意：资产价格和利率此增彼减。债券价格上升，其收益，即利率，就会下降。如果银行有超额准备金，便会抬高债券价格，试图获得比准备金的利息更高的收益，并降低债券的实际收益。在公开市场出售央行债券将阻止债券价格的上涨和利率的下跌。

对政府在财政低迷时会“印钞”的担忧是没有根据的。所有的政府支出都会增加私营银行账户的存款，这就相当于增加了货币供给（存款和准备金最初的增长量等于政府支出)。然而,非政府部门的投资偏好将会决定用多少准备金来购买债券,而增加的税款将会决定减少多少准备金和存款。

4.3.1 销售债券是用准备金赚取利率的替代性方式

我们可以认为,短期国库券能比银行准备金获取更多的利益(正如前文提到过的,央行通常不会支付准备金利息,即使准备金可以获利,其利息也不会高于政府债券)。无论是由央行(公开市场业务)还是财政部(新券发行市场)出售国库券,其效果均相同:都是将准备金转换为国库券。这是为了让央行能达成利率目标,因此,无论是央行还是财政部出售债券都应当被视为一种货币政策操作。

从政府角度看,准备金是不能被任意支配的。在文献中,这被称为"调和主义者"或"水平主义者"。如果银行拥有超额准备金,隔夜银行间借贷利率会低于目标利率(只需保持在准备金支持利率之上),这刺激了债券的出售;如果银行系统出现资金短缺,市场利率就会高于目标利率,这刺激了债券的购买。此处唯一需要注意的是:央行与财政部在这一方面没有区别,债券的出售和购入(或赎回)的效果也是相同的。

这一论断或许有些出人意料。由于政府预算赤字是银行存款和准备金的贷记净额,这很有可能使银行产生超额准备金。如果此时不作为,银行就会压低隔夜利率。换言之,预算赤字的最初影响是压低(或不抬高)利率,为此,央行和财政部会将出售债券作为超额准备金的替代措施,防止利率跌破目标。如果央行向准备金支付支持利率(向银行持有的准备金支付利息),那么,预算赤字可能会促使银行累积准备金以抬高国库券价格（希望以此形成具有更高利息的债券作为准备金的替代品），降低银行利率。这与大多数人的认知是相反的，即其他所有条件相同的情况下，财政预算赤字会压低（而非抬高）利率。

4.3.2 中央银行满足准备金需求

央行不能单纯地通过提供或拒发准备金来激励或抑制银行放贷。相反，央行应协调银行系统，按其意愿提供准备金。只有利率目标可任意支配，准备金的量却不可任意支配。

如果央行将超额准备金“注入”银行系统并储存在那里，那么，隔夜利率就会跌至0（如果央行向准备金支付利息，则隔夜利率的将向央行支持利率的方向移动）。这就是日本金融危机后十几年间的实际情况，也是美国自2007年金融危机后美联储实行量化宽松政策时的真实写照。2015年，欧洲央行决定也采取量化宽松政策。在美国，只要美联储支付少量正准备金利率（如25个基本点），“市场利率”（联邦基金利率）将会在存在超额准备金的情况下维持在该利率水平附近。

央行如今在明确的利率目标下进行运作，同时也允许隔夜利率在一定区间内波动，若其超出可容忍范围，央行便会对市场进行干预。换言之，现代央行的运行准则为一定的价格准则（目标利率），而非数量准则（准备金或货币总量）。

在金融危机中，银行对超额准备金的需求量急剧增加，美联储必须满足这一需求。尽管一些评论员困惑于“注入”的“流动资金”（通过量化宽松政策创造的超额准备金）为何无法刺激银行放贷，但通常可以确定的是：银行放贷前的决定不受持有准备金数量的限制（甚至与之完全无关）。

银行向有信誉的借方放贷，创造存款并持有借款方的借据。如果银行需要或想要准备金，它们会从隔夜银行同业拆借市场或是央行贴现窗口获取。如果整个系统都出现短缺，隔夜利率会放出遭受上行压力的信号，提醒央行通过公开市场购买的方式供给准备金。

4.3.3 政府赤字与全球储蓄

许多分析师担心国家政府赤字需要全球储蓄的持续流入（例如美国政府赤字通过以中国为首的各国储蓄的持续注入来缓解），普遍认为，当全球储蓄流入不足时，政府很可能会通过“加印钞票”的方式来弥补赤字，而这将导致通货膨胀。更糟糕的是，在未来某个时刻，政府将会发现已无法支付各方债务的利息并因此被迫违约。

我们先将外国储蓄与本国储蓄分开讨论。问题的核心在于：以本国货币计算（本国储蓄加上世界其他国家储蓄）时，国内政府赤字是否超过了非政府部门的储蓄。我们根据上文的分析可知，这是不可能的。首先，会计恒等式中政府赤字等于非政府盈余（或储蓄）。其次，政府以本国货币进行的支出等于银行账户的贷记金额。税收导致借记银行账户，所以，政府赤字完全等于银行账户的贷记净额。如前所述，投资组合的偏好相互协调，并共同决定政府（央行或财政部）是否应该出售债券以吸收准备金。这些贷记净额（等于现金、准备金和债券的增加）完全等于非政府部门所持有的、以本国货币为单位的金融资产的净累积。

那些主张美国政府必须向节俭的中国人借美元的人显然没有理解基本会计原理。中国并不发行美元，美国才是美元的发行者。中国“借”给美国的每一美元都是从美国流出的。实际上，中国最开始是通过向美国出口商品（在大多数情况下）获取美元（美联储贷记储备），随后，他们购买更高收益的美元资产（多为国库券）来调整投资组合。美国政府从不向中国借钱解决财政赤字问题。美国经常账户赤字是向中国提供的美元债权，美国的预算赤字使这些债权以“货币”（广义上包括现金、准备金和国库券）的形式存在。

结论：政府赤字创造等量的非政府储蓄，因此，政府不可能面临储蓄供应不足的情况。

在4.4节中我们会具体探讨外国债券的持有问题。

探讨框：常见问题解答

问题：我们是否能断定日本本国储蓄的高利率是由政府的巨大赤字及其经常账户盈余所导致的几乎没有储蓄外流所造成的？我们是否可以认为日本的储蓄利率很大程度上是由政府赤字决定的？难道是赤字“造成”储蓄的出现而非储蓄的存在“允许”出现赤字吗？

回答：没错！日本政府赤字 + 经常账户盈余 = 大量本国储蓄，恒等式中每项都以日元为计算单位。其因果关系的确是由支出到收入再到储蓄，或者用凯恩斯的话来说，资金的注入带来外流。日本“失落的二十年”经济增长缓慢，滋生了大量的预算赤字。由于预算赤字加上贸易顺差满足了国内净储蓄的意愿，所以，该赤字防止了经济的完全崩塌。可以肯定的是，一个巴掌拍不响。通过努力，当今政府预算结果具有调和性：在经济衰退期，税收下降，支出上升。于是，经济的衰退可以被看作需求总量不足导致的不愿意支出，也就是人们对储蓄，尤其是以流动资金形式存在的储蓄偏好的结果。因此，私营部门希望以政府借据作为净储蓄时，便不会进行支出，通过产生预算赤字来满足对储蓄的意愿。当然，因果关系总是复杂的，但是总有基本的解释。日本在经济增长缓慢的二十年间，其安全保障体系并不完备，因此会理性地选择储蓄，从而使增长率放缓并产生预算赤字（及贸易盈余）。然而，由于储蓄无法在财政赤字（及贸易顺差）前出现，我们有理由认为，是由于预算赤字的“允许”，意愿储蓄才得以实现的。

4.4 假如外国人持有我们的政府债券

前文说到，政府赤字为非政府部门带来了等量的非政府部门储蓄，这些储蓄便是对政府的债权。通常，非政府部门更愿意持有一定数量保证利息的政府借据作为储蓄，而不是如现金那样无利可图的借据。此外，我们给出了预算赤字会创造等量准备金结论。银行更希望持有高回报的资产而不是几乎无利可图的准备金（不久前，美国还不为准备金支付利息），因此，储户和银行都愿意购买政府债券。通常，政府发放的可获利债券的总量约等于赤字规模（两者的差值由银行的准备金累积和私营部门的货币累积弥补）。

然而，政府进行赤字支出时，某些政府债券最终将被外国人持有。这有什么关系吗？当然有关系——大多数人都这么认为。第一，许多评论员担忧美国政府在未来进行赤字支出时会发现中国向美国政府放贷的意愿不足以吸收所发行的债券。第二，日本虽然能够以 GDP 两倍的负债对 GDP 比率进行赤字支出，但这是因为其超过 90% 的债务都由本国持有。而美国无法如此累积债务的原因在于其大多数的“借款”都是从外国而来，外国持有者很有可能会“罢工”。第三，还有一部分人担心美国政府的能力，如是否能够向外国持有者支付利息等。如果外国持有者要求更高的利息呢？这将会对汇率产生怎样的影响？我们现在就来讨论这几个问题。

4.4.1　外国持有本国政府债务

政府赤字支出创造等值的非政府部门储蓄（货币单位相同）。然而，由于外国人也可以累积政府以本国货币计价的债务，因此，部分储蓄将在外国人的手中累积。

除了可以实际持有现金与准备金外，外国持有者也可以持有政府债券，通常以在发行政府的央行账簿上的一笔电子账目的形式存在。无论被外国人还是本国居民持有，这些“债券”均能获得利息收入，即将一笔电子账目加在债券（其本身为电子记账条目）的票面价值之上即可。外国持有者的投资组合偏好将决定其持有债券还是准备金。正如前几节所讨论的，从准备金转为债券仅需电子转账即可完成，就像是从“支票账户”（准备金）转到“储蓄账户”（债券）那样简单。

图 4.1 显示了美国经常账户赤字与外国持有美国国债的比例。

如图 4.1 所示，当经常账户赤字（符号相反，因此赤字在图中为正值）从 20 世纪 70 年代的基本为 0 增加到全球金融危机时 GDP 的 6%，世界其他国家所持有的国库证券（大多为外国政府的“外国官方持有”）也在稳健攀升，占美国未偿国库证券一半以上。图 4.2 列示了各国家所持有的数量。

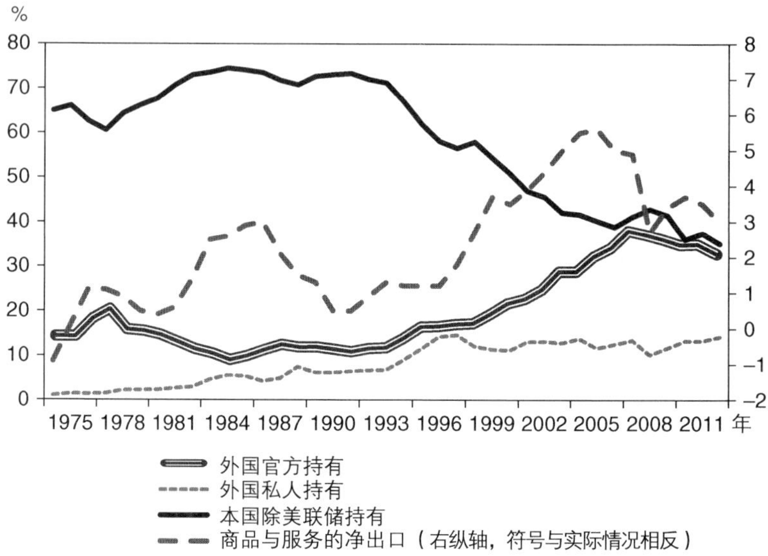

图 4.1　1975 ~ 2011 年国库证券所有权结构与净出口

资料来源：美国国库证券所有权流量数据；美国经济分析局净出口数据

外国持有美国国库券通常由该国家对美国产生经常账户盈余而实现——基于我们之前的讨论，我们对于这一点并不惊讶。在 20 世纪初，美国国债最大的持有者是日本，但随着中国对美国出口的上升，中国成为美国国债最大的持有者。

普遍认为，国债的持有者是本国居民还是外国人会存在巨大的差别。其原因在于，本国居民将其转变为以其他货币计价的资产的意愿不强。此外，对本国居民支付利息会增加国内收入，政府也将得到更高的税收收入，以便其更好地支付债务利息。

假设由于某种原因，外国国债持有者决定将其转变为以其他货币计价的资产。在这种情况下，他们可以让债券自然到期（拒绝将其延期成为另一个票据）或选择出售债券。人们担心的是，这可能会对利率和汇

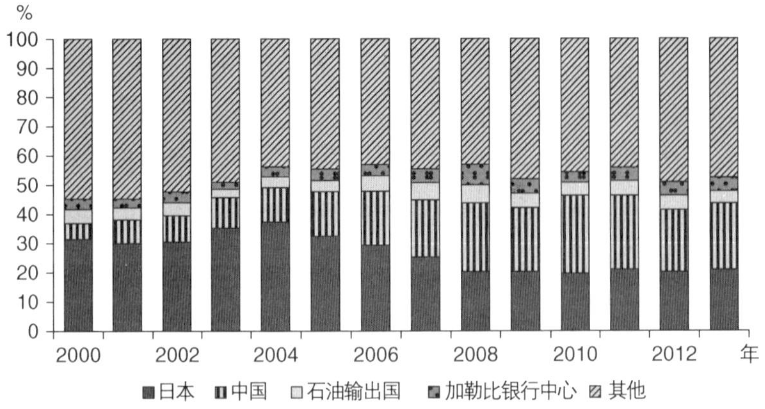

图 4.2 2000～2012 年外国持有美国国库券情况

资料来源：美国财政部，每年 11 月数据

率产生影响：当债务到期时，政府可能会以更高的利率发行新的债务，债务的出售压力可能会导致汇率的贬值。让我们来分别看看这两种可能性。

4.4.1.1 利率压力

让我们假设大量的政府债券由外国人外部持有。当外国人决定持有更多的准备金时——可能由于他们不满意债券利率过低，那么，他们可以推动政府为债券支付更高的利息吗?

外国持有者对政府债券投资组合偏好的改变将减少对政府债券的购买行为。看上去，只有承诺更高利率才能重新恢复债券的国外需求。

然而，回顾前文的讨论，债券是出售低利率甚至零利率准备金赚取利息的一种替代性方式。当政府债券比准备金更加具有吸引力时，外国人和本国居民便会开始购买债券。拒绝对到期债券的“延期”意味着银行在全球范围内将会有更多的准备金（贷记发行政府央行账户）以及更少的债券；出售未到期债券将会促使准备金从买方向卖方转移。

上述的这些活动均无法迫使债券发行政府采取措施，政府没有寻找其债券买家的压力，不会提供更高的利率。从政府角度看，让银行持有更多的准备金，同时发行更少的债券是极其明智之举。请注意，这意味着政府事实上是在支付更低的利率，而非更高。

政府当然也可以提供更高的利率以售出更多的债券（即使没有必要这样做），但这意味着要在电脑前给债券持有者增加更多的利息。政府当然总是“负担得起”这样高利率的交易，但由于政府可以轻易地停止出售债券，从而为市场累积准备金，这使得市场无法迫使政府去提高利率。

4.4.1.2 汇率压力

更重要的问题在于，如果外国人不想持有以某些货币计价的准备金或债券将会怎样?

当外国持有者决定出售政府债券时，他们必须找到愿意购买的买家。假设他们想要更换货币单位，他们必须找到持有以其他货币计价的准备金信贷并愿意交换为债券的交易方，而潜在买家很有可能仅在较低的汇率下购买债券（通过比较政府所售债权对应的货币价值与卖方愿意持有的货币价值来衡量）。

因此，外国人销售政府债务很可能影响汇率。然而，只要一个政府愿意让其汇率“浮动”，那么便无须为预防货币贬值而采取措施。

我们可以得出结论，外国持有者改变投资组合偏好实际上可能导致货币贬值，但只要汇率是浮动的，政府便无须在出现贬值时采取措施。

4.4.2 经常账户与外国债权的累积

外国人如何持有以另一个国家的货币计价的准备金和债券呢?

在前文中我们提到，如果本国私营部门收支为0，宏观经济部门收支确保了政府财政赤字等于经常账户赤字，经常账户赤字将导致以政府债务形式出现的外国金融资产的净累积。这便是美国政府经常赤字经营，发行的政府债务在中国或其他地方累积的原因。

当然，许多年来（比尔·克林顿和乔治·布什任职总统期间）美国私营部门均出现了预算赤字，外国持有者也累积了对美国家庭和公司的净债权，大多通过证券化贷款完成。而美国经常账户赤字通过会计恒等式担保外国持有者将会累积对美元的债权。

在危机后，美国本国部门平衡其预算，开始出现财政盈余，然而，经常账户赤字却仍然存在。根据恒等式，财政赤字等于经常账户赤字加私营部门盈余，因此，美国政府财政赤字增长。此时，美国政府已成为以美元计价的金融资产的净来源（美国私营部门出现盈余），外国人开始累积美国政府债务。

如前所述，一些人担心中国会突然决定停止购买美国政府债务。2014 年底，中国外汇储备已约达 4 万亿美元，多为美元储备，持有美国国库券达 1.2 万亿美元（超过外国国库券持有总量的 1/4）。中国很可能会说“够了”，这便会为美国带来潜在的风险。但必须明白的是，我们不能轻易改变会计恒等式，我们也绝不能忽视由其产生的“存量—流量”一致性。

若世界其他国家停止持有美元资产，那么，其对美国的经常账户盈余也必将停止。因此，如果中国停止持有美元外汇，也就表明中国将停止对美国的净出口。这有可能发生，但可能性却并不大。

此外，若中国试图在去除对美国经常账户盈余的同时避免累积美元计价资产，则必须处理掉通过向美国出口而获得的美元，将其交易为其他货币。当然，这需要它们找到愿意接受美元的买家。正如许多评论员所担心的那样，这将导致美元贬值，从而导致中国所持有的美元资产的贬值，但这也不会是中国银行想看到的局面。

美元的贬值将增加中国出口的成本，危及其继续向美国出口的能力。根据上述种种原因，中国突然停止持有美元的可能性微乎其微，但慢慢转变为持有其他货币的可能性还是存在的。如果中国可以找到可替代美国的出口市场，那么这种可能性会增大很多。

综上所述，那些可能出现的外国“债券义勇军”不会对美国造成太大的风险。

接下来，我们将关注那些总是声称美国非常“特殊”的观点，即认为美国能够持续在政府赤字和贸易逆差下运营，而其他国家不能。

探讨框：常见问题解答

问题：如果中国或其他国家通过贷记本国账户获得美元来购买美国资产会如何？它们难道不会控制美国的公司、家庭甚至美国政府吗？

回答：我想起在20世纪80年代的一些讨论，那时日本人正在努力“购买”夏威夷和纽约。但是，一旦外国人购买美国资产，他们便需要遵从美国法律。如果美国选民不喜欢外国人对其资产的所作所为，便会更改法律。一般情况下，大多数的“中国美元”以准备金或美国国库券的形式被安全地保存在美联储。除了美国自己决定给予中国的好处之外，中国对于美国没有任何明显的控制。

问题：当外国央行购买美元时，从它们的角度看，会计分录会如何变化？

回答：举一个典型的例子，一个国家（假设为中国）向美国出口商品。中国赚得美元，但仍然需要用本国货币，即人民币支付工人工资、购买原材料、为债务支付利息等。中国银行获得人民币，并贷记其存款账户，中国央行以人民币贷记银行准备金。美元准备金最终来到中国银行（成为中国银行的资产、美联储的负债）。中国银行随后购买美国国库券以获得利息，美联储借记准备金，并在中国银行账户上贷记国库券。此时对美国产生的影响包括：借记部分美国银行准备金；贷记中国银行准备金；在中国银行购买国库券前不会改变准备金的总量。而购买国库券后，准备金消失，美联储对中国的负债减少，美国财政部对中国的负债增加。由于进出口交易是自愿进行的，因此美元—人民币的汇率不会出现变化。中国仅进行出口，因为其想获得美元（最初为外汇储备的形式，随后为国库券的形式）。那么，下一个问题便是：如果中国决定摆脱美元并抛售美国国库券又该怎么办？好，如果真的出现了这样的行为，那么美元当然会面临着贬值压力，但中国同时也会遭受损失，其美元资产相对于人民币贬值。幸运的是，中国并不想让美元崩溃。在某种程度上，中国也不会停止持有美元，中国希望美元保持价格坚挺，从而使美国人持续购买中国出口的商品。

4.5 货币偿付能力与美元的特殊性

在前面几节我们探讨了主权政府债券的发行。我们认为，这并不是一个“借贷”式的操作，而是选择了一个替代方案，以代替央行存款准备金并获得更高利息。同时，无论政府债券是本国持有还是外国持有，实际差别并不大。

然而，在浮动汇率制度下，持有准备金或政府债券的外国人可能决定出售这些资产，对汇率产生影响。同样地，想要对某国（如美国）实现净出口的国家，又非常喜欢累积美元债权，这多是因为其国内需求太低，以至于无法吸收潜在产出，或是这些国家希望将其货币钉住美元。因此，“抛售美元”的概率极低。

因此，便会产生美元是一个特例的观点。是的，由于世界其他国家想要持有美元，美国可以通过预算赤字来帮助实现经常账户赤字，而不用担心政府或国家的偿付能力。如今的美元是国际储备货币，这一地位使得美元变得特殊。但这真的不可被别的国家所复制吗？让我们来讨论一下这个观点。

4.5.1　美国难道不是特殊的吗

是，又不是。会计恒等式恒等，对于每个国家均一视同仁。如果一个国家出现了经常账户赤字，那么根据恒等式，某处必然会出现对该国资产（实物资产或金融资产）的需求。一个国家的国人可能需要另一个国家的货币以进行“对外直接投资”，包括购买原材料、工厂以及设备等，或是需要以该国货币计价的金融资产。如果对资产的外部需求下降，经常账户赤字也必定会下降。

毋庸置疑的是，以美元计价的资产在世界范围内享有高度的持有意愿；另外，以英镑、日元、欧元、加元以及澳元等计价的金融资产也享有较高的持有意愿。通常，以这些货币计价的资产会以由保险和养老基金所组成的多元化投资组合的形式被持有，这也使这些国家更易于通过发行本国货币计价负债的方式产生经常账户赤字。因此，这些货币在不同程度上就变得“特殊”了。

许多发展中国家无法找到对其本国货币计价负债的外国需求。事实上，许多国家因此受到了极大的限制，必须发行以具有高持有意愿的国家货币计价的负债才能进行进口交易。这将会导致许多问题并对其产生制约，例如当一个国家发行了以外币计价的债务，该国就必须通过挣得或借入外币才能为债务支付利息。这些问题至关重要，且无法轻易被解决。

如果没有外国投资者需要发展中国家以本国货币发行的借据（政府货币或债券，以及私有金融资产），那么发展中国家的对外贸易将近乎以物易物：可以获得一些外国产品，也可以将一些产品售出国外，包括国内实物资产（实际资本或房地产），更可能是产品和服务（如日用品）。这些国家会出现均衡的经常账户（即其出口收入正好支持其进口支出），或其经常账户赤字被外国直接投资部分抵销。

这些国家也可以通过发行以外国货币计价负债的方式帮助其在经常账户赤字下运行。这样做的国家必须在产生以外国货币计价的收入时才可以为债务支付利息。如果其进口交易提高了该国的生产能力，促使其可以在将来进行更多出口交易，那么该国很有可能通过净出口所得便足以支付外币债务利息。然而，如果该国持续出现经常账户赤字却不同时提升其出口能力，那么就将陷入债务偿还危机（另一个选择便是依靠外国人的慈善机构）。

当然，美国正在经历持续的贸易逆差，部分被正的净利润和利息所冲抵（美国的对外投资比对美国的外国投资获利更多）。但美国可以持续出现经常账户赤字的两个主要原因是：①美国几乎所有被外国持有的债务均以美元计价；②美元计价资产的外部需求很高，原因前文已讨论，在此不再赘述。

第一个原因表明了美国通过美元为债务支付利息，而美元则是负债累累的美国家庭、公司及政府最容易获得的货币。第二个原因表明了外国人想要对美国出口以获得美元计价资产，这意味着，只要世界其他国家还想要持有美元资产，那么，贸易逆差便可以一直持续下去。

大多数国家处于这两种极端“特殊”国家之间的位置——一极是发行储备货币的国家（如美国、英国、日本、EMU、加拿大以及澳大利亚等），另一极是没有外国想持有其货币的发展中国家。处在“中间位置”的国家在找到对以其货币计价的资产的外部需求时，便可以通过资本账户盈余来平衡经常账户赤字。而这些“中间”国家的政府可以通过发行自己的货币来购买以其货币出售的任何事物（即国内产出）以及通过货币兑换以外币出售的事物。这也将依赖于对以其货币计价的资产的外部需求。那么，对比发行储备货币的“特殊”国家，这些国家更受限制吗？

答案是确定的。然而，你可以在世界上任何一个国际机场找到汇率牌，上面列示了一大堆闻所未闻的货币的汇率牌价,[①] 上面所有的货币（甚至更多货币）均存在外汇交易市场。问题不在于这些“不特殊”的国家能否兑换其货币来购买进口商品，而在于以怎样的汇率来进行兑换。

4.5.2 对于那些借入外国货币的政府来说会怎样呢

对于那些发行以外币计价的资产的国家来说会怎样呢？对于一个发

① 你甚至不需要前往机场，点击以下链接便可查询：http：//www.xe.com/currencyconverter/。你可以试着查一下吉布提法郎的汇率。

行外币计价债务的国家来说，如果债务人无法得到用来为债务支付利息的外币时会发生什么？

对此，我们需要首先考虑一个问题，究竟是谁通常发行外币计价债务？

如果是一个公司或家庭，那么无法挣得所需外币来支付债务利息可能会导致违约与破产，这样的问题将呈交法庭解决（通常，当债务发行时，债务需要遵守一个特定法庭的司法管辖），不会发生任何难以解决的问题。如果债务规模过于庞大，破产结果与债务将被记录下来。

但有时政府会介入，通过承接债务来保护本国债务人（全球金融危机后的爱尔兰便是一个很好的例子）。此外，政府有时会直接发行外币债务。这两种情况下，处理政府外币债务违约通常更加困难，其原因在于主权政府破产是一个法律问题，而主权债务违约则是一个政治问题。

实际上，主权债务违约（尤其是外币债务违约）并不罕见，通常作为比继续支付债务利息伤害更小的替代方法出现。主权政府往往会选择在何时违约，这时，它们本可以再继续为债务支付一段时间的利息（例如，通过财政紧缩来增加出口，或求助于国际贷款人）。但很显然，他们认为违约的利益大于成本。尽管这会导致不良的政治影响，历史上却还是充斥着各国政府对外币债务违约的现象。

一些政府认为由于美元利率比本国货币利率低，发行外币债务将降低借款成本。然而，外币债务伴随着违约风险。政府玩弄利息差额的现象并不罕见，这些政府发行拥有更低利率的外国货币债务。不幸的是，这样的想法如同海市蜃楼。市场察觉了外币更高的违约风险后，将会抵销其存在的任何利率优势。

此外，正如前文所述，对于一个主权政府来说，本国利率（至少本国记账货币的短期利率）是一个政策变量。如果政府在本国支出自己的货币，便可以选择在银行系统中增加准备金或发行债券。换言之，如果政府不希望支付高额的本国利率便可以不支付，其可以转而让银行持有低利率（或零利率）准备金。这个方法对于任何货币发行政府来说均适用，只要其使用本国货币进行支出。

如前文所述，政府在购买为了以其货币出售的物品时会受到限制，如果其征税和收税的能力受到限制，那么，本国对于其货币的需求也将受到相似的限制。因此，即使对于发行自己货币的主权国家，我们也不想暗示其政府支出是不受限制的。政府只能购买以其货币出售的物品。

但如果一国政府发行以外国货币计价的借据，它支付的利率是由“市场决定”的，即市场将会以外国货币的基础利率为标准，加上承担外国货币债务违约风险的加价。到头来，外币借贷成本很可能要高于政府为了找到愿意持有政府借据的外国（与本国）持有者而以本币支付的成本。

由于政府债务的本国货币利率是一个政策变量（通常由央行设定），但政策制定者认为，当预算赤字上升时，他们必须上调本国利率，这样的想法通常很难被理解。这样做是为了对抗通胀压力或汇率的下行压力，政策制定者坚信，这是出现财政赤字后的正确举动。正如前文所言，事实上，如果一个国家试图钉住汇率，随后，预算赤字对汇率又造成了压力，这时，便有了尝试通过收紧货币政策（以更高的本国利率稳住汇率不再下跌）来抵销预算赤字的理由。

但关键在于：政府对隔夜资金设置本国利率，并严格控制短期政府债券利率。如果政府想要降低本国货币债务利率，总能通过本国货币政策来实现这个目标。不幸的是，这样的想法很难被广泛理解，因此，政府发行外国货币计价债务。又因必须持有外国货币以向债务支付利息，所以需要承担违约风险。因此，政府发行外币债务就是一个错误的决定。

4.5.3　对于美国特殊性的结论

是的，美国（以及其他发达国家在不同程度上）是“特殊”的，但这对于那些没有那么“特殊”的国家来说并不是末日。只有本国人民必须以政府货币缴纳税款以及完成其他义务，政府才能将其货币投入市场并流通。当对于本国货币资产的外国需求受到限制时，为了促进经济发展即增加出口能力，非政府部门可能会借入外国货币。

同时，存在收到外币形式的国际援助的可能；也可以通过汇款的方式接收外国货币（外国工人将外国货币寄回国内）；外国直接投资也提供了一个额外的外币来源。

在4.6节中，我们将讨论政府政策在开放经济中对经济活动的影响：贸易逆差与汇率效应。

探讨框：常见问题解答

问题：现代货币理论中关于储备货币的观点是什么？

回答：从当今世界来看是美元，在一个世纪前是英镑。按照现代货币理论原则——通过按键输入发行的主权货币，储备货币的发行者可以实施浮动汇率制（发行者不承诺以固定汇率兑换）或固定汇率制。正如我所言，固定汇率制减少了国内政策的空间。储备货币的地位则会增加对本国货币的外部需求，用于国际结算。为了满足这种需求，储备货币的发行国（即现在的美国）可以通过资本账户（贷出）或当前账户（贸易逆差）供应货币。

许多人认为这将使许多发行储备货币的国家“空手套白狼”，即收取所谓的“铸币税”（Seigniorage）。这在很大程度上是错误的看法。当美国出现经常账户赤字时，是因为美国消费者得到免费的商品和服务而导致全球金融危机吗？当然不是。他们所得到的只是堆积如山的债务。

那么美国政府是否在“空手套白狼”呢？如果由美国政府来购买进口商品，确实是这样的。但这样便可以说所有的主权政府都是在“空手套白狼”，因为他们仅需要在电脑上敲击几个数字便可以进行购买。

这与铸币税不同，铸币税来自主权政府加在其国民身上的负债：税收、各项费用以及罚款。美国是这样做的，土耳其也是如此。主权政府首先将其国民置于负债中，随后在电脑上敲击几个数字便把资源转移到了公共部门，电子操作创造了政府借据，为纳税人提供了可以赎回其税收债务的渠道。由于人们通常不会缴纳别国政府税款，主权货币能够在国外不同程度地流通，归根结底是因为主权公民需要向本国纳税。

因此，从原则上来看，尽管对储备货币的外部需求很高，储备货币的发行者却并不特殊。国家间的差别只在于储备程度不同。主权政府总是在键盘上动动手指，便可以获得“免费的午餐”。而对于美国政府来说，则会得到比别国更加丰盛的“午餐”。然而，事实是，几乎所有的政府——包括美国政府——都拒绝可以得到的“免费的午餐”，而把自己置于濒临饿死的处境中！

4.6 主权货币和开放经济中的政府政策

4.6.1 政府政策与开放经济

如果预算赤字提升了总需求，政府赤字则会有助于经常账户赤字，从而扩大进口。政府甚至可以通过直接购买外国产出的方式增加经常账户赤字。经常账户赤字意味着世界其他国家正在积累对本国私营部门或政府的债权，这通常被称为“资本流入”。

汇率压力通常是由持续的经常账户赤字而导致的。尽管我们一般假设经常账户赤字会直接导致或多或少的货币贬值，但并没有明确的证据来证明这一点。不过，这仍是人们通常所担心的，所以我们先假设会出现贬值压力。

这取决于货币制度。根据知名的三元悖论，政府只能在三个目标中同时达到两个目标：独立的国内政策（通常与利率挂钩）、固定汇率制度和资本的自由流动。一个实行浮动汇率制度的国家可以同时享受国内政策的独立性和资本的自由流动；一个实行钉住汇率制度的国家必须在监管资本流动或放弃国内政策的独立性上二选其一。如果一个国家希望能够使用国内政策（如利率政策或预算赤字）实现充分就业，则会导致经常账户赤字，那么，该国需选择控制资本流动或让其汇率脱钩。

因此，浮动汇率制度会创造更多的国内政策空间，资本控制则在保护汇率的同时为追求本国政策独立提供了一个替代方法。

很显然，这样的政策最终必然进入政治程序，但政策制定者需要意识到会计恒等式与三元悖论的存在。大多数国家无法同时追求本国充分就业、固定汇率制度以及资本自由流动，特例是几个持续维持经常账户盈余的亚洲国家。由于这些国家拥有稳定的外币储蓄流入，它们可以在保持钉住汇率的同时追求国内政策的独立性和资本自由流动（如果它们想这样做的话）。

实际上，许多贸易顺差国家并没有解放其资本市场。通过管控资本市场和贸易顺差，这些国家可以累积大量国际储蓄作为缓冲，以保护其固定汇率制度。从某种程度上看，这便是面对类似“亚洲四小龙”汇率危机时应采取的应对措施。当时，由于“亚洲四小龙”持有过少的外币储蓄，外汇市场对其失去了信心。我们从中得到的教训便是，庞大的外汇储备是击退投机者的必要武器。

4.6.2 浮动汇率可以消除“失衡”现象吗

在全球经济中，每一处的经常账户盈余都必须由另一处的经常账户赤字来抵销。与外币储蓄累积相对的便是经常账户赤字国家债务的累积，这将会使全球经济产生通货紧缩的趋势。希望保持贸易顺差的国家将抑制本国需求以防止薪金与商品价格的提高，从而降低其产品在国际市场上的竞争力。

同时，贸易逆差的国家可能会削减国内需求以压低薪金和商品价格，从而减少进口，增加出口。出口国和进口国同时抑制需求时，会导致全球需求不足以实现（劳动力、工厂以及设备的）充分就业。更糟的是，这样的竞争压力将导致贸易战，即各国推动出口，抵制进口，使国际贸易面临下行压力。这对于那些试图实行钉住汇率制的国家来说更为不利。

一些经济学家［特别是米尔顿·弗里德曼（Milton Friedman）］曾在20世纪60年代讨论浮动汇率制度将消除贸易“失衡”——每个国家

的汇率都会向经常账户均衡的方向调整。当布雷顿森林体系的固定汇率制度在20世纪70年代早期崩溃时，很多发达国家确实开始向浮动汇率制度靠拢，但经常账户却并未向均衡的方向移动（事实上，美国及其贸易伙伴——如日本——“失衡”现象反而增加了）。

原因在于，有的经济学家曾认为通过汇率调整可以消除经常账户盈余和赤字，但他们忽略了一点：“不平衡”并非“失去平衡”。如前文所述，只要世界其他国家想要累积其借据，一个国家便可以运行经常账户赤字。一个国家的资本账户盈余会“均衡”其经常账户赤字。

因此，称经常账户赤字为“不平衡”会造成人们的误解。根据定义，资本账户流量将“均衡”该赤字。由此来看，“一个巴掌拍不响”：除非有人想要持有某个国家的借据，否则该国无法出现经常账户赤字。我们甚至可以将一国的经常账户赤字看作世界其他国家以该国债权形式而累积的净储蓄。对于美元来说，这是一个非常恰当的比方——世界其他国家想要累积美元资产，所以向美国出口。即使美国曾试图紧缩经济以减少贸易逆差，但由于世界其他国家会调整政策以继续保持对美国的净出口，美国的所作所为一般都是徒劳的。

一些现代货币理论的批评家曾错误地声称：现代货币理论因浮动利率会“均衡”经常账户，所以支持浮动利率。这不是现代货币理论的观点。相反，现代货币理论支持浮动利率是因其给予本国政策更多空间——而不是去消除“不平衡”。正如我们所看到的，经常账户赤字并非“失去平衡”，赤字通过资本账户盈余实现“均衡”。现代货币理论从未表示浮动利率将消除经常账户赤字，事实上，现代货币理论甚至不认为消除经常账户赤字这一行为是可取的。由于经常账户赤字已经通过世界其他国家持有该国资产的意愿（产生资本账户盈余）实现了“均衡”，因此，没有任何自发的市场调节力量可以消除经常账户赤字。

4.6.3 主权货币与非主权货币

了解完全主权、不可兑换货币和非主权、可兑换货币的区别非常重要，因为使用如外币或可兑换为外币的本国货币（或可兑换为固定汇率下的贵金属）等非主权货币的政府面临着偿付危机，而使用浮动且不可兑换货币进行支出的政府无法被迫违约。这一特点是由市场，甚至信用评级机构所认可（至少部分认可）的。这也解释了为何像日本这样的国家负债对 GDP 的比率可以是高负债欧元区国家（如“欧猪五国”）的两倍，却仍享受着对主权债务极低的利率。

与此相反的是，美国各州或像阿根廷这样采取货币局制度的国家（如其在 20 世纪 90 年代末所做的那样），以及欧元区国家（采用欧元，其本质上是外国货币）面临降级和利率上升的危机，但赤字比率却远低于日本或美国。这是由于使用本国货币的国家总是可以通过贷记银行账户来进行支出，利率支出也可通过相同的手段进行，从而不会出现非自愿性违约的风险。但钉住汇率或采用货币局制度的国家有可能被迫违约——正如美国政府在 1933 年废除其兑换黄金的承诺那样。

我们将在第 5 章中更为详细地讨论欧元，在这里我们先简要谈一下欧元区的问题，即欧元区国家放弃了其主权货币转而使用欧元对其产生的影响。对于单个国家来说，欧元就如同外币一样。单个国家政府通过贷记卖方银行账户进行支出，而这将导致其贷记在国家央行的准备金，这与发行主权货币的政府相同。问题在于，这些国家的央行需要在欧洲央行获得欧元准备金以用来结算，欧洲央行又被禁止直接购买政府公债，这些国家的央行只有在欧洲央行向其放贷或在二级市场购买其政府债务时才能获得准备金。

这意味着，尽管国家央行可以促进“货币化”使政府有能力支出，但其结算业务仍受限制。这与美国的各个州有些相似，这些州政府需要税收或借款才能进行支出。当然，这一机制与美国各州还是有所不同的（各州当然没有自己的央行），但其给人们带来的启示是相同的：欧元区国家政府和美国各州非常需要贷款，从而会受到市场利率的约束。

相反，诸如美国、日本或是英国这样的主权国家，并不需要借入本国货币。这些政府通过贷记银行账户来进行支出。当一个国家使用其主权货币运转时，该国将不需要发行债券来为其支出“提供资金”。如果一个人可以理解发行债券是主权政府意愿性的运作，债券只是同一个政府下同一个央行的替代账户，那么，无论是否有人持有政府债券或债券是由本国人还是外国人持有，债券都与政府的偿付能力和利率无关。

当然，正如前文所述，政府可以对其自身行为制定规则，例如，要求政府出售国库券，并在政府开出支票前在央行其账户中获得存款。一旦政府采纳了这样的规则，政府便“别无选择”了。就像杰克·尼克尔森（Jack Nicholson）在《尽善尽美》（*As Good As It Gets*）中所扮演的角色那样，他为自己制定了在开门前需要完成的一系列动作的规则——这类问题让行为心理学家来解决可能会比让经济学家来解决效果更好。

探讨框：常见问题解答

问题：是什么原因让外国人愿意持有一个国家的货币？

回答：通常是因为外国人想要购买该国的产出、去该国旅游，或是购买以该国货币计价的金融资产。例如，当全球养老基金以及其他管理基金决定向其投资组合计划中增加一部分澳元时，其对澳元的需求便会增加。当然，商品市场的繁荣也有助于此，即世界其他国家想要拥有澳大利亚的商品。但我们必须要现实一些，世界上许多国家不想生产其他国家想要其生产的商品或提供的服务，即使利率持续走高，这些国家的资产也具有很高的风险。不幸的是，许多国家随后发现了增加其商品和资产利率的方式，即“美元化”(通常为钉住汇率制度，但最好采用货币局制度)。然而，这其实也起不到太大的帮助，充其量也就是通过增加违约风险而取代了货币风险（国家可能无法保证兑换成为美元，因此即使汇率是固定的，国家资产仍具有风险)。同时，这还会鼓励人们去国外度假，或者鼓励富有的国民疯狂购物。对于这个问题，没有一个简单的答案。持有以发展中国家货币计价的资产具有多重风险，但多数不是经济风险。显然，政治风险尤为重要，其在某些情况下甚至会演变成腐败。我强烈建议从内部寻找解决措施，即发展国家的生产能力与消费本国产品的能力。

问题：美元走弱会降低美国就业机会出口的吸引力，甚至可能将一些工作机会带回国内，这难道不是有益于美国经济吗？美元走弱所带来的积极影响是否足以冲抵其所带来的消极影响（如更高的原油价格以及进口价格等)？

回答：美元贬值所带来的贸易利益有些被夸大了。第一，美国许多的贸易伙伴国钉住美元，如果这些国家保持与美元挂钩，那么贬值不会对其产生任何直接影响。第二，那些不与美元挂钩的国家仅希望获得较低的利益（保持美元价格的稳定）以保持其市场份额（这是一些对美出口国所采用的策略)。第三，出口是成本，进口是利润，所以，最大化贸易顺差就是最大化净成本战略（见7.9

节)。第四，这些工厂的工作机会回到美国的可能性极低。现在，发展中国家的低工资工人占据着这些岗位；未来，这些工作将被不介意无工资还会辛勤劳动的机器人所替代。第五，制造业势不可当的进步意味着其劳动生产率的上升，这将减少对工人的需求。当然，还有一个更好的办法：直接在美国创造就业机会（见第8章中“就业保障”部分)，而不是依靠以邻为壑的货币贬值政策。

问题：在我看来，当前国际贸易体系已经建立，因此，那些净出口国始终会“赢得”国际贸易博弈，它们通过从目标国吸收流动资金的方式来达到这个目的。但此举会令国内经济萧条，因为本国政府不敢以新的负债来代替流动资金。

回答：它们会“赢得”会计游戏却“输掉”真正的博弈。它们无法理解经济究竟为了什么，也就无法理解出口就是成本。但我同意你的说法，许多国家都是这么做的。

4.7 使用外国货币的国家会怎样呢

一个国家可能会选择使用外币来满足其国内政策的目的。即使是美国政府，其在19世纪中期也接受外币支付。在许多国家，为了一些特定目标而使用外币是十分常见的，但我们在此讨论的对象则是从不发行本国货币的国家。在本节中，我们将研究使用外国货币而抛弃本国货币的国家。

比如，一些国家政府采用美元作为其官方货币，在公共部门接受以美元计价的税款和商品价款（厄瓜多尔便是一个典型)，银行皆以美元发放贷款和创造存款，政府以美元支出。尽管国家无法创造美元，但该国家庭、公司以及政府却可以创造以美元计价的借据（厄瓜多尔实际上会创造一些自己的货币在国内流通，但可以兑换为美元），这些借据便是债务金字塔的一部分，使用真正的美元来负债经营。一些借据（如银行存款）可以直接兑换为美元。流通中的货币是美元（美元硬币与纸币），但多数支付则是通过电子交易完成的。支票结算将在国家的央行通过转化为以美元计价的央行准备金来完成，借记一个银行的准备金同时贷记另一个银行的准备金。以上情况基本与厄瓜多尔的现状相符。

但从银行可以取出实际的美元，此外，国际支付也可以通过美元来完成（经常账户赤字要求该国向外国进行美元的转账），这要求本国央行在美联储拥有一个美元账户。当进行国际支付时，借记央行账户，贷记外国央行账户（如果是向一家在美联储有账户的私营银行进行支付时，贷记该银行在美联储的账户）。

因为这个国家不发行美元，只是使用美元，其必须获取美元以确保可以使用美元进行国际支付，同时，要保证满足国内现金提款，使美元可以在国内流通。从该国获得美元现金和储蓄的能力看，美元对其来说仍是外币，该国获得美元的方式与任何一个国家获得外币的方式相同，即该国可以通过出口、借贷、出售资产（包括外国直接投资）以及汇款等方式获得美元。

很显然，使用外币相当于实行非常严格的固定汇率制度，无法让货币贬值，从而没有任何的调整空间。在所有汇率制度中，其提供的政策空间最小。这并不意味着这是一条不明智的政策，只不过，该国的国内政策受其获得“外币”美元的能力的限制。在必要时，该国可以向美国请求国外援助（转账或美元贷款），或者向外国银行贷款，以得到美元。但这将由“市场”对向该国借贷的风险感知来决定。

非主权货币的偿付问题与庞氏融资。

还有一个问题值得进一步考虑：当一个私营企业背负债务时，其负债为另一个企业的资产。两者相抵，没有创造任何的金融资产净额。当主权政府发行债务时，其将为私营部门创造资产且不会为另一笔私营部门的负债所抵销。因此，政府债务的发行将为私营部门创造金融资产净额。私营债务仅仅是债务，而政府债务则是私营部门的金融财富。

由于私营部门的债务可能会达到无法付息的规模，它的不断累积便会引起人们的担心。但作为本国货币的垄断发行者，主权政府总是可以通过贷记其银行账户支付其债务——那些支付的利息是非政府收入，政府债务则是非政府资产。当私营部门的债务人不能通过收入流量向债务付息时，其必须进一步扩大负债规模，从而通过借款支付利息——这便是通常所说的庞氏融资。由于未偿债务的不断累积，庞氏融资通常很危险——这就是经济学家海曼·明斯基所提出的著名的“金字塔骗局”案例，以诈骗者查尔斯·庞兹（Charles Ponzi）的姓氏来命名。最近一次的“金字塔骗局”是由伯纳德·麦道夫（Bernie Madoff）一手策划的。在明斯基的术语中，庞氏融资指的是债务人必须通过借款才能支付利息，这将导致债务不断累积，通常以难以为继的趋势不断出现。对于拥有主权货币的政府来说，并不需要如此借款。由于政府总是可以通过在电脑上敲击几个数字即可付清债务利息，其永远都不会处于“庞氏”的位置。

由于主权政府是货币的垄断发行者，因此不会在货币上面临金融限制（除了那些政府通过预算、债务上限以及运行流程等给自身加上的限制外）。主权政府可以支付任何到期债务，包括通过贷记银行账户对债务支付利息和偿还本金，这意味着，从操作上看，主权政府支出不受任何限制。由于发行债券是自发行为，一个主权政府不需要让市场来决定其对债券支付的利率，它们一般也不会借入自己发行的货币。

另外，像希腊这样放弃货币主权的非主权政府正面临着金融限制，不得不以市场利率向资本市场借款来支持其赤字。希腊债务危机表明，这种货币协定允许市场和评级机构（或其他国家和国际贷款人，如希腊一例中的三驾马车：欧盟、欧洲央行和国际货币基金组织）支配一个政治主权国家的国内政策。非主权政府则可能成为“庞氏”：由于无法通过税收收入为现有债务付息，这些政府必须向市场借款来支付利息。

显然，这种债务情况严重限制了非主权政府。当其借款增多时，市场需要更高的利率来补偿其不断提升的无偿付能力的风险，政府则必须借越来越多的钱来支付不断增加的利息，很容易陷入恶性循环，而市场可能会在真正的庞氏融资开始前便切断对其的贷款。加州橘子郡（美国最富有的郡之一）便曾面临市场不肯对其贷款的局面。虽然如希腊这样的欧元区国家还没有达到那样的地步（截至 2015 年春），但它们已经要求欧洲央行（以及其他可以提供一系列准紧急援助的机构）介入。

一个使用外币的国家将会在很大程度上放弃其主权。在第 5 章中，我们将继续讨论汇率制度选择，同时探究欧洲市场的现状。

探讨框：常见问题解答

问题：中国以外的国家通过持有美元可以在多大程度上保护本国货币？如果美元出于某种原因突然贬值，那么，是否存在其他某种稳定的货币可以代替美元，来保护那些正在使用美元保护本国货

币的政府?

回答：许多国家持有美元，以便能够管理其货币或与其货币挂钩。在“亚洲四小龙”危机后，外国对美元的持有量增加，许多国家那时才意识到它们需要一种牢不可破的货币储蓄来帮助它们成功钉住汇率。这便提升了对美元的需求。而且，现在还没有可以替代美元的货币。你无法获得足够多的安全的欧元债务，整个欧元区都是一个净出口地区。此外，你需要以安全的欧元计价的国库券时，市场却在小心提防着大多数的欧元区国家，尤其是那些正运行财政预算赤字与贸易逆差的国家（即发行大量欧元债务的国家）。德国是一个净出口国，同时是财政廉洁的典范，所以，德国并不会发行大量的欧元债务。那么，中国的人民币可以替代美元吗？不能。因为它的货币供应同样太低，且中国是一个比德国还要典型的国家——一个更大的净出口国，同时，并不发行大量的国债。日元呢？由于中国和日本均为出口国，因此它们都创造了充足的本国储蓄以吸收其政府债务。我们别无选择，因为当今世界还没有可以替代美元的货币。这样的现状可能终究会改变，但短时间内还不会发生。

5

主权货币国家的税收政策

我们已经得出一个结论：税收驱动货币。统治政府不需要用税收创收，而是要为本国货币创造需求。理解这些以后，我们要重新思考税收政策。怎样才能更好地驱动货币？哪种税收最好？除了驱动货币，税收还有什么其他作用？在本章中我们将探讨以上问题。

5.1　我们为什么需要税收：基于现代货币理论视角的讨论

首先，我们简要概述一下现代货币理论中关于税收的观点。

该理论认为，政府通过“按键”（即银行输入电子记录）进行支出。有些人初次听到这一观点时就会马上得出结论：现代货币理论认为政府不需要税收。既然没人愿意缴税，为什么不直接取消征税呢？

当税收降低时你会得到什么呢？答案是：比特币①。

---

①　比特币的概念最初由中本聪在2009年提出，是一种P2P形式的数字货币，没有特定货币发行机构，而是依据特定算法、通过大量的计算而产生。——译者注

现代货币理论是如何解释政府货币的呢？答案是：税收驱动货币。我们一再强调，如果没有纳税义务，接受政府货币就可归结为《阿呆与阿瓜》（*Dumb the Dumber*[①]）般的“更傻的傻瓜”理论：我接受货币是因为我认为更傻的傻瓜比菲·鲍勃（Biffy Bob）和比菲·苏（Biffy Sue）会接受它。

当然，可以驱动货币的义务不止税收一种。我们已经强调了无数遍，随着历史向前追溯，你就会发现还有其他义务驱动着货币——什一税、贡品、费用、罚款等。历史和我们站在一边，很少有例子表明货币不需要这种义务的支撑。

至于接下来的比特币，它是一种货币吗？我们稍后解释。

有的人接受货币是因为他相信还会有傻瓜接受自己的货币，如果除此之外没有更好的理由的话，为什么除了比菲·鲍勃和比菲·苏以外还会有人接受“法定货币”呢？

沃伦·莫斯勒很早就意识到，如果他能向孩子们征收名片形式的税，孩子们为了赚钱缴纳税款，就会帮他洗车。如果他把名片当作工资付给孩子们，他们不会担心是否会有傻瓜接收这些名片。但是他们明白，如果自己不缴税的话，就会面临惩罚——也许不是进监狱，但可能吃完晚饭后不能看电视了，而是必须直接上床睡觉。

税收驱动名片，也驱动货币。

为了支付孩子们洗车的报酬，莫斯勒需要收回自己的名片作为税收吗？当然不需要。他只是先支付名片，然后得到税收。

---

① *Dumb the Dumber*，美国喜剧电影，讲的是两个傻哥们的故事，笔者以此将“更傻的傻瓜”理论形象化。——译者注

什么？你是说政府不需要为支出而收税？正是这样，夏洛克(Sherlock①)。这听起来也许很骇人，但对于从建国开始就住在美国的人来说，这个结论却显而易见。除了七段很短的时间外，美国政府一直入不敷出。

这意味着什么呢？收入并不是支出的必要条件。现在我们已经知道：没有收入，政府也可以支出。那么，支出多于收入的危害是什么呢？

我们第一个想到的危害就是：如果经济超负荷运行，会有通货膨胀的可能性。当然，如果政府只针对无法继续扩大产出的部门进行支出，通货膨胀也可能在实现充分就业之前发生。因此，应对这种危险的对策：一是增加税收，二是缩减支出。另外，还有其他对策——工资和物价管制、配给制、进口、对产能过剩部门的定向支出、鼓励生产等，这些都可以减轻通胀压力。在此，我们不做详细介绍，在第7章和第8章中，我们将具体研究现代货币理论的建议。

如果政府不用税收也可支出的话，为什么不完全取消税收呢？这很简单，我亲爱的福尔摩斯（Holmes②），因为税收驱动货币。换句话说，税收赎回货币。所有借据的发行者必须准备好偿还欠款，"赎"的概念在货币事务层面和精神层面上都很重要。

这实际上是信贷的一个基本规律：当你偿还债务时，必须拿回自己的借据，银行也是这么做的。不管你信不信，银行的债务使人们接受

---

① Sherlock是侦探小说《福尔摩斯》中的主角，Sherlock善于洞察事物，笔者在此用来亲切地统称敏锐提出问题的读者。——译者注

② Holmes是侦探小说《福尔摩斯》中的主角，Sherlock善于洞察事物，笔者在此用来亲切地统称敏锐提出问题的读者。——译者注

"银行票据"，这是私人资金向税收转换的过程。想象一下，如果银行愿意买借据（我们称为放贷），但当债务人想偿还贷款时，银行却不接受其自身的借据（我们称为活期存款或支票账户）。那么，既然在你付款时银行都不接受自己开立的借据，你还会愿意接受银行的借据吗？

或者可以与本节讨论的税收驱动货币问题相联系，想象一下，如果银行通过发放活期存款买走了你的借据，然后告诉你"你再也不用把这些存款还给我们了"，你会怎么样？换句话说，你可以通过卖自己的借据来得到银行发放的活期存款，却不需要向银行偿还贷款或赎回你的借据（以及你自身），那么，这些银行活期存款价值多少？你和其他人都追着银行出售债务，却不需要银行的借据来偿还债务。在支付时，你想找到傻瓜拿走银行的借据，这种事还可能成功吗？

恐怕不太可能。税收也是一样。许多人靠卖东西获得美元，如果美国取消税收，那些不需要用美元缴税的人还会继续卖东西多久呢？也许会持续一段时间，而且前提是巴纳姆（Barnum）所言正确，每分钟都有一个容易上当的人出生，一小时就有60个，聚少成多。但看看比特币现在的情况就知道了，无须多言。

你不需要比特币来履行付款义务，也不需要比特币发行者将其回收，比特币是不可兑换的。除非你参与非法活动（如毒品贸易）或试图隐藏收入和财富，否则，接受比特币只有一个令人信服的理由：你真的相信博傻理论。你打算欺骗那些傻瓜，因而攥紧比特币，然后祈祷：①你不会丢失装有比特币的钱包；②比特币交易所不会倒闭；③你能在一切崩溃前把比特币卖出去。

总而言之，现代货币理论认为，税收和其他强制的义务创造货币需求——只要缴税（或相似的义务）需要支付该种货币。纳税人需要货币，这意味着政府可以通过发行货币的方式来买东西，其他人也会接受这种货币——不是因为他们想愚弄比菲·苏，而是因为有很多需要缴税的比菲·鲍勃。是否需要用税收为政府支出“埋单”？不需要。税收是用来为货币创造需求的。

探讨框：有两个问题供大家思考

1. 只有税收能驱动货币吗？其他强制性支付有用吗？

2. 如果只有你不用交税，那么你为什么会接受政府货币呢？

在本节中，我们关心的是为什么大家会接受政府的“不兑换货币”，简单回答就是“税收驱动货币”：由于你必须把政府的货币还给政府才能履行纳税义务，因此你需要政府货币。从这种意义上说，纳税义务激发了人们获得政府货币的欲望。

但只有税收有这样的作用吗？答案显然是否定的：如果政府向你征收5美元的罚款，为了支付罚款你首先要得到政府愿意接受的5美元货币——主权货币。20世纪以前，税收相对没那么重要，重要的是罚款、什一税和费用。

进一步说，假设政府垄断供水（或能源供应或向上帝救赎的途径等），就可以决定你要获得水（或能源或宗教豁免等）必须上缴什么。在这种情况下，如果政府说你必须有它的借据，那你就需要政府的借据——货币——来获得水；否则，你就可能会脱水而死。在英国早期，如果按照国王的规定判断，许多养家糊口的方式都是违法的。你除了要满足家人的基本生活需要以外，还不得不支付罚款，为此，你需要国王的货币，即“罚款驱动货币”。费用和什一税也可以驱动货币。现在你会发现，需要上缴货币的强制性义务是驱动货币的必要条件，这种义务可以是税收、费用、罚款或宗教什一税，甚至可以是为得到水或其他必需品所要支付的钱。

当然，仅仅有义务（什一税、费用、罚款、税收）是不够的，这些义务还必须被强制实施。不被强制实施的纳税义务永远不可能驱动货币，它也许可以创造一些货币需求，但会比纳税金额少一些，因为许多人期望自己可以逃掉税收。

接下来我们就可以继续讨论第二个问题了：为什么那些没有纳税义务的人也愿意接受货币呢？

如果社会中的某些人要用货币交税（或费用，或罚款等），其他人就会接受这种货币。注意：这不是个无限回溯的观点。货币的背后是税收，但不是每个人都必须缴税。比如，微软的总裁比尔·盖茨需要缴纳1.5万亿美元税款，那我也会很愿意接受美元，因为我知道在我购买微软软件时，盖茨会接受美元。这也是外国人想要美元的原因——不是因为他们自己要用美元缴税，而是因为很多像比尔·盖茨这样的人需要用美元缴税。

从一开始我们就知道，如果总的税款有1000亿美元，纳税人至少需要1000亿美元（或者需要更多？1200亿美元？1800亿美元？现在我们还不能确定，但后面会做进一步的调查研究）。政府可以将至少1000亿美元的资金注入经济中，或者更多。

这解释了人们为什么想要货币，却没有告诉我们货币的价值。美元的价值是多少呢？这取决于为得到美元所付出的代价。在后文中我们会详细解释这个问题。但如果税款太少会怎样呢？假设税款有1000亿美元，但政府想支出10000亿美元，是纳税人应缴税款的10倍。那么，政府有可能，甚至很有可能无法把这10000亿美元花出去。政府可以出高价购买劳动力、制成品或进行资源投入等，但还是没人愿意卖。我们可以有“通货膨胀”，但政府还是无法想花多少钱就花多少钱。

很明显，相比出高价购买商品，政府把税款提高到10000亿美元是更好的选择。我们之后还会提及这个问题，这多少阐明了货币价值的决定因素。我们将明白，人们对货币的接受意愿需要与货币价值分开来看。尽管我们无法知道货币的价值（就劳动力或其他资源、制成品的价格而言）具体会增加多少，但增加税收会刺激人们获得货币的欲望。

5.2 为什么要征税：以现代货币理论的方法来讨论

5.1节中我们对“税收驱动货币”的观点进行了论证，该观点是指，只能用本国政府货币支付税款的要求可以创造货币需求。但是，政府得到本国货币收入并不是为支出服务的。

这听起来让人很吃惊，因为我们习惯性地认为，“税收支付政府开支”。这句话适用于不发行货币的地方政府、各省和各州，也基本适用于采用外币或本币与黄金、外币挂钩的国家。如果一国货币钉住黄金或外币，政府就要按需储备黄金或该种外币，以满足民众的兑换需求。若税收限制本币的流通，就更没有人愿意用黄金或外币换取本币了。所以，谨慎的做法是以税收为限来缩减开支。

但如果政府自己发行货币，没有承诺以固定汇率兑换黄金或外币（即采用浮动汇率制），我们就要以完全不同的方式考虑税收的作用。政府不需要税收来弥补支出，相反，政府必须在纳税人用货币交税之前，就向市场支出（或借出）货币。先支出、后收税才是合乎情理的顺序。

现代货币理论认为，征税的另一个原因在于减少总需求。我们以当今的美国为例，联邦政府的支出稍高于 GDP 的 20%，而税收稍低于 17%，所以，联邦政府净注入市场的资金是 GDP 的 3%。如果不征税(其他保持不变)，净注入资金可增长到 GDP 的 20%，这意味着总需求激增，可能会导致通胀。理想的情况是，税收反经济循环周期变化——经济膨胀时税收增加，经济衰退时税收减少。这能使政府对经济的净贡献反周期变化，有利于稳定总需求。因此，税收除了可以“驱动货币”外，还被用于稳定总需求。这只是税收其他作用中的一点，但也是最重要的一点。至此，征收哪些税、要对哪些人征税等问题还没有解决，我们将继续对此进行探讨。

政府“支出”税收不会在资产负债表中体现。一些人可能会想象这样的画面：富人推着装满钱币的手推车进入财政部，而运钞车在这里装上现金，然后支付给穷人。

现实中却不是这样运作的，支付税款只是借记纳税人的账户。如果你看过球赛就会知道，记分员给波士顿队记一分时，他不会真的把这一分从纽约队拿走，而是通过按键记分。如果通过录像回放发现裁判员犯了错误，记分员会给波士顿队减掉（借记）一分。那这减掉的一分去哪里了呢？哪里也没去，它只是被减掉、消失而已。

收上来的税款去哪里了呢？它哪里也没去，只是借记了一个银行账户。税收没有也不能为支出“埋单”。

比尔兹利·鲁姆尔（Beardsley Ruml）很早就得出了上述结论。他是新政拥护者，曾在 20 世纪 60 年代领导纽约联邦储备银行（New York

Federal Reserve Bank），还是“扣缴所得税之父”，曾写过两篇关于税收作用的重要文章：*Taxes for Revenue are Obsolete*（1946a）、*Tax Policies for Prosperity*（1946b）。我们首先来讨论他强有力的观点——政府不需要税款创收，然后探讨他对于税收作用的看法。

在 *Tax Policies for Prosperity* 一文中，他强调：“我们必须意识到，国家财政政策的首要目标是保证货币稳健和金融机构的高效；与此目标相一致，财政政策应该，也可以在很大程度上扩大生产性就业，促进经济繁荣。”这一观点与现代货币理论提出的观点相似，都强调了税收在调整总需求、控制通胀方面的作用。

他继续指出，“二战”后美国政府具备实现这些目标的能力是基于“两个发展”：第一个发展是“现代央行”的创立；第二个发展是美国独立地发行货币，并且这种货币“不可兑换为黄金或其他商品”。在这种情况下，“联邦政府终于可以摆脱货币市场，满足自己的财政需求……国家不再需要用税收来平衡财政支出了”（Ruml，1946b）。

那么，政府为什么还需要税收呢？鲁姆尔列出了四点原因：①作为一种财政政策的工具，以稳定美元的购买力；②通过累进所得税和房产税体现国家在财富分配和收入分配方面的公共政策；③体现上一点原因表现在补贴或处罚不同产业和经济团体方面的公共政策；④为了分开估算某些国家福利的成本，如高速公路、社会保障金等的成本。

第①点与我们前文所讲的通胀问题有关。

第②点是指通过税收改变财富分配和收入分配。例如，累进所得税体系可以减少富人的收入和财富，同时向穷人征最少的税。注意，虽然第②点看起来与今天所呼吁的增加富人的税收有关联，但鲁姆尔并没有使之和资助穷人联系起来。

第③点是为了抵制不良行为：污染空气和水资源、抽烟酗酒、购买进口品——意图利用关税（本质上是一种提高进口成本、鼓励本国商品购买的税收）提高进口品价格。这些税收常被称为“罪恶税”，目的在于提高作恶成本，如抽烟、赌博、购买奢侈品等。

第④点是指将特定公共项目的开支分摊到受益人身上。例如，对汽油征税是很常见的做法，其目的是让那些使用国家高速公路的人为此付款（高速公路的通行费也可以达到此目的）。尽管许多人认为，这些税是弥补财政支出的方式，但鲁姆尔在他另一篇文章——《征税创收早已过时》的标题中就极力否定这一观点。政府不需要用汽油税的收入来承担高速公路的费用，设立此税是为了让那些将会使用高速公路的人仔细思考：自己要不要支持修建公路。政府不需要用烟草税创收，而是想借此提高吸烟者吸烟的成本。

许多人会说，吸烟者的行为给社会带来了负担（如肺癌住院），他们只有对此付出代价才算公平。鲁姆尔认为这种想法与事实相去甚远——我们希望的是吸烟的高成本能使更多人远离烟草，这样就能减少社会损失。

所以，重点不是税收产生的收入——政府永远可以“找到钱”来建设医院。相反，征税是为了减少浪费到吸烟的人身上的医疗资源。理想情况下，烟草税可以消除吸烟行为，而不只是增加了政府的收入。鲁姆尔说：“在创收的面具下，永远不应掩盖税收的公共目的。”（Ruml，1946a）

这样，我们就可以用公共目的这个概念来衡量哪些税收有意义。鲁姆尔把企业所得税作为“坏税种”中的一个是很正确的。海曼·明斯基一直主张取消该税种，如果说他是从鲁姆尔那里借鉴到这一观点的话，我一点也不感到惊讶。

不幸的是，企业所得税恰好是改革派的最爱。他们想增加企业所得税来弥补资助穷人的开销。换句话说，他们把自己的困惑都搅在一起了——不仅误解了税收的目的，还大力支持被鲁姆尔认为是最差的一个税种。在后面的章节中我们再继续讨论鲁姆尔的观点。

一旦我们理解了税收的作用，我们就可以着手确保税收收入总体上处于正常水平。鲁姆尔总结道："简单来说，税收政策背后的思想在于，税收应该足够高，以保证货币稳定，但不能再高了。基于这个原则，我们可以也应该降低税率，使财政预算平衡、就业率达到满意水平。"（Ruml，1946b）

现代货币理论也采用这一原则，但有一点附加说明。鲁姆尔所面对的情况是对外经济平衡可以被忽略（这在战后早期是合理的）。但在当今世界，许多国家存在高额的经常账户顺差，而其他国家则存在高额的经常账户逆差，所以我们必须修改这一原则。

我们要重新表述上述原则：设置税率的原则是政府的预算结果（无论是赤字、平衡还是盈余）与充分就业相一致。像美国这样的国家（充分就业下经常账户逆差），即使充分就业也很可能出现财政赤字（等于经常账户逆差和国内私营部门盈余之和）；像日本这样的国家（充分就业下经常账户顺差），充分就业时财政赤字会相对较小（等于国内私营部门盈余减去经常账户顺差）。

探讨框：常见问题解答

问题：人们接受货币时，谁会考虑支付税款呢？

回答：我曾听过这样一个故事。一位著名的凯恩斯主义者说：

“当我接受货币时从来不考虑用它来支付税款，我接受它是因为我觉得比菲·鲍勃会接受它。”在他说完这话之后，一个法制史学者观众狂笑不止，嘲笑经济学家们的肤浅——作为经济学家，他们应该多钻研经济及经济制度。

我可以想象那位经济学家脸上极度恐惧的表情。要是观众是一群经济学家（他们是现代货币理论的终极批判者），估计他早就用绳子自杀很多次了。但是，在他面前的观众是了解货币历史的人，他可以援引罗马时期的案例，解释统治者发行货币的权力并加以详细说明。这样的人在嘲笑他，他真该找个老鼠洞钻进去。

大家都对着他喊：“这完全是税收问题！”

我为他感到尴尬，他40年研究经济学的心血已付诸东流。不只是经济学，而且是宏观经济学；不只是宏观经济学，而且是货币经济学。“我接受美元是因为我觉得比菲·鲍勃会接受它。”这是他了解的一切。他离开时嘟囔着说：“我想我应该再深入思考一下这个问题。”

这是个真实的故事。

我在想：他的钱包里有多少比特币？税收驱动货币只对经济学家来说是个秘密——是时候摆脱这种局面了。

5.3 税收的再分配作用

以改革派为代表的许多人认为，政府需要向富人征税以便将其花在穷人身上。这是罗宾汉（Robin Hood）关于税收的观点：向富人征税，然后，把它分给穷人。在现实中，这是两种功能上完全分离的活动。政府即使不向富人或任何人征税，也可以救济穷人。

我们都很爱罗宾汉。如果罗宾汉的扮演者凯文·科斯特纳（Kevin Costner）骑着他忠实的坐骑穿过华尔街，夺走1%的人数以万亿计的非法所得，然后分给所有值得救助的穷人，这不是很好吗？

我们喜欢这个劫富济贫的故事，这是因为我们错误地认为，必须用富人的税收来接济穷人，这种看法有利于穷人代表团主张增加富人的赋税。这是一个难以被实施的政策提案，在美国尤其如此。持现代货币理论观点的人认为，我们需要的是“预分配”而不是“再分配”，也就是说，我们的确需要减少不平等。向富人征税也许有用，但从根源上减少不平等会更有效果，即减少高收入群体的收入，增加低收入群体的收入。理查德·沃尔夫（Richard Wolff）也这样认为，早在托马斯·皮凯蒂（Thomas Piketty）把不平等问题引入大众视野之前，他就已经开始研究如何解决这一问题了。关于此，详见本节末尾的补充材料。

向最富有的1%的人征税、收税是很困难的。据《费城问询报》（*Philadelphia Inquirer*）的记者唐纳德·巴莱特（Donald Barlett）和詹姆斯·斯蒂尔（James Steele）报道，真正有钱的人不需要缴税，因为议会允许他们不缴税。① 女大亨利昂娜·赫尔姆斯利（Leona Helmsley）曾寡廉鲜耻地说：“税收是只针对小老百姓的，在美国的今天，很多富有的个人和公司为了逃税‘转移到海外’，这也是大家热议的现象。”大卫·凯（David Cay）在他的著作——*Free Lunch*: *How the Wealthiest*

① Barlett and Steele, “A Rich Texas Widow Could Save $4 Million”, *The Philadelphia Inquirer*, 1988, p. A15.

Americans Enrich Themselves at Government Expense and Stick You with the Bill（2007）中对这种逃税现象有详细的介绍。

现代货币理论不反对把向高收入者和富人征税作为一种减少不平等的尝试，但同时认为，采用“预分配”政策也是合理的。对那些低收入人群，更需要创造就业和提高收入的政策。对于分配链的上端，政策需要限制会产生过多报酬的行为。

具体地，我们可以考虑取消国债（国债可给那些靠债券生活的人提供利息），而政府支持的养老基金禁止出现股权和商品期货所有权——在美国，养老金担保公司（Pension Benefit Guarantee Corporation）的职能有点像联邦存款保险公司，通过强化法规来抑制和减少银行许可业务——这些业务在本质上都是针对高收入人群的。除此之外，我们还可以对公司高管的薪酬加以限制。2012 年，美国 CEO（首席执行官）的平均工资为 1220 万美元，是普通工人工资 34645 美元的 354 倍。在其他富有国家，同期该比例分别为：奥地利，36 倍；日本，67 倍；英国，84 倍；德国，147 倍；加拿大，206 倍。显然，该比例的大小与文化和制度因素有关，与市场调节作用无关。[①]

探讨框：预分配而非再分配：瑞克·沃尔夫

以下是沃尔夫的观点，摘自 *Better the Redistribution Income*[②]。

人们在讨论皮克特的文章时都很支持再分配。但是有支持之声就必然有反对之声，再分配至少有三方面的消极作用。

---

① 详见 http：//www. aflcio. org/Corporate-Watch/Paywatch-Archive/CEO-Pay-and-You/CEO-to-Worker-Pay-Gap-in-the-United-States/Pay-Gaps-in-the-World。

② http：//www. truth-out. org/opinion/item/23725-better-than-redistribution-income.

第一，再分配机制很难长久。一旦建立，累进税率、社会保障、安全网络、最低工资、福利国家和其他所有再分配的机制可能会，通常也一定会被逐渐破坏。过去40年里，尤其是2008年的全球金融危机，完全显示了再分配的失败。

第二，再分配很容易导致极端的社会分裂。当税收不仅作为对政府提供的服务的回报，还被用来进行收入再分配时，反对的声音就会出现。一些纳税人就会怀疑，自己纳更多的税却得到了更少的公共服务。恶劣的经济形势会削弱人们的纳税能力，这就使反对的呼声更高，且常会转变为从原则上反对收入再分配。低收入者被妖魔化为懒惰的、只会依赖社会福利的人，种族歧视者和反移民者也加入这场混战。与此同时，再分配的支持者会开始进行道德感染和（或）威胁说，如果没有收入再分配，收入不公将加剧，资本主义和整个社会岌岌可危。

第三，再分配成本很高。收税、支出、调节需要由很多税收资助的政府机构共同完成。反对征税的人很容易会反对征税的政府部门，比如IRS（美国国税局）。这些部门通常侵犯隐私，很快就会成为想以权谋私、行贿、滥用职权的人的目标。这些行为一经被发现，反对再分配的人就更理直气壮了。

当然，现代货币理论不认同沃尔夫“税收是对政府提供的服务的回报”这一观点，除非是指各州或各地的税收。但他有一点说得很对，一旦公众认为税收是对政府提供的服务的回报，他们就会开始计算自己付出去的钱是否划算。大概从1970年开始，州政府和地方政府就不断发生这种事。在经济学文献中，这被称为“权力下放”——将大部分政府服务下放到州政府和地方政府，迫使它们用税收提供服务。

权力下放推动了“甜甜圈漏洞”的出现——城市受到破坏，富有的白人纷纷“逃往”郊区。随着郊区基础设施建设持续进行，收入不断增加，以相对较低的税率却可以提供更好的服务。计税基数日益收缩，没有这样做的城市为了提供基础的服务，不得不提高税率。在美国大部分地区，这种“利益相关者”“税收是为了支付我得到的服务”的观点已经降低了州政府和地方政府的财政能力，它们甚至渐渐无法提供像维护治安、建设学校这样重要的服务了。

5.4 税收与公共目的

我们已经讨论过，税收创造了“必须缴税”的需求，并允许政府花钱购买资源，以实现公共目的。

沃伦·莫斯勒经常这样说：税收的目的是创造失业。这听起来可能有点奇怪，但如果我们把“失业”定义为求职者是为了工资而工作，那么，政府就可以通过提供货币来雇用他们。税收致使部分资源只能为政府的公共事业所用，而不能为其他目的所用。

简单来说，货币是计量单位，最开始是由统治者创造的，用来衡量公民所欠的费用、罚款、税收的价值。通过让公民负债的方式，实际资源将进行流动，服务于公共目的。税收驱动货币，所以，政府创造货币是为了控制社会创造的资源。税收的首要功能是使卖家提供货物和服务，其他功能则还包括追求公共目的——这是由政治决定的——我们在后文中会进行讨论。

这就是货币与主权权力（控制资源的权力）相联系的原因。这个权力不是绝对的，而是需要通过竞争来得到。政府要与其他国家竞争，但通常更重要的是与国内的债权人竞争。私人债权人放债太多会削弱主权权力，进而破坏统治所需权力的平衡。

你可以提交统治者的借据来偿还税款债务，对统治者的负债越多，越能保证人们接受统治者的借据。这意味着，许多人会为统治者工作，或者生产统治者想要购买的产品，甚至那些不用交税的人也会为获得统治者的借据而工作，因为他们知道其他人需要这些借据。

这就是现在主权政府控制资源并使其流向公共部门的最常用的方式：虽然很早以前，罚款、费用、什一税等债务更加重要，但近百年来，政府越来越依赖税收。当然也有其他方法能使资源流向公共部门：一个极端是征兵入伍或财产征用权，另一个极端是志愿服务，如和平队或 VISTA（美国志愿服务队）。

但是，我们已经证明：为实现多种目的，“货币化”是更有效的选择。其原因有很多，在此我们不过多讨论。货币化分两步进行：第一步是用货币征税，第二步是为政府需要的资源定价。

我们已经讨论过，将“救济穷人”政策和“向富人征税”政策联系起来并不正确，而且在政治上也不合理。税收的目的在于释放资源，追求公共目的——包括脱贫计划。但是，我们的税收体系却已经导致了失业。我们可以把钱花在穷人身上（通过很多其他的公共政策），从而使失业人群流动起来。现在，我们不需要更多税收，以避免出现更多失业。

当我们想增加支出（不增加税收）的时候（可能会晚一些），可能会遇到资源的限制，此时，我们可能需要缩减开支和（或）提高税收。

在后文中我们会探讨如何解决就业市场饱和的问题，在“二战”后，美国和世界大部分国家还没有出现这一问题，现在看来，它有点太遥远了。

如前文所述，税收还可以实现其他目的。我们可以利用税收抑制“恶行”，如果那样的话，税收的目的便是消除“恶行”。所以，税收达到最适规模时可以消除“恶行”，但不能提高收入。我们甚至可以把过度富有看作一种“罪”，并且用税收来进行消除。有些人认为，在“二战”初期，对高收入人群征重税可以使公司减少对高管支付的工资，从而达到目的。这就是罪恶税起作用的方式，其目标不是创收，而是减少罪行。

如果征税的目标是使资源流动到公共部门的话，就需要进行广泛的税收——按照定义，这会打击一大批人，驱使他们寻找货币。但是，我们还需要注意公平问题，采取鼓励措施。

5.5　向坏事而非好事征税

在本节一开始，我们先介绍一下马修·福斯塔德在2014年巴德学院利维经济研究所海曼·明斯基夏季研讨会（Hyman P. Minsky Summer Seminar）上的发言。首先，他讨论了现代货币理论中关于“当代货币”的观点——统治者选择记账货币，用它衡量债务、价格和其他票面价值。在美国，记账货币是美元。它就像英寸、磅、米、千克、英亩、公顷一样，是一种度量单位。

福斯塔德是这样说的：正如统治者不可能用尽“英亩”“英寸”或“磅”一样，“货币”也用之不尽。我们可能用尽土地，却不会用尽英亩。我们可能用尽森林，却不会用尽衡量森林的单位直线英尺。你不可能用尽一种度量单位！美元是一种度量单位，我们用它来保留货币记录，它是用之不尽的。福斯塔德认为，选择征收什么税时应遵循的主要原则是“向坏事而非好事征税”——这一点与本节联系更紧密。

我们在前文已经建立起一个“税收驱动货币”的概念，而且了解到，从创造货币的统治者的角度来看，金融体系的存在是为了使资源向公共部门流动。显然，公共部门不需要所有资源，还有一些资源可以留用于“私人用途”。进一步讲，我们在这一过程中想要“效率”，就这种意义而言，在把资源导向公共部门的同时，我们不希望破坏有用的私营部门的活动。如果收税可以鼓励更多既有利于公共目的，又有利于私人目的的活动，那就再好不过了。

因此，我们需要思考以下：什么样的税收既可以“驱动”货币，又能调动个人的积极性？例如，为了“驱动货币”，我们向有薪的工作征收15%的税如何？在美国，我们有“工资税”（被称为联邦保险捐助条例，FICA），就是征收薪水15%的税款，雇主和雇员各付一半。

我们首先来讨论非货币化的经济（如部落或封建社会）。在这种情况下，生产是为了直接使用而非进行市场交易，人们工作是为了满足消耗而非获得工资。新创立的主权国家想征收15%的“工资税”，用以美元为单位的货币雇用劳动力，使资源流向公共部门。在金融体系建立之初，没有人会愿意为工资工作，税收也就无法驱动货币，部落或封建社会的成员还会继续种庄稼、狩猎，将产出的份额按照约定进行分配。

如果没有人需要为了工资而工作，他们就可能会拒绝工作机会，以此来拒绝缴税，这种情况下，最好的方法就是避免货币化。新生国家主动提供货币，却没人想要，这时，只能诉诸武力——派遣部队——以得到资源，实现公共目的。除非一国的经济已经货币化了，否则，对货币收入征税是无法驱动货币的。这就是欧洲的殖民势力在非洲进行货币化时发生的问题（Wray，1988）。你需要一种合理而广泛的税收，一种所有人都难以避开的税收。如果人们的生活中可以没有货币收入，避免就货币收入缴税就会很容易。

因此，殖民者要做的是征收人头税或棚屋税，这样，所有人都无法避开。从一开始，这种税就很好地驱动了货币。我们绝不是在支持非洲或其他地方的殖民行为，这只是一个例子。一旦你将经济货币化了，大部分社会成员都必须为了货币收入而工作，以购买只能用货币支付的生活必需品，这时，你就可以征收其他税了。在高度货币化的经济体系中，工资税、销售税、利润税、个人所得税和财产税都是很常见的。尽管这些税在非货币化的经济中不起作用，但一旦你将经济货币化了，它们的作用便举足轻重。

然而，这些税是驱动货币的最好方式吗？供给学派学者乔治·格利特（George Glider）和阿特·拉弗（Art Laffer）在里根经济学时代有这样的观点——他们认为，这种税收会形成一块楔子，阻碍人们努力工作（或努力销售）。当我们把工资的15%作为税收（像美国的工资税一样）时，“在边际上”为工资工作的收益低于娱乐。注意，工资税是尤其有害的，因为只有人类劳动力才要纳税，机器人却可以将其置之度外，这会使人们更愿意使用机器人。供给学派可能夸大了这一影响，但在某种程度上，向工资征税会减少“工作投入”的观点是有一定道理的。从社会的角度看，“工作投入”不是一件坏事，它既可以为公共利益服务，又可以为私人利益服务。虽然人们有时会超负荷工作，但这个问题可以用其他方式更好地解决。例如，要求雇主支付一倍半或两倍的加班费是减少过度的、非自愿的加班工作的好方法；缩短法定工作日或工作周数是减少过长工作时间的一种方法。对工作征税是对好事而非对坏事征税，有可能会抑制有利于公共利益和私人利益的行为。

所以，要向坏事而非好事征税。

很久以来，我们向不同的恶行征税。还有很多人困惑“罪恶税”的目的何在，我们应该清楚向坏事征税不是为了增加税收，而是为了减少罪恶。我们想减少吸烟、减少污染、减少高频交易，于是，便可以对其征税。许多经济学家和政治家曾奋力争取过财务周转税——被称为“托宾税”（Tobin Tax）（金融交易税）——将其作为税收收入巨大的潜在来源，以为他们支持的政府项目“埋单”。但是，从上文的分析中可以看出，托宾税的目的是减少金融交易，即使不为创收，也将有效地减少高频交易。烟草税和碳排放税也是这样。我们承认很难做到完美——吸烟者依旧存在，很长时间内二氧化碳污染也不会消失。但“罪恶税”的目的仍然是减少“恶行”，而不是增加收入。

我们能列举出一种向坏事征收，且仍能驱动货币的税吗？

显然，如果烟草税得以成功实施，促使吸烟者大量减少，那么，烟草税便不是一个好的货币驱动者。只有尼古丁成瘾者才需要货币缴烟草税，有部分不吸烟的人也会想要货币（这样可以让瘾君子为我们工作，他们拿到工资才能缴税），但大部分人对货币没有需求。

那棚屋税又如何呢？几乎所有人都需要房子住，这可是一种覆盖范围十分广的税了。是的，它可以驱动货币，但住在家里何罪之有呢？那些留在环境中的脚印——被开拓的土地、建筑材料、布置陈设，还有最重要的，在家里取暖或降温时所消耗的能源都是“罪”。因此，按照“每平方英尺居住面积”所征的税使得“罪恶税”建立在“住棚屋”这一典型的“恶行”上，这样一来，棚屋税就既是向坏事征税，又有利于驱动货币。

注意，我们已经有了财产税，但这总体上是根据财产的票面价值计算的。它也许是环境“罪行”的代理人，但不一定是个好的代理人。曼哈顿一套小公寓的名义财产价值比蒙大拿州10000平方英尺①的荒野的价值还要高——这套小公寓的环境罪行是否有这么大却不能确定。当然，名义财产价值税还打击了“支付能力”的代理人——这有点像累进税，因为收入越高的人住的房子越有价值。因此，根据财产税也能判定拥有过多财富的罪。

但是，按照“每平方英尺居住面积”征税也就意味着对财富和高收入征税，因为有钱人倾向于住大房子。在向财富征税方面，该税种可能与名义财产税一样有用。我们可以使这种税更有累进制特征：按照“每立方英尺②居住面积”征税。同时，这种税也会考虑环境上的负面影响（因为有更大的空间需要加热或降温）。这种按立方英尺征收的税更有累进制特征——如果房子的天花板很高，10000平方英尺的房子会有150000立方英尺——这可以有效抑制富人建大房子。

我们可以修改税收，鼓励更多的户外生活：房子有更多敞开的门廊，有更多摇椅，这些都不用缴税，却有利于公共利益。或者，我们可以对没装空调的封闭空间采取减税政策。为了奖励高效使用能源，可以调整对安装有太阳能、风力驱动的以及利用地热能资源的装置的空间的税收政策。我们可能还需要在不同地区设定不同税率，比如底特律可能会比圣地亚哥这种气候温和的地方税率高，或者可以把芝加哥的税率定

① 1平方英尺≈0.093平方米。——译者注

② 1立方英尺≈0.028立方米。——译者注

得更高，以鼓励人们在小的地方居住，减少冬天制热和夏天制冷的能源消耗。

注意，对房子收税可以限制人们住大房子，但不会减少最终的税款收入，这是烟草税、金融交易税做不到的。我们可以住在小一点的地方，但只要人活着，就必须要有地方住。因此，房产税可以持续地驱动货币。我们没有理由只选定一种税，而是可以向多种“恶行”征税，还可以设定累进的收入税和遗产税。可以进一步减免税收，来鼓励符合公众利益的活动。一旦了解了税收的目的是什么，就可以开始思考哪些税收是合理的了。

如上文所述，一旦经济在很大程度上被货币化——大部分人需要通过工作赚钱，购买生活必需品——个人所得税将会驱动货币，因为不赚钱就意味着无法消费。这样，就可以通过设立所得税来达到其他社会目标，包括减少不平等、减少过高的收入和财富。我们可以实行累进制收入税，对低收入者和孩子免税。

如比尔兹利·鲁姆尔所说，我们也许还想通过税收实现其他目的，如帮助稳定币值、补贴或惩罚某些活动。累进制收入税有利于稳定币值，因为（随着收入的增加）税收将在经济膨胀时快速增长，在经济衰退时下降。这将促使等于居民净收入的总支出反经济循环周期变化，从而在经济膨胀时减小通胀压力，在经济衰退时减小通缩压力。税收优惠可以奖励有利于公共利益的活动，高额的税收可以惩罚不利于公共利益的活动。在5.6节中，我们将快速了解一下鲁姆尔所认为的最差的税收。

5.6　不可取的税收

在本节中我们将讨论三种税：工资税、消费税和企业税，这三种税从本章的角度来看可能不那么可取。在前文中我们已经说明了，工资税有利于机器人而不是人类劳动力。劳动者收到的净收入减少，雇主为了雇用他们要花更多钱——从边际收益考虑，劳动者可能会选择娱乐，雇主可能会用机器人代替人类劳动力。而且，因为工资税并不是全世界普遍存在的税种，征收工资税的国家会在国际商品和服务贸易中缺乏竞争力。在本国商品较国外商品更有竞争力的地方，工资税中雇主应付的部分很可能是从雇员那得来的（通过更低的工资），以使本国公司保持竞争力。一旦有外界的竞争，工资税中雇主应付的部分（甚至是雇员应付的部分）就会通过更高的价格转嫁到消费者身上。

鲁姆尔指出，美国的工资税也是通货紧缩的，因为设立它的目的在于创造更多收入，使其高于社会保障福利金的支出——换言之，政府试图建立信托基金，以付款给未来的退休人员。工资税有利于非工资形式的收入，例如利润、租金、转账、利息；有利于非正规部门的工作（非正规部门可以逃税），而不是正规部门的工作。抵制这些能产生其他收入的活动恐怕也不符合公共利益。近几十年，这些与工资相关的其他收入不断增长，加剧了社会的不平等现象。

除了主张对不良的消费行为征税（对有害商品和奢侈品征收罪恶税，对进口品征收关税等）外，鲁姆尔还建议取消消费税。他认为，如果一国的首要任务是提高人民的生活水平，从购买力中抽税实在没有意义，因为购买力可以使人们达到更高的生活水平。除此之外，消费税具有累退性质，对穷人的打击更大（尽管对奢侈品征税和对食品免税可以一定程度上抵销累退作用）。

最后，鲁姆尔认为，应该取消企业税，因为该税种有百害而无一利。企业税是由股东、雇员和消费者支付的，相比没有企业税时，股东持有的股票收益减少，他们承担了一部分税收。公司所有人具体承担多少税收我们无法得知，但要注意，他们同样要对其收入和因为所有权产生的资本收益缴税。很多人已经指出，这是一种“双重征税”。如果向公司收入征税是可取的，最好的解决办法是把公司所有利润分配给所有人，然后将其作为收入，按照累进所得税征税。

但是，大部分企业税却被转移到雇员身上（以较低工资和较差福利的形式），又通过较高价格被转移到消费者身上。我们还是无法得知雇员和消费者具体承担多少税收，这可能取决于市场的竞争性。在完全竞争市场，所有投资者都应该赚得相同的税后利润，如鲁姆尔所说：企业的经营管理以营利为目的，与剩余利润占投入资本的比例关系密切。即使企业没有任何净收益，也必须缴联邦企业所得税，所以税收——与其他不可控的费用一样——是企业必须承担的费用，只能通过提高价格、减少支出来弥补。由于同一行业的所有竞争者都有同样的想法，因此，价格和支出会趋于稳定，企业纳税后仍可获得较高收益，使该行业以合理的费用获得新的资本（Ruml，1946a）。

因此，我们可以预期，大部分税收是由劳动者（通过更低的工资）和消费者（通过更高的价格）承担的。

鲁姆尔认为，企业税扭曲了商业决策——使企业采取能最小化税收的行为，而不是最具有商业意义的行为。当前，这两种行为高度相关：为了利用低企业税率，通过贷款把自己缴的企业税再拿回来。由于企业可以把利息看作费用，就有动机通过贷款为投资提供资金，而不是使用营利或通过发行股票来提供资金，这可能会使银行的风险债务过度增长。随着工作机会的转移，企业搬迁不利于国家利益。但较高的企业税率会促使企业搬迁到不发达国家，以保持自身的竞争力——那些国家为了吸引公司，会大幅削减劳动力价格和税收。

明斯基（1986）赞同鲁姆尔的观点：企业税会促使企业增加贷款，增加在广告、营销、高管津贴方面的开销，这些行为将会减少税收。这扭曲了商业决策，降低了企业效率。但是，明斯基和鲁姆尔都担心有人利用“公司合并”来避税。如果将企业收入算作企业所有人的收入，以累进所得税的方式征税，可以使企业少用这种方式避税。这与政府的创收需求无关，而与税收负担的公平性有关。

每当有人在研讨会上问我“我们该怎样应对企业转移到海外避税的现象”，我都会回答“取消企业税”。有人接着会问：“但如果不通过税收，我们怎样开展那些救济穷人的项目呢?”我的回答与纽约联邦储备银行的主席鲁姆尔一样，“征税创收早已过时”：国家不再需要用税收来弥补开支了。所有税收都有社会和经济后果，所以政府在制定税收政策时要充分考虑这些后果。所有联邦税都必须面对公共政策与实际作用的考验。在创收的面具下，永远不应掩盖税收的公共目的（Ruml，1946a）。

探讨框：税收、电子货币与比特币

一、贝宝（PayPal）的创始人谈税收驱动货币

彼得·泰尔（Peter Thiel）是贝宝的创始人，他明白自己的商业模式，他在影响货币。贝宝的货币以美元（和其他24个币种）为单位。归根结底，是税收驱动了美国人对贝宝货币的需求。泰尔明白，比特币不是敌人。比特币不以美元为单位，也没有税收支持，但这不代表它没有价值。记住，郁金香球茎也曾有很大的价值。

约翰·卡尼（John Carney）在《华尔街日报》其个人主页MoneyBeat上写道：在沃克斯（Vox）网站最近的一个采访中，泰尔先生把货币价值和用政府货币纳税的需求联系起来。“你不能用比特币支付税款，而只能用美元支付。如果你不用美元缴税，就会有人用枪胁迫你缴税”，泰尔先生说。税收驱动货币价值的想法——被称为“名目主义”（Chartalism）——至少可以追溯到德国经济学家乔治·弗里德里希·克纳普（Georg Friedrich Knapp）1905年的著作《国家货币论》（*The State Theory of Money*）。有人认为货币与货物相联系，人们接受货币作为一种交换媒介，才使货币有了价值。名目说的支持者将税收驱动货币的观点与上述观点作了对比①。

当然，贝宝用的不是统治货币——它是一种电子货币，是完全电子化的。但是，贝宝在本质上可以充当银行与收件人的中间人，因为贝宝账户里的钱是用户从银行账户取钱，或通过信用卡垫付而得到的。美国政府不保护贝宝，但它确实是提供账户和信用卡的银行的后盾。美国的税收可以保证“可用来支付税收的货币”的需求。

二、货币经理人谈税收驱动货币：所以比特币不是货币

在这里，我们引用约翰·肖恩（John Shayne）在2014年4月3日写的文章中的一段话②：在每张纸币的正面，总统头像的旁边

① http://blogs.wsj.com/moneybeat/2014/11/21/peter-thiel-explainss-why-bitcoin-isnt-money/?mod=WSJBlog.

② http://www.pbs.org/mewshour/making-sense/the-good-you-do-for-the-dollar-when-you-pay-your-taxes/.

总会印着这样一句话："这张纸币是法定货币，可偿付所有公共、私人债务。"在债务人用美元还债时，债权人必须接受。现金可以被用来履行税收义务，但从某种意义上来说，纳税是现金的最终用途，因为纳税可以使现金流向政府……要想理解美元的价值，我们就要考虑美元与比特币的不同有哪些。比特币不是我们避免牢狱之灾的必需品，美国法律也不可能把比特币作为法定货币。然而，比特币虽然不一定靠谱，但它却以自己的方式优雅且美丽存在着。但许多事物都是美丽的，比特币也不是唯一的加密货币（Crypto-Currency）……我不知道为什么把美元作为"出狱卡"的想法那么不受重视，可能是因为货币流通。但对像我这样的货币经理人来说，这一观点很有用，我至少不用一边找着其他投资，一边为投资组合中该持有多少现金而寝食难安。还有一种可能，政府……印了太多钞票，导致购买力迅速下降。但即使这样，美元仍然比比特币好，因为本杰明·富兰克林（Benjamin Franklin）告诉我们，税收就像死亡一样不可避免。如果政府很弱小，我们肯定会担心，但还好，美国的政府很强大。

6

现代货币理论与不同的汇率制度

我们之前的讨论都具有普遍性，适用于所有使用本国货币的国家。不管本币是钉紧外币、与贵金属挂钩还是自由浮动，其适用的原则都是一样的。在本章中我们将研究汇率制度对现代货币理论产生的影响。

我们先讨论政府不承诺将货币按需兑换为贵金属或其他物品的情况。人们把一张 5 美元纸币交给美国财政部，可以用于缴税或兑换 5 张 1 美元纸币（或兑换总额为 5 美元的纸币和硬币）——但美国政府不会把纸币兑换成其他物品。

而且，美国政府不会承诺将美元汇率固定在某一水平。我们可以指定美元作为不可兑换主权货币的代表，那么，就可以说美国实行的是浮动汇率制。这种类型的货币包括美元、澳元、加元、英镑、日元、土耳其里拉、墨西哥比索、阿根廷比索等。

在本章中我们将区分不可兑换、浮动汇率货币和可兑换、固定汇率货币。

6.1 金本位制和固定汇率制

一百年以前，很多国家实行金本位制。政府不仅承诺货币可兑换黄金，而且是以固定汇率兑换。其中的一个例子就是承诺 35 美元兑换 1 盎司黄金，这曾是美国维持多年的官方汇率。其他国家也采用固定汇率制，使本币币值钉牢黄金，或在“二战”以后钉牢美元。例如，英镑的官方汇率曾是 2.8 美元，即人们可以用 1 英镑向英国政府兑换 2.8 美元。在国际固定汇率体系中，每种货币币值固定，与体系中的其他所有货币均相关。

为了兑现以固定汇率兑换货币的承诺，英国不得不保持一定的外汇储备［和（或）黄金储备］。如果很多人拿着英镑要求兑换外币，英国的外汇储备将迅速耗尽。为了避免这种事情的发生，英国政府采取了一系列措施，可以归结为以下三种：①英镑贬值；②借入外汇储备；③紧缩经济。但效果都不尽如人意。

下面，对这三种措施分别进行讨论。

第一种措施是政府改变兑换比率，比如改为每英镑兑换 1.4 美元。这样可以有效地使外汇储备翻倍，因为兑换同样多的英镑，政府只需要提供一半数额的美元。但这种行为可能会降低人们对英国政府和英镑的信心，最终反而增加人们用英镑兑换美元的需求。

第二种措施是政府借入外币来满足兑换需求。这需要有国家愿意借美元给英国，而且英国必须支付债务的利息。比如，英国可以借入美元，但尽管它不发行美元，也要承担用美元支付利息的义务。

第三种措施是政府可以尝试紧缩或减缓经济。为达到这一目的，政府可以采取一系列政策——统称为“紧缩措施”——这些政策背后的理论逻辑是英国经济增速放缓会相对减少货物与服务进口，这可以使英国实现外币账户盈余，增加外汇储备。这一做法的优点是英国不用负债就可以获得外币，缺点是国内经济增速降低会导致高失业率。

注意，经济紧缩可以与货币贬值配合使用，以创造净出口盈余。这是因为：货币贬值可以使本国出口的商品对外国人来说更便宜（他们可以用更少的本国货币兑换1英镑），同时也使国外商品对英国居民来说更贵（购买外币计价的商品需要支付更多英镑）。

因此，英国可以把这些政策结合起来使用，以满足兑换需求，并增加美元和其他外币储备。

探讨框：常见问题解答

问题：一国是如何得到本币钉牢的外汇储备的呢？

回答：大多数情况下，国家要实现经常账户盈余（将商品或服务卖给国外，或获得外币的要素收入，或收到国外汇款）或借入外汇储备。这些政府的外汇储备最终会用于何处呢？因为赚外币（如美元）的出口商需要用本币支付国内的费用，所以，央行为其他银行提供货币兑换服务——在买入外汇储备的同时创造本币储蓄。然后，央行往往会用美元储备向美联储换取美国国债，这样就可以获得利息。这也就是美国经常账户赤字与外国持有的美国国债之间有密切联系的原因。

6.2 浮动汇率

在20世纪70年代早期，美国和其他发达国家开始实行浮动汇率制度，即政府不再承诺兑换美元。当然，在私营银行或国际机场的售货亭处兑换美元或其他主要货币还是很容易的，货币交换基于国际市场当前的汇率进行（交易费用减少）。汇率每天都在变，甚至每分钟都在变，为匹配供给（来自用美元兑换其他货币的人）与需求（来自想要获得美元的人）而上下波动。

在浮动汇率体系中，汇率的决定因素十分复杂，很多因素都可能影响美元的国际价值，如美国资产的需求、贸易平衡状况、美国相对于其他国家的利率水平、美国的通货膨胀情况和相对于其他国家的经济增长情况等。因为涵盖了太多因素，所以，至今还没有一个可靠的模型能预测汇率的变动。

但是在浮动汇率制下，由于政府不用以固定汇率将本币兑换为外币，也就不用担心会用光外汇储备（或黄金储备），了解这一点，对我们随后的分析很重要。的确，政府根本不需要承诺进行任何兑换。

在实践中，实行浮动汇率的政府持有外汇储备，而且为了金融机构的运作便利，也会提供货币交换服务。但兑换要按照当前市场汇率进行，而不是保持汇率不变。政府可以干预货币汇率市场，把汇率往理想的方向推动，还可以使用宏观调控政策（包括货币政策和财政政策）来影响汇率。但这些方法有时有用，有时效果也不尽如人意。

关键在于，浮动汇率下，尝试影响汇率的效果具有任意性。与此相比，固定汇率下政府就必须采取政策保持汇率不变。浮动汇率制保证了政府有更多自由去追求其他目标——比如保障充分就业、经济增长和价格稳定。

在后面的讨论中我们会讲到，浮动货币提供了更多政策空间——用财政政策和货币政策达到政策目标的能力。相反，固定汇率减少了政策空间。这并不一定就是指实行固定汇率制的政府无法采取国内政策，而要视情况而定，一个重要的因素是政府是否能储备足够的外币（或黄金）来捍卫本国货币。

然而接下来我们要转移焦点，讨论一下所谓的“商品货币”。基于金本位制的固定汇率制度得以实行的时间并不久远。在过去两千年里，政府发行含有黄金或白银的硬币，许多人把这些硬币等同于商品货币——当时应该是一种基于贵金属的货币体系。在这一体系中，货币由于其包含的金银而具有价值。

由此，我们得到一个令人惊讶的结论——即使是用金银制成的硬币，实际上也只不过是在金属上压印的借据。它们不是商品货币的例子，而是统治货币。

探讨框：常见问题解答

问题：浮动汇率提供了更多政策空间，但固定汇率不也去除了很多不确定性吗？

回答：我们认为固定汇率确实提供了更多确定性——你知道美元相对英镑的价值为多少，这使得制定非套期保值合同变得简单。但是，政府是否有能力（和意愿）维持钉住外币的制度却具有不确定性。特别是在后布雷顿森林时代，实行钉住外币制度的国家基本上都是在独自坚守，上述的不确定性尤其突出。

很多人还（自相矛盾地）相信固定汇率可以减少投机性攻击的可能，这种想法既有悖于直觉，又有悖于事实。还记得英镑吗？据说乔治·索罗斯（George Soros）曾打击英镑，打赌英国无法守住固定汇率制。据推测，其一天赚了10亿美元。你是愿意选择短缺固定汇率的货币，还是每分钟都在浮动的货币呢？这两种中的哪一种可以让你一天之内收入10亿美元呢？你是愿意打击一个移动的目标，还是静止的目标呢？

长时间来看，钉住汇率的波动可能会为零，这与始终在变化的浮动汇率有所不同。但当钉住汇率开始波动时，随之而来的将会是货币危机。因为一旦你钉住的货币崩溃了，你就会面临对他人违约的风险。如果我先向你承诺将我的美元借据以固定汇率兑换为外币（或黄金），后来却告诉你我只能给你一半数额的外币，那么，我就违约了。这会使市场遭受浩劫。

所以，在有些情况下，固定汇率确实提供了更多确定性——直到放弃固定汇率之前。为了维持固定汇率，一国政府需要有大量坚实的外汇储备。当今世界上，只有中国大陆或中国台湾这样的国家和地区才能给出这样可靠的承诺，以固定汇率兑换货币，其他大部分国家都不行。

6.3 金属商品硬币？ 金属主义VS名目主义：从美索不达米亚到罗马

在6.2节的最后，我们认为，金属货币从来都不是商品货币的一种形式；相反；其一直是货币发行者的借据。本质上，金币只是国家的借据，是国家负债的“代币”，即对负债的记录，只不过，它恰好印在了黄金上。国家必须在人们付钱时将借据拿回。根据税收驱动货币理论，人们之所以接受这些“代币”，是因为有税收“支持”它们，而不是因为它们本身含有黄金。在本节中，我们会尽力消除“金属货币曾是商品货币”的想法，并将在6.4节中完成所有讨论。

我们不想在本书中深究经济史，我们更关心当下的货币是如何“运转”的。但这并不意味着历史不重要，我们也不应忽视过去的故事对今天的人们如何看待货币的影响。例如，一种普遍的说法（被大多数经济学家所接受的）是货币最初以商品的形式出现。在古代，我们的祖先拥有市场，但他们依赖于不方便的物物交换，直到有人想出，可以选择一种商品作为交换媒介。最开始，这种媒介可能是漂亮的贝壳，但随着历史不断地演进，人们最终选择贵金属作为一种更有效的商品货币。

很明显，金属具有内在价值，可以有其他用途。往往会有人认为金属的内在价值也同样存在于金属货币中，这有利于避免通货膨胀，即就其他商品而言，金属货币的购买力降低——因为我们总是可以熔化硬币，铸成金条售卖。然后，就有各种各样的故事说：政府如何降低了金属货币的价值（通过减少贵金属含量），最终导致了通货膨胀。

根据这些故事，政府后来开始发行纸币（或内在价值很小的贱金属货币），但承诺可以用纸币兑换黄金。然后，又出现了很多故事说：政府如何不兑现承诺。

最后，出现了今天的“不兑换货币”，没有任何“实在的”东西在背后予以支持。由于这个原因，魏玛共和国和津巴布韦政府大量印刷纸币，导致恶性通货膨胀的倾向。这让我们想起主张金本位的人的哀叹：要是我们能回到黄金的时代就好了，那才是“实际存在的”货币本位。

在这里，我们无法提供详细的历史记述来考证那些故事，揭示货币历史的真相，但我们可以给出一个概述。

首先我们要知道，记账货币在至少4000年以前就存在了（凯恩斯曾说，至少4000年以前，货币就已经是国家货币了。“现代货币理论”的“现代”一词就来源于这里）。我们可以在美索不达米亚的泥板文书中得知这些，那上面记录着按货币计算的价值，还有以该种记账货币为单位的价格表。

我们还知道，货币最早的起源与债务和记录保存密切相关，而且很多与货币和债务相关的词都有宗教意义，如debt（负债）、sin（罪）、repayment（偿还债务）、redemption（救赎，赎回）、wiping the slate clean（一笔勾销）、Year of Jubilee（禧年）。在基督使用的阿拉姆语中，“debt”与“sin”是一样的。主祷文通常被理解为“forgive us our trespasses”（原谅我们的侵犯），也可以翻译成“our debts”（我们的负债）或“our sins”（我们的罪恶），或者如玛格丽特·阿特伍德（Margaret Atwood）所说的“our sinful debts”（我们罪恶的负债）。

当时的借记和贷记更像现代的电子通道——在黏土上刻记，而不是使用电脑输入。我们都知道，早期货币单位的名字来源于主要谷物的计量，即人们欠下、拥有或支付的金额应相当于多少蒲式耳的大麦。这与一种观点非常一致：把货币看作计量单位、社会价值的代表和一种借据，而不是商品。或者，如现代货币理论家所说，货币是一种“代币”，就像一张衣帽间的“票”，可以在歌剧表演的最后用其兑换某个人的大衣。

确实，当铺的“典当”来自“抵押”，你把抵押品留下后，就会拿到一张当铺开立的借据，承诺之后会把抵押品再兑换给你。圣·尼克（St. Nick）是当铺的守护神（或者恰当地说，他守护的是那些典当偷窃品的小偷），但是“老尼克”（Old Nick）却是指让我们出卖灵魂的魔鬼（因此，他穿着沾满烟垢的红色套装，“to nick”的意思是偷窃）。《旧约》十诫中禁止觊觎邻居的妻子（还有男性和女性奴隶、公牛、驴子和你邻居拥有的其他一切东西）最初与性和通奸无关，而是指禁止接受把这些作为抵押品还债。相反，基督被誉为“救世主”——这位“食罪者”会救赎你的罪孽，而在这背后还有一个更古老的传统，就是为了报答神而进行的活人献祭（Atwood，2008）。

我们都知道莎士比亚的训诫：别借债，莫放债。因为宗教常常认为“恶魔”般的放债人和把自己的妻儿变成债奴、“出卖自己灵魂”的借债人都是罪孽深重的——即使不是同等罪恶，也至少是勾结在了这肮脏的债务关系中，被玷污了。由于夏娃的原罪，人性生来罪恶，只有“救赎”才能把我们从罪恶中解救出来。

当然，对今天的大多数人来说，我们无法逃避对收税员（而不是对老尼克）的原罪。魔鬼在第一本账簿上仔细记下了被出卖的灵魂，只有死亡才能将这罪孽“一笔勾销”，因为“人死百债了”。现在，收税员就如死神一般，是我们生活中肯定存在两件事物之一。最初，我们在美索不达米亚有泥板文书，用教堂的记账单位记录着借款与贷款；在创造货币后的几千年中，我们用宫殿的记账货币记录借贷。在这个过程中，货币作为一种普遍存在的工具衡量着我们各种罪过。

第一枚硬币在几千年以后的希腊被创造出来（据我们所知，是在公元前7世纪的吕底亚）。尽管有很多关于硬币的记录，但在纳入金融和债务支付的众多“代币”中，硬币只占了非常小的一部分。例如，在欧洲历史中，人们更常用符木棒、汇票和酒吧标签（人们在酒吧后面的石板上用粉笔记录酒吧账单——在这里，“一笔勾销”的概念非常清晰且易于理解，如果酒吧老板娘一直留着这个记录，一两年内欠账的人在这个酒吧里的权利就会受到限制）。

到近代，人们对英国女王的大多数进贡仍是以符木棒的形式（国王自己的借据，以榛木凹口棒的形式记录），直到19世纪才不常用了——当时出现了一个灾难性的事件：英国财政部热情澎湃地把符木棒扔到炉子里烧毁，结果，国会便在这些罪恶的“税收工具”的熊熊燃烧中被夷为平地。

在大多数国家，硬币的数量实在是太少了，因此曾经被频繁地召回重铸。但请你试想一下，如果硬币已经因为其所含的金属而具有价值了，把所有硬币召回再融化重铸是一件多么奇怪且没有意义的行为啊！

那么，什么是硬币？为什么硬币中含有贵金属呢？我们并不知道。或许如凯恩斯所说：“在赫斯帕里得斯、亚特兰提斯或某个中亚伊甸园的岛屿上，当冰雪融化、气候宜人时，人们的心灵自由驰骋，充满新鲜的想法。”于是，货币的历史“湮没在时间的迷雾中”，我们不得不依靠推测来重视这段历史。

关于早期的希腊（人们推测这是民主和货币制度的发源地，差不多也可以确定二者之间存在某种联系）有一个假说，由于精英的社交圈是通过“分等级的礼物交换”来维系的，因此，贵金属就显得尤为重要。当时的精英阶层已经几乎要垄断贵金属了，他们站在露天集市中，对新兴城邦（民主的城邦政府）满怀敌意。据古典学者莱斯利·库克（Leslie Kurke）所说，城邦的首批铸币用于集市中，以“代表政府在所有使用多功能货币的领域中拥有制定和控制价值的最高权威……因此，城邦发行的硬币是普遍的等价物，可以在市场上流通，这意味着用一种代币兼并其他代币，而诸多不同的价值领域都在城邦最高权威的掌控之中”。[①] 精英阶层在社交礼节上为贵金属赋予重大的意义，城邦便有意

① *Coins*, *Bodies*, *Games*, *and Gold*, by Leslie Kurke (Princeton, N J: Princeton University Press, 1999), xxi, 385.

通过使用贵金属铸币来表现对精英阶层的蔑视。城邦政府将精英阶层几近垄断的贵金属用来铸币，甚至供平民在妓院使用，通过使用贵金属并在上面压印来玷污、蔑视精英阶层分等级的礼物交换，同时，也宣告了自己的最高权威。

城邦使用硬币作为政府的支付手段，并要求百姓也用硬币支付，于是，渐渐把权威嵌入市集的零售业中。同时，市集及其所使用的硬币颠覆了礼物交换的层级，与把税款和日常支付交给城市地方官员的行为（严惩受贿官员的做法同样如此）一样，挑战了以往基于礼物交换及恩惠的“自然”法则。

如库克所说，硬币只不过是城市权威的代表，用任何金属铸造都可以。但贵族用一个人拥有的贵金属数量及质量来衡量其财富，所以城邦就要铸造高质量的、纯度不变的硬币。注意，黄金质量不随时间而改变，因而被称为金属贵族，就像国王一样，用来铸造硬币的金属也需要类似的性质。由于城邦的公民能通过高质量的、统一的硬币（在过去的文学文本中，城市会通过硬币的质量来检验公民的“勇气”）而获得平等的地位，同时，通过提供价值衡量标准，金属货币使劳动力具有可比性。在这种意义上，金属货币是一种平等主义的创举。

从那时开始，硬币中通常包含贵金属。罗马继承了这个传统，库克的研究也与圣·奥古斯丁（St. Augustine）的观点相一致。后者认为，罗马的贵金属硬币代表着皇权——冷酷地为皇帝服务，这就像可以将人类看作基督的硬币——充满崇敬地为基督服务。还要注意货币和地区的关系，关于这一点可以联系罗马时期进行讨论。在6.4节中，我们将探讨罗马从古至今的金属货币制度。

探讨框：圣·奥古斯丁在山上的布道

他（指上帝）说，“假装为善的人啊，为什么试探我。请给予我贡金”。这些钱币上刻印着头像和题字。“给我看看你们要支付什么，准备好了什么，被要求做什么。”因此，“他们给他看了一枚银币”。然后“他问这上面是谁的头像和题字”。他们回答说，“恺撒的”。于是，恺撒寻找着他自己的头像。凯撒不想看到自己下令制作的东西离他远去，上帝也一定不想看到自己制作的东西离自己远去。恺撒，我的兄弟，他并没有创造钱币。钱币是铸币的主人制造的，工匠们听从他的命令。恺撒向他的牧师们发出命令，他的头像被印在钱币上，因而钱币上有了凯撒的头像。恺撒要求了解其他人印了什么，他把钱币视若珍宝，由不得别人拒绝他。而基督的硬币是人类。在人的心中，有基督的图像、基督的名字、基督的礼物以及基督规定的义务。①

一个注释者也说：“‘把人比作硬币’也可能是犹太教士的暗指，当凯撒把他的头像印在一千个硬币上时，它们看起来都一样。但当上帝把他的图像放进一千个人心中，它们却截然不同。”

探讨框：常见问题解答

问题：金币不能减少伪造钱币的行为吗?

回答：毫无疑问，黄金相对难以获取，这就会促使人们对黄金

① 以上内容来自：“St. Augustine on the Sermon on the Mount，Harmony of the Gospels and Homilies on the Gospels：Nicene and Post－Nicene Fathers of the Christian Church，Part 6”（Sermon XL），http：//www. synaxis. org/cf/volume15/ECF00038. htm。

进行切割、称重，也会产生格雷欣法则（Gresham's Law）动态以及6.4节中讨论的情况，使用黄金的优势也因此被抵销。请注意，统治者自古以来就创造出很多防止伪造钱币的方法：严实包裹好的泥塑模板被放到“箱子”里，上面记录的主要信息复写在箱子上。若要得到所有内容，你必须打破箱子，而这种行为只有在最终结算那天才被允许。这可以防止模板被调包。还有一个更广为人知的例子是符木棒：人们在木棒上凿出凹口以记录货币单位的数量，然后将木棒一分为二，分别为“存量”和“存根”，债权人和债务人各拿一根。债权人拿的那一根可以作为支付方式流通，当最终有人把这根符木棒拿到债务人面前要求偿债时，“存量”和“存根”符木棒上的切口必须匹配。当然，我们在票务上仍然使用“存量”和“存根”，以匹配上面的数字。可见，防止伪造钱币有许多更好的办法。之后随着硬币压印技术的改进，要想伪造就更困难了——也不再需要贵金属了。

6.4 金属商品硬币？ 金属主义 VS 名目主义：在罗马之后[1]

从现代货币理论的角度看，“钱的问题”就只是“代币”或记录债务等。如果这个观点正确，那为什么要把记录压印在贵金属上呢？在创造硬币的前后几千年里，债务只是被记录在黏土上、木头上或纸上。那

---

① Ithank Chris Desan, David Fox, and other participants of a seminar at Cambridge University for the discussion I draw upon here. People might find this of interest: http://www.boston.com/bostonglobe/ideas/articles/2011/08/21/which_came_first_money_or_debt/.

么，后来为什么有这种转变呢？我们认为，古希腊的硬币起源只能放在当时社会的特定历史环境下去看。使用贵金属不是偶然，但是金属货币的起源也与商品货币观点并不一致。虽然使用贵金属很重要，甚至可以说很关键，但这么说是出于社会原因，与民主城邦的兴起紧密相关。我们现在就来探究一下从罗马时代到现代西方社会的金属货币制度。

罗马的硬币也含有贵金属，但罗马法律采用所谓的“名目主义”——硬币的名义价值由官方决定，而不是由硬币的金属含量决定（“金属主义”）。硬币体系井井有条，尽管硬币与硬币之间的贵金属含量变化很大，但当时并没有发生贬值或通货膨胀等大问题。

在罗马法中，一个人可以寄存一袋特定的硬币（放在小囊中），把这袋硬币取回来时必须证明与之前寄存时相同。但是如果一个人欠了一笔钱（不是特定的硬币），在还钱时债主必须接受任意组合的硬币，只要是“这个国家的钱”即可——法庭强制执行支付时则使用官方批准的硬币。

在近代早期，这种做法依然流行，个人出于安全考虑可以寄存一袋密封的硬币（之后可以要求返还一袋依然密封的同种硬币）或零钱（在这种情况下，返还时寄存者必须接受任何法定硬币）。因此，在通常情况下，“名目主义”更加流行，但在小囊中封存特定硬币的做法与“金属主义”却很相似。

在现实中，部分观点认为硬币是一种“动产”，持有者对其拥有财产利益。但一旦持有者的零钱与其他硬币混合，硬币就“没有特征”了——没有办法来确定硬币的具体所有权，索赔人只能要求以法定货币（用罗马语表示为 legalis moneta Angliae）赔偿——比如在英国，国王规定法定货币为“英镑”。当时没有统一的硬币（当时英国以货币记账，却甚至都没有发行英镑硬币)，人们用适当数量的、国王宣布的法定硬币来偿还债务（其中也可能包括外国硬币)，由国王来规定硬币的名义价值。

发行硬币的当权者可以自由改变各种硬币的金属含量。如果有人在支付中不接受统治者的硬币或其规定的硬币价值，他将面临严酷的惩罚(通常是死刑)。但还有一个悖论：国王在收到硬币时（通过费用、罚款和税收等）会进行称重，拒绝接受或以低价接受较轻的硬币。如果硬币真的是以名义价值估价的，为什么还要称重呢？为什么作为硬币发行者的国王似乎在采取双重标准（“金属主义”与“名目主义”）呢？

在私人流通中，卖家也更喜欢“重的”硬币——那些称起来更重，或有更高纯度的硬币（如有更高的贵金属含量)，因为他们不想用重量轻的硬币向国王交费。因此“格雷欣法则”（劣币驱逐良币的法则）就会起作用了：每个人都想支付“轻的”硬币，获得“重的”硬币，这样，大家自然会关心硬币的金属含量，也就会有人制造、出售相当精确(也很小）的秤，供人们私下称硬币的重量。对现代历史学家（和经济学家）来说，此时，“金属主义”占了上风：看起来硬币的价值是由金属含量决定的。

但在法庭裁决中我们看到，法律更偏爱“名目主义”：人们应该接受任何法定硬币。国王对拒绝接受法定货币的人执行长期监禁甚至死刑作为惩罚，这种判决通常“随国王的喜好心情”而决定——这真是个好说法！你可以想象国王无限期地控制那些拒绝硬币者时所感受到的“喜悦”。然而，所有这些都会让人百思不得其解到底要选择名义价值还是金属价值呢？

最后一个令人困惑的问题是：直到有人发明了现代铸币技术（包括

铣削和压印)，“切割”硬币才变得相对容易——切断硬币的边缘，也有人通过磨硬币获得金属颗粒。甚至正常磨损也会迅速减少硬币的金属含量，而黄金硬币的硬度尤其低，所以不适合做“有效的交换媒介”——这是质疑“金属主义”的另一个原因。

因此，国王要对硬币称重，检查是否有人切割过硬币。你可以想象，切割硬币的惩罚也是相当严重的——包括死刑——但很难抓到罪犯。如果国王不这么做，他就会成为格雷欣法则的受害人，每次他重新铸币时拥有的贵金属都会减少。但因为国王对硬币称重了，其他所有人也不得不尽量避免成为“格雷欣法则”的受害者（或被指控切割硬币）。

我们发现，使用贵金属铸造的硬币绝不是“有效的交换媒介”，反而在流通中形成了一种切割、称重的恶性循环。最终，只有纸币才能解决这个问题！但实际上，纸币也不够理想。也许有读者收到过旧纸币——我在意大利还没有使用欧元时也有过这样的经历——这是由于“格雷欣法则”的缘故。还好有电脑和发光二极管可以记录货币价值，这价值是无法切割、无法撕破、无法在洗衣机里被毁坏的。

有时国王会违背承诺，不再以之前同意的价值接受过去的借据，这会使情况变得更糟，因为这是“贬低”硬币币值的做法。直到近代，硬币上都没有压印数字以标示其名义价值——国王在“结算房”里说硬币的价值为多少，其价值就是多少。让我们来看一下早期的货币：上面印着神秘的数字或国王的画像，却没有其名义价值。为了有效地使税负加倍，国王可以宣布所有未支付硬币的价值减半。

这是统治者的特权，硬币持有者可能会面临名义价值不确定的问题。这也是他们只接受较重硬币的另一个原因——无论国王如何贬低硬币币值，硬币的底线价值都等于其所包含的金属的价值。但是在流通中，硬币的名义价值一般比统治者设定的价值要高，由于法庭的强制执行，也为了避免不接受硬币所带来的严酷惩罚，人们以统治者规定的价值使用货币。

这个故事还有其另一面。随着现代国家的兴起，出现了孪生的、相互关联的两种现象——重商主义和对外战争。在一个帝国或国家中，统治者的借据是足值的“代币”：只要在支付中统治者愿意接受它，国民或公民也会接受。“代币”可以是金属、纸张或电子记录。但在境外，可能就没人接受这些“代币”了。就某些方面而言，除非有一种大家普遍接受的“代币”（像今天的美元）；否则，国际贸易和国际支付更像是物物交换。

换一种说法，为什么法国会有人想要敌国（英国）的借据呢？因为在境外，英国的硬币只能以其金属含量的价值流通。就英国借据的底线价值而言，“金属主义”理论恰好适用：硬币的价值最坏也不会低于其所含金属的价值，因为硬币可以熔化，铸成金条。

这就将我们引到了重商主义和征服新世界的问题上。为什么一国会想出口产品？就为了获得金银，填满国王的国库吗？为什么大家要冲向“新世界”获得金银？因为，发动外战需要雇佣军军队，需要购买对外战场上将士所需的补给——这些都需要金银。英国没有能空投士兵和补给到法国的巨型飞机，相反，他们组成陆地雇佣军军队，在当地的装备店购买补给。这样，就形成了一个恶性循环：战争既通过金银实现，又以掠夺金银为目的。

在本国，这会引发金融市场混乱。统治者总是缺少金银，因此，有很强的动机进行货币贬值（为了获得金属以资助战争），同时，更愿接受重的货币。人们也有很强的动机拒绝接受轻的硬币，愿意储藏重的货币。或者，卖家可以设定两种价格——用重的硬币支付时价格较低；反之，则较高，但这种做法有遭受惩罚的风险。

后来，现代民族国家兴起，在金属货币上明确采用"名目主义"，并最终废除了长期实行的在硬币中铸入贵金属的做法，这样，才逐渐使混乱的局面变得平稳。我们终于得到了"有效的交换媒介"：电子记录的纯借据。贵金属硬币能记录借据，但并不完美，误导了很多历史学家和经济学家。

我必须承认，我还没能完全证明货币一定是借据而不是商品。要想有逻辑地论证货币不是贵金属商品，我们还需要更多基础论据。但是，6.3 节和6.4 节已经足以推翻金属货币是"商品货币"的观点。

探讨框：常见问题解答

问题：硬币贬值是会引起通货膨胀，还是会导致硬币囤积从而引发通货紧缩呢？

回答：如前文所述，"格雷欣法则"会引起一个动态过程：人们储存重的硬币，支付轻的硬币。没有人愿意储存任何贬值的硬币。在公共支付大厅（你在这里支付费用、罚款和税收），你会经历通货膨胀（在支付税收时上缴更多硬币），然而，"市场"价格的影响却不是一对一关联的。换句话说，虽然在公共支付大厅硬币贬值，但"市场"价格不一定会高涨。不过，这些历史研究也不是不容置疑的。我们仍然可以推测，那些贬值的硬币其价值可能会继续降低，以这些硬币支付时，可能会经历"市场"价格通货膨胀。在所有人都想抛出贬值硬币时，通货膨胀的速度就会增加。

不管怎样，过分关注硬币是有误导性的。硬币并没有那么重要，人们在缴税时大多使用符木棒（符木棒无法贬值，因为其名义价值被折成“存量”和“存根”了），在私人交易中使用汇票或直接借记贷记（比如酒吧的记录表），这些都是名义上的支付方式。

问题：金本位制不会避免通货膨胀吗?

回答：理论上来说，可以，如果你遵守金本位制的游戏规则，黄金的数量可以约束货币问题。但也有一些手段可以避开这些约束。你可以收回黄金（珠宝、传家宝等），可以增加在铸币厂购买黄金的价格，可以减少硬币的金属含量，可以使用由黄金支持的榛木符木棒、酒吧标签和纸币。当以上这些都做完了，你会发现，如米尔顿·弗里德曼所说，虽然看起来金本位制在理论上有助于避免通货膨胀，但在实践中政府却“欺骗”了百姓。因此，他实际上支持浮动汇率制，但要有货币增长规则。

但是请注意，严格的金本位制可以起作用是因为其约束了政府支出，这是一种财政约束。政府必须持有黄金才能支出，除非发现新的黄金；否则，政府的支出很大程度上受税收收到的黄金数量约束。这并不是货币约束——不像央行控制货币供给那样，而更像一个平衡预算修正案。

6.5 汇率制度和主权违约

在本节中我们将讨论三个特殊情况：实行钉住汇率但有很大政策空间的国家；实行钉住汇率但对主权债务违约的国家；实行浮动汇率但有

政府债务问题的国家。

我们先来说说中国实行的松散挂钩汇率政策，这是一种管理严格的汇率制度。当然，中国让人民币以其想要的速度逐渐升值，于是，就有人控诉这是种“货币操纵”行为，其中，美国官方的声音最大。表面上是因为美国认为中国维持的汇率太低，在出口上有优势。这种控诉是不合理的，原因有两点：

第一，即使人民币大幅升值，美国对中国的经常账户逆差也不会有多大改变。相比美国，中国现在的工资非常低，而且出口的大多是低附加值产品，在中国进行的往往是劳动密集型的中间装配阶段。如果人民币大幅升值，导致大量失业，中间装配阶段也只会在亚洲的其他地方进行，总之不会是美国。

第二，汇率应该浮动的观点似乎并没有说服力。想一想，美国和其他发达国家也是20世纪70年代才开始实行浮动汇率制的。当然，这样的政策不符合发达国家的利益，但它们一定要让发展中国家现在就放开汇率也是不合理的。

汇率政策与利率、财政政策一样，都应该由国内政策制定者决定。经济入门类书籍很清楚地说过，浮动汇率通常符合国家利益，因为它可以提供更多政策空间。但世界上的很多国家，尤其是发展中国家，会采用钉住汇率政策，它们认为这样才符合本国利益。现在还处于发展中国家阶段的中国就认为，谨慎地管理本国汇率更符合国家利益。

但是，鉴于前文所述，钉住汇率会缩小政策空间，且更易出现投机行为，具有内在风险性。那么问题来了：为什么中国实行钉住（周期性调整）汇率制也能表现得这么好呢？答案很简单：因为中国持有上万亿美元外汇储备！没有人会质疑中国钉住汇率的能力。所以，钉住汇率会缩小政策空间是有例外情况的。中国巨大的外汇储备使其在钉住汇率的同时拥有很大的国内政策空间，由于中国仍有能力实现经常账户顺差（虽然有一天局面可能会逆转），这种情况在可预见的将来还会继续。

中国的高速发展与转型是史无前例的，它很快就会成为世界上最大的经济体，其人均 GDP 可能会显著增长，并最终步入世界富裕国家的行列。随着生产能力和工资水平的增加，中国对出口的依赖会越来越小，最终，可能会出现经常账户逆差，外汇储备流出。到那时，中国就可能会选择浮动汇率制，以保持国内政策空间，人民币也很有可能代替美元成为国际储备货币——这是未来几十年内可能发生的事情。

我们再来举个例子，俄罗斯。当然，俄罗斯曾是苏联的一部分，在过去就比较发达富裕了。但是 USSR（苏维埃社会主义共和国联盟）的解体导致了很多经济政治问题，在此，我们不对此问题做深入讨论。1998 年，俄罗斯拖欠政府债务，震惊金融市场。许多人认为，俄罗斯的这种行为与现代货币理论中主权政府债务不存在拖欠风险的观点不符。很明显，俄罗斯的负债是以政府发行的卢布为单位的。这有什么问题呢？问题的关键在于：卢布与美元挂钩。

曾作为对冲基金经理的沃伦·莫斯勒对俄罗斯政府的这次惨败有直接感受，他对主权债务有一些自己的看法，下面是他的观点：

> 1998 年 8 月，俄罗斯央行卢布对美元的汇率为 6.45∶1。想要保持现有固定汇率政策的俄罗斯政府不愿用美元外汇储备支付债务，因为即便汇率很高，卢布持有者对在央行换取美元的渴望依然强烈。俄罗斯政府的美元储备减少，却无法从国际市场得到补充，在 8 月中旬，央行只好暂停货币兑换，使卢布汇率浮动。在整个过

> 程中，俄罗斯政府其实有能力用卢布支付债务，但由于其选择了高于市场水平的固定汇率，最终在8月中旬，政府已经不愿意用卢布支付了。实际上，在卢布汇率浮动之后，政府本可以不动用外汇储备，但俄罗斯政府，包括财政部和央行，由于国际、国内原因，还是不愿意用卢布支付。虽然政府一直有还债的能力，只要在央行用卢布贷记适当的账户就可以了，但政府还是选择了拖欠债务。①

对于俄罗斯为什么这样选择还需要进行更多讨论，但有一个事实不容置疑：俄罗斯有能力履行其名义上的卢布义务，却不愿意支付，而是选择拖欠债务。这是能做的“最佳”决定了，因为这是个政治决策。我们绝不能忽略政治。

另一个相似的案例是2011年美国国会关于联邦政府债务限额的讨论。确实，国会本不应该提高债务限额，至少在经济上没有理由这样做，但政治家们的决策可能会导致疯狂的后果，最终，政府很可能会违背承诺。

我们可以从俄罗斯的案例中总结出导致政府拖欠货币债务的两个因素：钉住汇率制和违约的政治决策（即使是在汇率浮动之后）。

最后，我们看一下2012年匈牙利的案例。匈牙利福林是浮动货币，政府是货币发行者，不需要承诺以福林兑换黄金或外币，因此，匈牙利政府理应拥有最大的国内政策空间，可以很好地实现其公共目的（详见第7章中关于公共目的的讨论）。只要敲敲键盘，政府就可以购买任何以福林计价的商品。政府也不用“借入”自己的货币——虽然它有可

---

① 原文详见：http：//www. epicoalition. org/docs/flawed_ logic. htm。

能会发行国债，作为实现隔夜利率目标的一部分。但事实上，匈牙利政府很快就陷入了严重的债务危机。为什么会这样呢？

比尔·米切尔（Bill Mitchell）解释了这个问题。[①] 由于受到全球金融危机的沉重打击，匈牙利经济快速下滑，转为负增长，经济陷入严重衰退状态。你可以想象，由于税收暴跌、社会需求激增，政府财政受到了沉重打击。但为了加入 EMU，匈牙利一直试图实现《马斯特里赫特条约》的需求，该条约设定了财政赤字和负债比的范围。因此，匈牙利政府并没有试图以财政政策来解决危机，而是放任经济萧条。该国浮动货币贬值，央行则通过提高利率（试图以此减少外国人购买以匈牙利福林计价的资产）来解决贬值问题。

货币贬值加上利率增加使匈牙利的债务人深受打击。实际上，很多债务人以外币签发了借据，但他们的工资是以匈牙利福林为单位的。随着匈牙利福林贬值，偿还外币欠款的压力增加（还债需要更多的匈牙利福林）。即使他们的债务以匈牙利福林为单位，本国利率增长也会加大偿债压力。所以，无论是以外币还是以本币借款，债务人成为危机中首当其冲的受害者。

但还有一个现实问题：政府也以外币借过款，虽然只占其巨额债务的一半。要想偿还以外币为单位的政府债务和私人债务就必须拥有更多外币，这只能通过出口、向外国人借入外币或用更多匈牙利福林兑换外币来实现。这些负债还有违约的风险，因为匈牙利政府不可能通过敲键盘的方式得到外币。市场会担心匈牙利偿还债务的能力，所以，利率会进一步增长，信用等级评价机构进而会下调匈牙利债务评级，使利率进

① 详见：Bilbo. economicoutlook. net/blog? p = 17645。

一步增长，还本付息需要支付更多钱，这又会使评级降低，如此，就形成了恶性循环。

比尔·米切尔总结道：随着匈牙利货币价值不断浮动，在这里生活会变得非常困难。由于国内收入下降，私营部门苦苦偿还着外币债务，其真实的生存状况会显著恶化。由于经济放缓，本币贬值，经济无力支撑出口增长（欧洲其他国家的出口增速也在放缓），对国家的外币债务需要进行大规模重新评估，于是，政府不得不拖欠债务。这种形势非常严峻，债券市场会对增加的违约风险做出反应。匈牙利的例子与现代货币理论的观点一致，我们得到的教训是：在主权国家，浮动汇率和预算赤字从不意味着偿付风险。政府总是可以"买得起"以本币计价的商品，因为它可以一直通过贷记银行账户来支付，且不受"市场规则"的约束。

这三个例子说明了钉住汇率的问题（除非国家能够累积庞大的外汇储备），即出于政治原因拖欠政府债务所引起的问题（这些问题可能很少，却代价高昂）和真实存在的拖欠外币债务的风险。如果一国政府没有承诺以固定汇率兑换货币，同时不发行外币债券，那情况就会好得多。

下面，让我们谈谈欧元。欧元的出现这也许是过去几世纪中人类不以主权货币运行经济的最大尝试。

6.6 欧元：非主权货币的建立

让我们回到固定汇率货币与浮动汇率货币的问题。上文中我们认为，浮动汇率提供了最大的国内政策空间，而固定汇率通常会降低这一空间——除非像中国一样持有充足的外汇储备，以使人们确信其可以稳定地钉住汇率。固定汇率有多种方式，最极端的就是简单地以别国货币作为本国货币。现在已经有几个国家采用美元为本国货币，或创造自己的货币，1∶1 兑换美元。这些例子都与我们通常所观察到的“一个国家，一种货币”不同。

然而，还有一个更引人注目的例外：EMU 的建立——欧洲国家放弃本国货币，采用欧元。在本节中，我们将讨论这个例子。需要注意的是，现在 EMU 正面临危机，我们也无法确定它是否能绝处逢生——在本书出版之前，危机可能已经得到了解决，也可能希腊已被迫退出 EMU。如果出现这二种情况，EMU 可能会彻底瓦解——因为市场可能会不断放弃最弱的成员。现在很难说哪种情况更容易出现（参见下文有关“游戏终局”的讨论）。

本节中我们将关注非主权货币的建立出现了什么问题——现代货币理论一直认为这是一个“注定失败”的系统。长期以来，这一立场一直被忽略，甚至被嘲笑，而现在，很多评论家都承认这一系统的设计确实存在缺陷。

6.6.1 欧元

到目前为止，本书分析的主要是“一个国家，一种货币”的典型情况（部分小节除外）。在 EMU 发展起来之前，多国共享一种货币的例子并不多见。它们通常仅限于个案，如意大利的梵蒂冈（梵蒂冈虽然在名义上独立，但它位于罗马，并使用意大利里拉），或之前的殖民地与受保护国。然而，欧洲进行了一次伟大的实验，那些加入 EMU 的国家放弃了本国货币，转而使用欧元。货币政策由欧洲央行设计——这意味着在 EMU 内部，银行同业隔夜利率相同。各国央行不再独立设定汇率，它们更像美国的地区联邦储备银行，基本上是设定利率的美国联邦储备委员会的附属部门（利率在华盛顿的联邦公开市场委员会的会议上确定）。

但有一点不同的是，各国央行仍为银行之间及银行与本国政府之间提供清算服务，这意味着，它们必然将推动国内财政政策的制定。虽然整个 EMU 的货币政策由欧洲央行统一制定，财政政策却仍掌握在各国政府手中。因此，在很大程度上分离了财政政策与货币。我们可以认为，EMU 的成员国是货币的“使用者”而非“发行者”，它们用欧元征税、支付，发行欧元债券时，看起来更像是用美元征税、支出、借贷的美国各州（或者说加拿大的各省）。

6.6.2 与美国各州的对比

美国要求各州提交平衡预算案（宪法要求 48 个州这样做，但这并不意味着财政年度结束时，它们一定会实现预算平衡——收入可能比预计的收入低，支出也可能比预计的支出高）。美国各州仍可以借钱——比如当州政府资助长期的公共基础设施建设时，它会发行美元债券，然后再用税收偿还这些债务。每年，各州政府把偿还债务作为其支出计划的一部分，力图确保总收入能涵盖所有经常性支出，包括偿还债务的支出。从技术上讲，宪法要求的经常账户平衡包括债务利息在内。

如果最终州政府预算产生了赤字，信用评级机构可能会下调其债务评级——意味着利率将会上升。这将导致一种恶性循环：加息会增加债务成本，从而使赤字扩大，评级继续下调。于是，债务违约有了现实的可能性——在美国就有这样的例子，州政府和地方政府要么接近违约，要么实际上被迫违约（奥兰治县是美国最富有的县之一，但也拖欠过债务）。另外，经济衰退，如始于 2007 年的经济危机，会使许多州政府和地方政府遭遇债务问题，引发信用降级，最终，会迫使各州政府和各地方政府削减支出和（或）提高税收。

为了降低 EMU 中的国家出现这种债务问题的可能性，每一个成员国都同意对预算赤字和债务问题的限制，即各国政府预算赤字不得超过 GDP 的 3%，累积的政府债务不得超过 GDP 的 60%。但在现实中，几乎所有成员国都屡次违反过这些标准。

6.6.3 EMU 成员国是货币“使用者”而非“发行者”

对于已采用欧元的国家，其货币不是本书所讲的“独立的”货币。看起来，这些国家似乎采用了一种外币——这类似于一个国家通过基于美元的货币局制度实现了美元化。但情况也没有那么极端，因为欧盟的形成已经确保了当有成员国陷入财务困境时，其他各成员国愿意对其施以援手（这一点在 2008 年全球金融危机首先波及欧元区时就可以证明）。

此外，有能力充当“最后贷款人”的欧洲央行为欧盟各国提供了灵活性。当一个国家——比如阿根廷——采用基于外币的货币局制度时，谁也无法确保（也许根本没人会期待）该货币的发行者（比如美国）会在危难时雪中送炭。尽管看起来《马斯特里赫特条约》为经济陷入困境的国家获得援助设置了极大障碍，但各国还是期望在紧急情况下，会有其他国家愿意提供财政援助。

现代货币理论的学者早就预言，欧元区的结构不足以应对金融危机。果然，在全球经济危机的余波中，爱尔兰、希腊（后来是塞浦路斯）相继面临经济崩溃，所有问题一下子凸显出来。2011 年和 2014 年，多亏欧盟其他成员国和欧洲央行的援助，希腊的国债市场才没有崩溃。2015 年春季，由于人们还没有找到永久的方案来解决非主权货币所引起的问题，危机继续在整个欧元区蔓延。接下来，我们将回顾这场危机的细节。

探讨框：常见问题解答

问题：像希腊这样使用欧元的国家可以在本国发放净金融资产吗？

回答：我们先忽略政府和外资部门。在国内的私营部门，许多经济单位给其他经济单位签发借据，作为自己的资产。显然，每一笔债务都有对应的资产，它们的净值为零。现在，我们加入政府部门，政府对国内私营部门具有债权，同时，也向自己发出索赔要求。私营部门向政府提供其借据，履行对政府的义务（“借据”即为货币的广义定义，但实际上税费最终是动用储备支付的——由在央行具有账户的银行进行交易）。如前文所述，政府赤字开支会导致净负债，因此，私营部门将拥有政府债权形式的净金融资产，而这些资产实际上是央行的银行准备金。于是，政府就可以出售利息更高的美国国债供人们选择，人们如果想购买，就必须借记储备账户。问题是，这些储备或国债对国内私营部门来说是否是净金融资产呢？答案是肯定的。

现在，我们再加入外资部门进行分析。假定一国政府实行相当于钉住汇率的制度——要么让本币1∶1兑换某一外币，要么直接使用外币，比如欧元。该国央行在发行货币的央行（如欧洲央行）开立准备金账户，累积外国（EMU其他国家）央行（的金融资产）的债权，外国人同时也累积该国的债权（金融负债）。该国使用欧洲央行的储备进行清算（欧洲央行借记该国储备，贷记拥有该国债权的别国银行的储备)。当需要结算短期储备时，该国就必须向在欧洲央行拥有账户的其他银行，或直接向欧洲央行借钱。

当希腊国内私营部门以及政府部门采购国外商品、服务和资产时，外国央行将累积对希腊央行的债权。同时，外国人购买希腊的商品、服务和资产时，希腊央行也将累积对外国央行的债权。如果希腊的经常账户赤字，希腊就拥有净负债——净负债代表由外国人持有的希腊的净金融资产，从技术上讲，如果加入官方交易，经常项目逆差会与资本账户盈余相抵销。该净金融资产包括对希腊私营部门与政府的债权。只要外国人愿意累积对希腊（私人和政府债务人）的债权，欧洲央行愿意把准备金借给希腊央行，一切就都会风平浪静地继续下去。但是，希腊遭受了“市场的反复无常”——为了继续借钱给希腊，“市场”可能需要更高的利率，这正是希腊债务被降级至CC时发生的状况（CC是非常危险的“垃圾”等级)。

6.7 欧元危机

随着2008年全球金融危机爆发，许多“外围”国家（特别PIIGS）遭遇了严重的债务问题和信用降级。市场推动这些国家的利率增加，使问题更加复杂：政府债务利率持续上升，最终高于GDP增长率，这导致债务比率上升。EMU被迫进行干预，欧洲央行采取贷款的方式帮助这些国家（甚至还有国际货币基金组织提供的贷款)。美联储也借给欧洲央行数万亿美元，欧洲央行再把这些钱借给各国银行。面临债务问题的国家被迫采取紧缩方案——削减开支、裁减政府雇员、强制减薪、提高税费等。

一些几乎没有债务问题的国家，如德国（还有芬兰和荷兰），开始指责希腊这样“挥霍”的邻居，说它们实行了不负责任的财政政策。当市场有效预测弱国政府会债务违约时，信贷价差（即由德国政府支付的债务利率与由弱国支付的债务利率的差额。“信用违约掉期”是一种规避违约风险的方式，其流行程度是预测违约的一个很好的指标）就会飙升。

从实际情况来看，我们要明白，与历史上的一些国家相比，欧洲国家的财政赤字或债务比率实际上并没有高得无法容忍（如图6.1和图6.2所示）。事实上，当时日本的赤字和债务比率比欧洲各国高得多，而美国的比例也与一些面临债务危机的欧洲国家相似。然而，在那些自己发行本国浮动汇率货币的国家，市场反应不像欧洲那样强烈——政府债务利率没有被迫上升（甚至在信用评级机构偶尔下调其债务等级时也没有，比如之前对日本降级时和扬言要对美国降级时）。实际上，在这场危机之前，欧洲各国的债务比率要比那些自主发行货币的国家低。

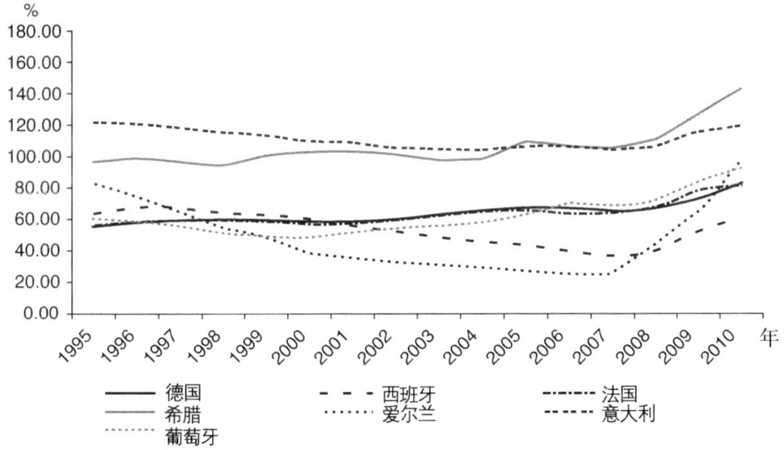

图6.1　1995～2010年政府债务占GDP比重

资料来源：欧洲央行

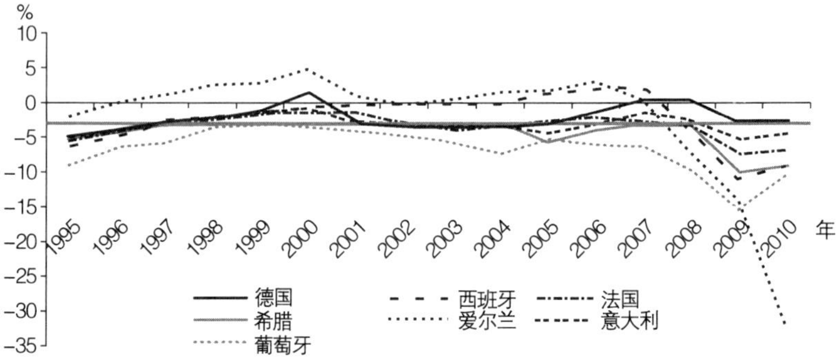

图 6.2　1995～2010 年政府总赤字

资料来源：欧洲央行

那么希腊与日本之间究竟有什么不同呢？为什么日本的负债比率高于希腊，市场却对日本和希腊差别对待呢？

正如前文所述，我们必须要明白，当希腊加入欧元区时，放弃了本国的主权货币，采用了本质上是一种外币的欧元。当日本偿还债务时，他只需敲击键盘，在资产负债表上留下记录就可以了。日本永远不可能用完“按键”——只要有需要，它创建多少日元条目都可以，所以日本永远不可能被迫违约，拖欠债务。一个拥有主权货币的政府始终“支付得起”到期的款项，这确实需要财政部和央行之间的合作，以确保银行账户获得利息，还需要民选代表支持利息支出预算。但是，市场愿意推测主权政府会在债务到期时履行其义务。

但对于 EMU 的成员国来说，情况就大不相同了。首先，欧洲央行对成员国来说有更大的独立性，这不同于隶属于美国政府的美联储。美联储是“国会的产物”，对国会负责；欧洲央行在形式上独立于任何国家的政府。美联储的操作程序可以保证它与美国财政部密切合作，让政府支出国会批准的所有款项（至少可以达到国会规定的债务上限）。为了提供成员银行所需要的储备，美联储通常会购买美国国债；但是，欧洲央行却被禁止向成员国政府提供资金，只能在二级市场上购买债券，以增加稳定性，而且，欧洲央行也不能直接对成员国政府或其银行施以援助。令人惊讶的是，截至 2012 年 1 月中旬，欧洲央行的资产负债超过 5 万亿美元——几乎是美联储的两倍，尽管美联储在保护金融系统方面并没有如此严格的约束。

但从 EMU 的角度来看，财政政策与货币发行分离并不是缺陷，而是一个设计特色——分离的目的是确保没有成员国可以操纵欧洲央行，使其敲敲键盘就可以得到资助。不然，这些国家的预算赤字情况可能会肆无忌惮地出现。EMU 相信，如果迫使成员国到市场上去寻求资金，市场规则会使预算赤字保持在合理范围内。如果政府想借入的资金过多，利率就会上升，这会迫使政府削减支出、提高税收。因此，放弃货币主权理应有利于遏制某些国家的无度挥霍。

最终是什么“压垮了骆驼”呢？简单来说，固定汇率、部门的恒等式，以及一点数据造假（据报道，希腊隐瞒了其政府债务的真实数量）和全球性的金融危机最终导致了这次可怕的政府债务危机。其在 EMU 的周边国家中迅速蔓延，甚至威胁整个联盟。

由于每个国家都采用欧元，所以，EMU 成员国的汇率都是固定的。在全球金融危机爆发的前十年，一些国家（如希腊、意大利）没有很好地抑制住通胀（特别是工资），它们发现自己在欧洲范围内越来越没有竞争力，出现了长期的贸易赤字，尤其是在与德国进行贸易时。从宏观会计学中可以知道，经常账户赤字必定等于政府预算赤字和（或）国内私营部门赤字。因此，德国可能会（也理所当然会）指出希腊政府和私营部门的“挥霍”支出，希腊可能会（也理所当然会）指责德国依赖贸易顺差的“重商主义”贸易政策。德国之所以能保持较低的预算赤字和较高的私营部门储蓄，是依靠对邻国的出口来保持本国经济增长。但反过来，这意味着德国的邻国积累了大量债务——公共部门和私营部门都有——最终，市场会做出反应，降低这些国家的信贷评级。

图6.3反映了欧元区整体的三种金融平衡。

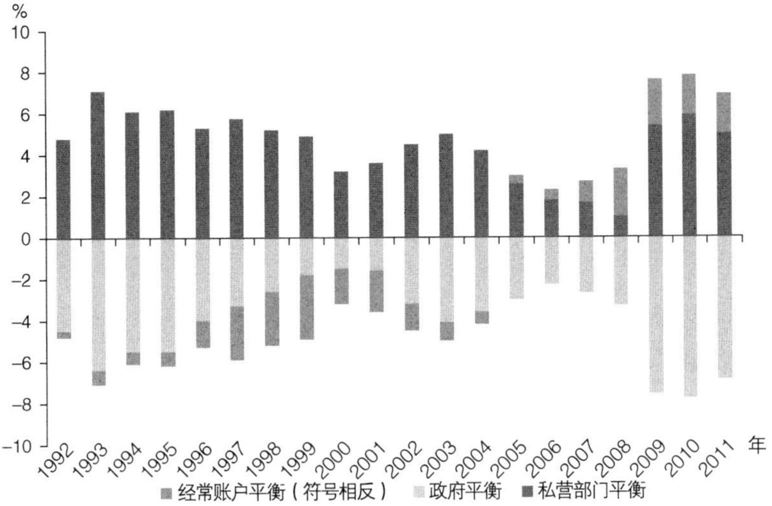

图6.3　各部门平衡占GDP比重（欧元区）

我们很容易看到周期性波动。但同样明显的是，作为一个整体，欧元区本质上实现了贸易平衡，其政府赤字等于私人部门盈余。然而，这种情况在成员国之间差异巨大。图6.4是法国的数据。法国一直保持着小额的经常账户赤字，但自经济危机爆发以来，却开始有大量的私人部门盈余，这就意味着法国出现了巨额的预算赤字。

图6.5为西班牙的数据。在全球金融危机以前，西班牙的私人部门赤字数额惊人，这意味着，政府拥有大量的私人债务，这有点像美国克林顿执政时期出现的“金发姑娘”时期。西班牙政府实现了一些盈余，

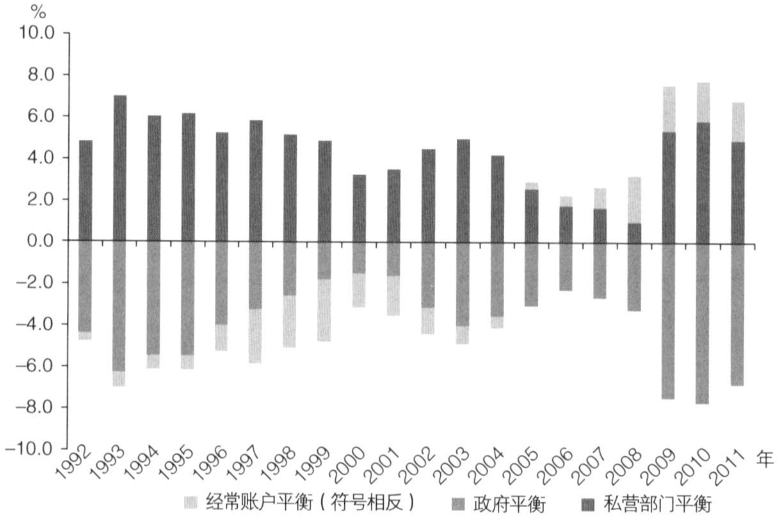

图 6.4　各部门平衡占 GDP 比重（法国）

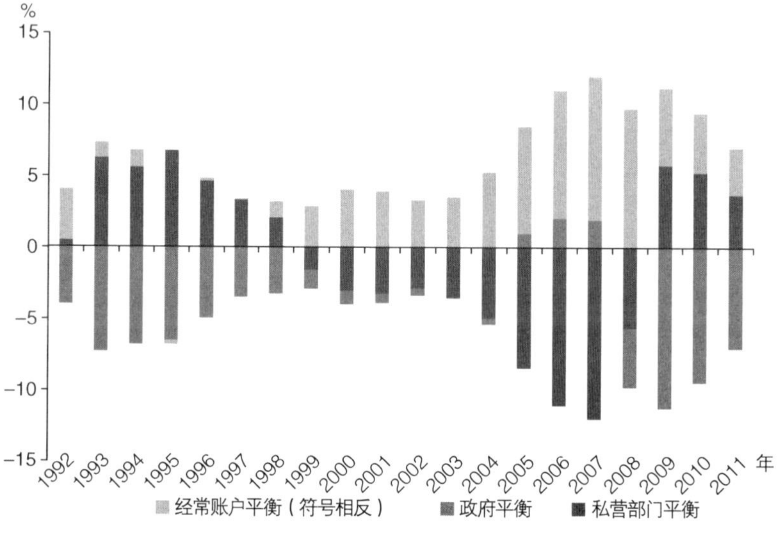

图 6.5　各部门平衡占 GDP 比重（西班牙）

但其经常账户却有巨额赤字。随着危机爆发，一切都被改变了——私营部门开始实现盈余，经常账户赤字减少，政府赤字激增。

最后让我们看一下意大利，如图6.6所示。意大利是以世界上最大的政府负债国之一而闻名（臭名昭著），另一个就是日本。

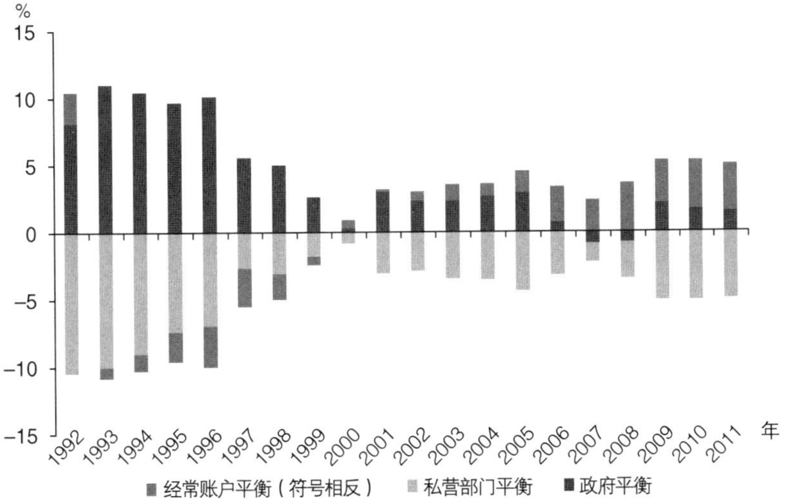

图6.6　各部门平衡占GDP比重（意大利）

需要注意的是，意大利的赤字波动要小得多，实际上，自从欧洲货币统一后（采用欧元），政府赤字就一直并不太大——在经济危机爆发前远低于GDP的5%。货币统一后，意大利的私营部门收支差额很小，但总体为正（2007年和2008年除外），政府出现了小额的经常账户赤字。然而，随着欧元区经济危机爆发，意大利成了最严重的受灾区之一——是专享“欧猪五国”称号的成员国之一，成员国中还包括审慎财政的“典范”——西班牙。

不幸的是，这些政府进行了“创造性的”会计记录，即隐瞒债务，这导致东窗事发后，各国之间的相互指责更加严重。全球金融危机爆发后，市场投机者马上把资金转向了最安全的国债（美国国债，在欧洲则是德国和法国国债），这也引起了很多问题。房地产泡沫破裂波及了金融市场和负债家庭；欧洲范围内的银行问题通过救助计划增加了政府债务（爱尔兰政府的债务问题就是由对陷入困境的金融机构的救助引起的）；经济增长放缓使政府税收减少，转移支付增加。

为了避免债务违约，欧洲央行不得不放弃之前已下定的决心，着手安排救助计划。官方开始认识到，将一个国家与其货币完全分离（即将财政政策从主权货币中分离出来）并不是一个好主意。甚至是现代货币理论的批评家——比如保罗·克鲁格曼（Paul Krugman）——也逐渐认识到，现代货币理论一直有其合理的地方：发行本国主权货币的政府不会被迫拖欠债务，使用外币的政府违约风险却很大。

大多数所谓的“欧猪五国”只在全球金融危机后陷入了严重的困境——一方面，是因为税收收入下降，而财政需求增加；另一方面，是因为它们中的一些国家试图拯救本国金融机构。经济危机将私营部门债务的危险程度暴露无遗，于是，金融机构缩减开支，储户试图拥有最安全的资产，消费者胆战心惊地减少消费，结果可想而知——企业由于销售低迷不得不进行裁员，税收收入锐减，部分政府社会项目（如失业补偿）的开支增长。换句话说，这和在美国出现的情况大同小异——金融危机造成了经济衰退。所有这些都导致政府债务快速增长，各国间利差（陷入困境的“欧猪五国”和实力较强的经济体，如德国、荷兰、法国等之间的利差）迅速扩大。于是，恶性的利率动态变化开始了——更多债务意味着更高的违约风险，这使利率上升，利息支出增加，最终导致债务增长得越来越快。

欧洲各国政府也试图尝试过遵循 SGP（“稳定与增长公约”）的限制（赤字占 GDP 的 3% 以下，债务占 GDP 的 60% 以下）——这注定会失败，因为预算赤字具有内生性——在全球金融危机中，欧洲各国无法自保，只可能导致全球性的或至少是欧洲大陆的经济萧条。

政府预算平衡的波动需要与投资的波动一样大（或者更宽泛地说，是私营部门资产负债的波动）相同，这样才可以用财政政策来抵销商业周期。政府预算可以作为一种工具，来创建相对稳定的系统，支持高就业率。而欧洲人却没有这样做，他们实现了低赤字的政策目标，却没有考虑到这会给经济带来什么样的后果。即使没有稳定与增长公约，EMU的政府支出也被市场的风险观念所制约着——因为这些国家没有像美国、英国或日本一样的主权货币体系。

换句话说，EMU的制度安排还没有达到可以处理全球金融危机的水平。但可以肯定的是，美国在处理金融危机时也没有表现得多好——这几乎完全是由糟糕的政策所导致的。在欧元区，即使有最好的政策，一国也无法独自解决它们面临的种种问题。它们需要一个全欧洲范围的中央财政部，支出必要规模的资金。然而事实上，欧洲各国依赖欧洲央行的指令紧缩财政，最终使欧元区的情况比美国更糟糕。截至2015年中期，整个欧洲都几乎停滞不前，金融部门也由于希腊问题而危在旦夕。只有时间才能告诉我们这场危机将如何收场，我们只能先来讨论一下可能的解决方案。

探讨框：常见问题解答

问题：德国遏制通货膨胀不是更负责任的表现吗？我们难道不应该指责纵容通胀的“欧猪五国”吗？

回答：众所周知，德国一直在控制着工资上限，而几乎所有其他的欧元区国家都允许工资上涨——这使许多其他国家的劳动力与德国劳动力相比完全没有竞争力。我们应该将矛头指向哪里？是德国还是希腊？德国选择了“竞相杀价”的策略，如果其他国家也采取相同策略，最终，各国的工资都会趋于零——这的确使劳动力足够有竞争力了，但却会使欧元区的生活水平整体下降，极端情况下甚至可能降到最低水平。如果“欧猪五国”的工资没有“过度”增长，财政没有入不敷出，德国也就不可能成为一个净出口国。俗话说“孤掌难鸣”，欧元区内部各国的关系是不正常的，我们不应该只指责债务国。

6.8 欧元迎来终局了吗

自全球金融危机以来，EMU 经历了一系列的危机，也推出了许多援助计划来拯救大型金融机构和成员国政府。中间派政府面临着极右派和左派的双重挑战。最近，希腊的反紧缩政党已经上台，西班牙也很有可能做出同样的选择。这些民粹主义政党承诺将进行减免债务的谈判，并结束三巨头（欧盟、欧洲央行及国际货币基金组织）强加的紧缩政策。然而，理性并不一定会占据上风。中欧国家，尤其是德国认为，问题在于边缘国家的个体行为，而不在于欧元本身。

这不仅是希腊、爱尔兰、葡萄牙或西班牙的问题，而且是整个 EMU 的问题，紧急的救援计划只能治标却不能治本。

即使成员国没有忙着指责邻国的挥霍无度，相互争吵不休，目前的政策安排也无法有效地应对危机。当市场决定攻击一个成员国时，很快就会发现自己陷入了恶性的债务陷阱，利率上升会使预算蒙受巨大损失。其他成员国最多可以把债务打包，以稍微优厚的条件放贷。但债台高筑的成员国所需要的不是更多的债务，而是减免债务和经济增长。为了获得贷款而采取的紧缩政策，只会使经济负增长，增加预算赤字，导致更多孤注一掷的借贷。

无论使用以上哪种方式，债务国都会陷入债务陷阱：如果从市场借入资金，利率就会上升；如果从 EMU（或国际货币基金组织）借入资金，就要以采取紧缩政策作为交换，导致经济增长下降，税收收入锐减。

对于陷入困境的国家来说，还有一种解决方案，即离开 EMU，重新由政府发行主权货币——希腊的德拉克马、意大利的里拉等。这种方案将是破坏性的，具有短期成本，但好处是可以创造更多的国内财政和政策空间以应对危机。离开 EMU 的国家可能会拖欠以欧元计价的债务，并因此遭到欧盟的报复。

然而，一些人更倾向于建议使用“日耳曼语和拉丁语”双货币制度——将欧元区分为两部分，北部的日耳曼语国家使用一种货币（如欧元—T)，南部的拉丁语国家使用另一种货币（如欧元—L，假定其交换价值更低)。这样只会将一国（比如希腊)，与一种货币相连。尽管这种货币相对于现在的欧元来说价值较低，但它不会有更多的财政和货币政策空间。为了恢复最大的国内政策空间，各国最好都使用自己的浮动汇率货币。

如果不选择分裂，那么唯一的解决方法就是重新规划 EMU。许多批评家早就指责过欧洲央行增长乏力，在外围国家尤其如此。该观点认为，欧洲央行维持的利率过高，导致充分就业难以实现。然而，这种说法是不正确的——不是因为降低利率不可取，而是因为即使有运行得最好的央行，设置方面的真正问题仍在于对财政政策的约束。

几年前有一篇文章论证了欧洲央行的政策与美联储相比并没有明显的收紧，但美国的经济表现却在持续改善。[①] 两者所不同的是财政政策。华盛顿时期的预算保持在 GDP 的 20% 以上，而且经常会出现占 GDP 百分之几的预算赤字。相比之下，欧盟议会的预算不到 GDP 的 1% 。个别国家试图通过本国政策填补赤字缺口，这导致了欧债危机中的种种问题。

问题是，由于赤字和债务增加，市场做出反应，提高了利率——EMU 的成员国不像美国、日本或英国等主权国家一样自己发行货币，它们只是外币的使用者。长期以来，现代货币理论一直认为，欧洲货币联盟的成员国更像美国的一个州。当市场迫使各州实现预算平衡时，华盛顿用财政转移支付的方式减轻了各州的压力，这在一定程度上避免了美国遭遇严重问题。因此，EMU 成员国的赤字大部分用于支付利息，而美国各州的赤字则流入国债的境外持有者手中（即负债各州境外的债券持有者），前者可能难以对经济实现有效的刺激。

一旦我们了解了 EMU 的弱点，就不难找出解决方案了，包括增加欧盟议会的财政政策空间——比如，将预算增加到国内生产总值的 15% ，使各国有能力发行债券。是否应集中做出支出决策是一个政治问题——资金可以简单地按照人均标准转移到各个国家。

事实上，欧洲央行也可以采取类似的措施：改变规则，使欧洲央行可以购买 EMU 成员国发行的政府债券，比如说，最多可以购买相当于欧元区 GDP 60% 的数额。买家可以设定利率，最好不小于欧洲央行的隔夜利率目标，然后，根据各成员国的国内生产总值进行分配，或者按

① http：//www. levyinstitute. org/pubs/wp_ 431. pdf.

人均分配。

我们还可以设想一下其他可能性，比如说创建欧元区的资金机构，发行债券来购买各国的政府债券，但这必须要依托欧洲央行或欧盟的支持，这样才能保持低利率，挣脱“市场规则”的约束，避免利率飙升引发的恶性循环。随着贷款以某种方式（如人均值等）在各成员国之间流行，每个成员国都应该得到相同的利率。

所有这些都是技术上简单、经济上也合理的方案，但却有政治上的困难。欧盟等待的时间越长，这些方案就越难以实施。经济危机只会增加分裂势力，最终导致解体，引起各成员国之间的敌意。反过来阻碍了真正的解决办法被施行，也使“大萧条 2.0”——经济低迷加上费雪的债务—通货紧缩理论——比以往任何时候都更有可能发生。

那么，欧元区能通过改革起死回生吗?

现在我们还无法预测 EMU 可能会采取何种方法进行改革。有两个比较为人所认同的解决方案：第一个方案是实现财政统一，以配合货币统一；第二个方案是欧洲央行直接购买成员国的政府债券。作为欧元的发行者，欧洲央行随时“买得起”政府债券，只需在资产负债表上记录一个有利于成员国央行的条目就可以了。

这两个解决方案中的任意一种在本质上都是将财政政策与货币重新统一在一起，有利于实现一个“更完美的联盟”。将一国与其货币分离会对财政政策造成不必要的约束，几乎可以肯定，这样将会导致经济危机。唯一的例外是可以持续实现经常账户盈余的国家——这就是同样放弃本币、使用欧元的德国（还）没有面临经济危机的原因。

我们回到部门收支的问题：假定经常账户余额为零，如果私营部门希望获得净金融资产，那政府赤字必须等于私人部门盈余。对于 EMU

整体来说，经常账户平衡没有问题（自欧元出现以来，EMU 作为整体通常能实现小额的经常账户盈余，偶有小额赤字）；但就成员国个体来说，一些国家出现了显著的经常账户赤字。这意味着，政府预算赤字是非持续的。

最后一个解决问题的方法就是解散 EMU。这在短期内可能会造成很多混乱，但一旦每个国家都采用了自己的货币，国内政策空间就会得到恢复，这将有利于解决各国的经济问题。我们不排除欧元消失的可能性——只等待时间来告诉我们答案。

探讨框：常见问题解答

问题：固定汇率有好处吗？

回答：固定利率的优势是去除了汇率浮动的不确定性——只要你真能保证钉住的汇率可以维持不变。假设你真能做到这一点，那固定汇率的缺点就是一国必须放弃国内的政策空间，因为必须确保政策与维持钉住汇率的目标相一致，这是一个很重要的权衡。也许该国想要的国内政策有利于维持钉住汇率，比如，在管理国家时，你想将出口最大化——使央行累积外汇。在这种情况下，对维持钉住汇率是有帮助的。然而，出口是一种支出，进口是一种收益——如果按实值计算，你努力工作生产出来的商品最终会被外国人消耗（参见 7.9 节）。同时，这样的政策可能也与国内目标一致，比如，你想发展本国的生产能力，生产高质量的商品，那你就需要执行全球标准——这是中国想成为出口国的一个很大原因。但作为净出口国，中国必须意识到这种政策的缺点：工人生产了商品和服务，自己却无福消费。我们不会下结论说：任何国家都不应采取钉住汇率政策。相反，各国自己应该知道这样做的相对成本。最后，钉住汇率制度容易出现投机者，他们打赌你无法维持当前汇率。因此，钉住汇率是愚蠢的，除非你有无懈可击的外汇储备。

6.9 小结：汇率制度与政策空间

我们先快速回顾一下汇率制度选择与国内政策独立性的联系（按独立程度从多到少排序）：

（1）浮动利率，主权货币：政策空间最大；政府能够“买得起”以本国货币计价的任何东西；没有本国货币的违约风险；如果政府支出过多，可能会导致通货膨胀和货币贬值。

（2）管理的浮动汇率，主权货币：政策空间较小；政府能够“买得起”以本国货币计价的任何东西，但必须警惕汇率影响，因为政策可能会对其产生压力，使货币汇率超出所需的范围。

（3）钉住汇率，主权货币：三者中政策空间最小；政府能够“买得起”以本国货币计价的任何东西，但必须保持充足的外汇储备来钉住汇率；在不同情况下，这可能会严重制约国内的政策空间；外汇储备的损失可能会导致该国彻底违背其承诺，无法以固定汇率兑换货币。

本书讨论的政府工作细节在以上三种制度下均适用：政府通过贷记银行账户进行支出，通过借记银行账户收税，并出售债券作为储备以外的另一种生息方式。但同样是进行上述操作，在不同汇率制度下实现国内政策目标的能力却有所不同。

在钉住汇率制度下，只要有人愿意卖东西给政府，以换取本国货币，政府就可以增加支出。但政府可能不愿意这样做，因为它担心这会影响汇率（如由于进口损失了外汇储备，可能会对汇率造成影响）。

可以肯定的是，即使是采取浮动汇率制度的国家，为了避免货币压力也可能会限制国内政策。实际上，实行钉住汇率制度的政府可能会被迫违背承诺，而采取浮动汇率制度或有管理的浮动利率的国家并未做出过承诺，也就不会被迫违背承诺。

因此，浮动汇率制度受到的约束更多，只要有某种情况使人们担忧政府维持钉住汇率的能力，违约的恐惧感就会自动产生（这两者是一回事）。这种恐惧感会导致信贷评级下降、利率上升，使偿还债务的代价更高。在可兑换货币的情况下（政府承诺以固定汇率兑换货币），所有外部持有的政府债务都是有效的、对外汇储备的债权。当政府的兑换能力遭到质疑时，只有储备对债务比达到100%时，才能保证没有违约风险。

国内对政府的债权情况可能会有所不同，因为政府对国内居民有一定控制力——例如，政府可以提高税收，坚持使用国内货币支付，禁止国内居民兑换外币等。美国在金本位时期时，政府也曾禁止美国人将本币兑换为黄金。但是，如果政府面临的是国外债权，只有储备对债务比达到100%时，政府才能保证一定可以偿还债务。

7

主权货币的货币政策与财政政策：政府该做些什么

在本章中，我们将讨论政府应该做些什么，讨论内容仅适用于发行浮动汇率货币的主权政府。从前面几章也可以发现，我们的研究所涉及的均是不受支付能力约束的政府。浮动汇率制度提供了最大的国内政策空间，那些实行钉住汇率或控制汇率的国家则只拥有相对较小的政策空间。

本章以政府可以通过自己发行的货币“负担”任何支出为前提，讨论政府应扮演何种角色比较合适，并就此问题介绍几个不同的观点。我们首先将讨论政府支出应该受到约束的五个理由，之后比较关于政府职能范围的“保守派”观点与“自由派”观点。这两个术语可以算是美国特有的——在美国，自由派观点与一般所说进步的、社会民主党派以及欧洲“左派”的思想相似；保守派观点则与美国以外地区被称为“自由派”，甚至是“新自由派”的观点相近。

7.1 政府可以负担所有支出并不意味着应增加支出

了解政府如何支出后便可以得出一个结论，政府的支付能力根本不能算作一个问题——政府总是可以负担得起所有的支出。但这并不意味着政府应该支出那么多。我们可以列举出应限制政府支出的5条合理的理由：

（1）过度支出会导致通货膨胀。

（2）过度支出会增加对汇率的压力。

（3）过度支出可能会损害私营部门利益。

（4）政府不应该承担所有的事情——可能会导致不当激励。

（5）财政预算是管理和评估政府项目的一种手段。

例如，假设政府为了人类的冥王星之旅而决定新雇用1000名火箭专家，那么，我们首先要考虑的便是所雇用的1000名火箭专家是否均满足条件。即使政府有能力负担其所制定的支出计划，但如果该资源不可用时，政府仍难以完成其目标。政府总是受潜在的“实际资源”问题的约束。

由此，我们需要首先确定的便是：现有的基础设施、技术以及知识是否足够实现项目目标，这是一个至关重要的问题。

我们假设这些条件都可以满足，那么，我们需要考虑使用这些资源的用途及其竞争性用途，即使用该资源的“机会成本”。如果政府不雇用那1000名火箭专家，他们便会失业，那么，为了冥王星任务而雇用他们的机会成本便很低，甚至为零。我们可能会发现，当那些专家不被政府雇用时，要在家照顾孩子，那么，雇用他们的机会成本便是他们放弃照顾孩子的成本，即雇用他们的机会成本不为零。但相比他们在合适岗位上创造出的利益，该机会成本非常低。

但显然，大多数的专家已经在一些私营部门或其他的政府项目中任职的可能性非常高。由于政府并不受支付能力的限制，只要政府愿意，便可以赢下与任何私营部门的竞价战争。由此，政府便可以大大抬高火箭专家的工资，让私营部门不得不放弃他们，转而雇用其他资历较浅的员工，甚至彻底关掉其私营企业。政府此举便有可能对私营部门产生复杂的影响——抬高工资与生产成本，甚至还会降低那些雇用火箭专家以及那些经验丰富、可以替代这些火箭专家的工作者的部门的产出（出于某种原因，一些工程师几乎和专家一样优秀，所以，那些私营公司为了雇用他们也要抬高他们的工资）。冥王星任务多少都可能制造一些“麻烦”——关键资源的相对短缺以及部分价格（甚至是限制价格）的大幅上涨。因此，公共政策需要考虑雇用这些火箭专家的机会成本。

此外，如果政府的新项目规模非常大，政府将引发一场针对一般劳动力和其他资源的竞价战争，从而出现溢价效应，其他职业的工资与物价均可能上涨。例如，在第二次世界大战等大规模的战争中，政府不但会征召工人入伍，而且还把大部分资源都转移到与战争相关的生产上。如果没有合理的配给制度以及对工资和物价的管控，这将引发一场工资与物价普遍上涨的通货膨胀。请注意，政府当然不会为这种情况发动一场大规模战争，但如果政府支出推动经济达到甚至超过充分就业，那么，可能无须一场大规模战争便会出现通货膨胀。

同时，高国内就业率以及国内收入可能在某些情况下导致贸易逆差（如第6章中的讨论——国内对进口的需求与国外对出口的需求相关），并因此对汇率产生压力（尽管贸易逆差和汇率贬值的相关性尚不明确）。

所以，当政府的支付能力足以支付更多开支时，政府必须权衡将资源从别的用途中撤出（可能是更加合理的用途）会导致的结果，以及可能随之产生的对价格和汇率的影响。

还有其他限制政府开支的理由。例如，保守派通常认为政府支出社会福利影响人们的积极性，高社会保障净额可能会向大众发出一个信号——他们不需要怎么工作，政府提供的社会福利就足以保证他们相对富裕的生活；又或者，政府对于企业的紧急救助计划可能会让企业的管理层乐于承担过度风险，他们总会抱有一种信念——不管发生什么事，政府都会弥补公司的损失。此外，一个腐败的政府可能会通过政府支出来帮助朋友，却拒绝向更值得帮助的群体伸出援手，这便是我们通常所说的“权贵资本主义”（Crony Capitalism）。因此，政府项目可能会带来许多复杂，甚至意外的后果。

此外，我们还需要分析政府支出对私营部门的影响。政府从私营部门移向公共部门的资源越多，我们越有可能拥有一个过度臃肿的政府部门以及一个极其微小的私营部门。实际上，我们既要分配足够的资源来实现公众目的，也要为私营部门留下足够的资源以实现私人目的。显然，这不仅是一个经济问题（见7.2节）。

在进行一项政府支出时，上述的每一种情况都要考虑到，其可能产生的负面影响将使人们关注更多政府支出规模。人们所关注的并不在于政府是否具有偿付能力，而在于政府支出计划究竟会产生怎样的意外影响。正如唐纳德·拉姆斯菲尔德（Donald Rumsfeld）所言，人们关注的是那些“未知的未知”。

最终，政府应该使用财政预算，作为对支出强加的约束。通常，民主选举出的官员代表将分配在特定项目上的支出款项，项目管理者随后负责在项目预算金额内完成项目，超出预算将被视为管理不当的表现。财政预算的过程也可以帮助减少“任务蠕变”（Mission Creep）的产生，将项目展开，从而提升管理者的权力和威望。换言之，主权政府的财政预案将会提供一种有效的项目管理和评估机制。尽管政府总是能负担更多的支出，但财政预算能为问责制提供一种可行的手段。

由此，我们可以得出结论：政府没有支付能力的约束并不意味着政府应当没有节制地支出。

在7.2节中，我们将讨论政府支出应以实现“公共目的”为目标。

7.2 “自由”市场和公共目的

在现代资本主义经济环境下，家庭和企业会做出有利于就业和产出的决定因素、产出的组成、收入的分配以及出售的价格等重要的经济决定。

有人会认为，只要由“看不见的手”引导，那些由仅寻求个人利益的个体而组成的“自由市场”经济便能够“和谐地”运作。现代资本主义经济体常常被描绘成“市场”经济体，但我们必须承认，很多甚至绝大多数经济活动发生在市场以外。例如，许多经济活动会发生在普通家庭或几世同堂的大家庭以及社会团体中，（大部分的）父母在照顾他们的孩子时并没有得到金钱报酬，也没有从“市场力量”中获得激励。经济学家罗纳德·科斯（Ronald Coase）很久以前便表示：公司内部有意出现生产组织是在试图降低“市场”的作用，从而提高公司效率；产业结构——包括纵向整合和横向整合——也在颠覆着“市场力量”的作用；工会和管理组织可以通过集体谈判的方式取代市场调节。

基于这些事实，资本主义经济距离经济学教科书上所说的“自由市场经济”仍非常遥远，需要人们具有相当大的信心，认定政府可以被取代，“看不见的手”将引导现实世界经济达到均衡状态。

事实上，在20世纪50年代，经济学家曾证明过，即使在现实条件下，高度程式化和简化的经济也都可以达到这样均衡的结果。但高度程式化和简化是不可能在现实世界中存在的。换言之，认为“自由市场”是最好的经济状况没有任何理论依据。虽然无法证明“看不见的手”是不可能出现的（我们只是不知道其是否真正存在），但我们高度怀疑其出现的可能性。

在任何情况下，那些认为“自由市场经济”最好的观点——即使在某些虚拟经济状况下是最好的——都与实际存在的现代资本主义经济体毫无关联。

其原因在于，所有的现代资本主义经济体均为“混合型”经济体，由大型公司（包括跨国公司）、劳工组织以及“大政府”（美国联邦政府被称为世界最大的买家）组成。个体和公司在既有约束又有便利的社会、政治、文化以及经济结构下运行。个体和公司的目的与公共目的有时一致，但多数情况下并不相同。在7.2节中，我们将讨论公共目的以及政府在试图协调私人利益和公共目的时所扮演的角色。

什么是公共目的？很难为其下一个定义或明确其究竟是什么。对于任意的社会组织来说，其基本功能之一便是为社会提供必要的食物、衣物、居所、教育、医疗、法律体制以及推动社会化进程。尽管本书所涉及的学科为宏观经济学，但经济领域与其他研究社会进程的社会科学领域并没有太明显的区别。我们通常认为，经济是社会组织的一个主要部分，社会组织负责提供生存的物资：食物、衣物、住房等。然而，经济始终嵌在社会组织中，作为一个整体出现，影响着文化、政治和社会机构，同时也受其影响。即使我们认同任何成功的经济组织都应该能够为其人口生产足够的食物这样的说法，仍然还有很多问题需要我们去解答：生产什么样的食物？应如何生产这些食物？应如何分配这些食物？“足够”究竟是什么意思？

此外，没有一个社会是由完全和谐的个体和集体所构成的。社会中总是有许多冲突的想法和目标需要被调和，却没有全社会都希望达到的一个明显的公共目的。即使我们可以找出一系列社会绝大多数人希望达成的目标，这些目标也必定会随着时间的流逝以及人们希望和梦想的改变而改变，即公共目的是一个不断变化的概念。国家政府作为一个确定公共目的组织，其要建立一个个人和集体都可以致力于实现社会（公共与私人）目的的社会结构，并必然在社会中发挥着重要的作用。长久以来，人们普遍认为一个民主的政府可以更好地实现上述职能，却不清楚应该采取什么形式的民主。

由此，我们总结出以下三个要点：

第一，公共目的是广泛且不断演变的，因此，公共目的随时间和地点的变化而变化。公共目的从根本上说是一种进步的（在美国即为“自由的”）计划，致力于不断在物质、社会、文化、身体以及心理上改善社会全体成员的福祉。由于其从根本上是一种“期望”，因此，公共目的的边界将不断扩大，永不停止。

第二，国家政府以及国际组织必须在塑造我们对于所期望的社会类型的憧憬上发挥重要的作用。除了制定目标，各级政府必须带头建立一系列相关机构，制定行为准则，并对不良行为做出制裁，以便朝着那些能实现公共目的的目标前进。

第三，所有的这些行为都是充满争议的，并且，目标彼此之间有时也会存在矛盾，即在致力于实现一个目标时却可能导致另一个目标更难实现。国内利益集团可能会强烈抵制那些为了实现目标而制定的政策。

显然，对公共目的的讨论已经远远超出了经济领域，涉及政治、社会、宗教、意识形态以及文化等领域。一般说来，保守派倾向以狭义的方式来定义公众目的，希望以此来约束政府，而自由派则认为政府在实现公共目的上应扮演更重要的角色。尽管经济学多少可以说清楚这一问题，但无法提供一个决定性的答案。

我们将在下文讨论针对现代货币理论的一种保守观点，即奥地利经济学派的观点（见8.7节）。我们将看到，现代货币理论完全符合对于“公共目的”的认识相当狭隘的小型政府经济。该观点并不是本书所讨论的观点，但却与现代货币理论方法相一致。这是一个重要的褒奖，证明了现代货币理论既非“左派”思想，也非“右派”思想，在某种程度上，仅仅是一种描述。然而，当我们在针对公共目的进行更自由的设计或在考虑“充分就业与物价稳定”，甚至“经济稳定”等公共目的时加入现代货币理论的思想，它就会帮助我们摒弃政府无法“负担”这些政策的思想，找到实现公共目的的方法。

7.3 功能财政

阿巴·勒纳曾于20世纪40年代提出了“功能财政方法”，其有两点原则：

第一原则：如果国内收入水平过低（相较于税收），政府需要增加支出。失业便是此情况下最充分的例证，出现失业即意味着政府支出过低（或税收过高）。

第二原则：如果本国利率过高，政府便需要提供更多以银行准备金形式存在的“货币”来降低利率。

这个“方法”其实非常简单。一个发行浮动汇率货币的政府拥有财政政策和货币政策空间来进行足够多的支出，从而让经济实现充分就业以及设定其期望的利率目标。对于一个主权国家来说，“支付能力”并不是问题，其通过以自己的借据贷记银行账户的方式进行支出，而其借据则是取之不尽、用之不竭的。如果存在失业劳动力，政府总是可以负担雇用这些劳动力的成本，而一般来说，失业劳动力愿意为了金钱而工作。

然而，勒纳也意识到，这并不意味着政府应该无限制地支出——支出失控将会引起通货膨胀（现代货币理论与功能财政方法均假定政府支出会影响汇率）。勒纳首次构想功能财政方法时（20 世纪 40 年代初），通货膨胀并不是首要的关注点，那时的美国刚刚经历了大萧条时期的通货紧缩。然而，随着时间的推移，通货膨胀逐渐成了一个严峻的问题。勒纳提出，通过控制工资和价格来抑制在经济接近充分就业时会出现的通货膨胀。我们的关注点不在于其是否是减轻通胀压力的一种有效且理想的方法，而在于政府应使用其支出能力让经济实现充分就业，并认识到，可能需要采取措施来抑制通货膨胀。

勒纳拒绝了“稳健财政”的概念，即政府应当像家庭或公司那样经营财政。他认为，政府每一年、每一个商业周期，甚至永远都没有理由去平衡财政预算。对于勒纳来说，“稳健”财政（平衡预算）是非“功能”性的，不会有助于实现公共目的（包括充分就业等目的）。如果预算有时会平衡，就顺其自然；如果永远都不会平衡，那也不错。他也否定了任何试图低于 GDP 特定比率的财政预算赤字，以及任意的债务与 GDP 的比率，“正确”的财政赤字比率应该是能够实现充分就业的比率。

相似地，“正确”的政府债务比率则应该是与实现利率目标相一致的比率（与前面几章所讨论过的传统的“可持续性”赤字和债务比率形成反差）。这遵从了勒纳“功能财政方法”的第二原则：政府如果发行了过多的债券，那么，将以同等数量减少发行银行准备金及现金。解决此问题的方案便是：财政部和央行停止出售债券，以及央行进行公开市场购买（通过贷记出售银行储蓄的方式购买美国国库券）。由于银行会因此获得更多的储蓄，公众会获得更多的现金，所以，此举将导致隔夜利率的下跌。

从本质上看，第二原则仅仅阐述了政府应该让银行、家庭以及公司实现“货币”（储蓄与现金）与愿意持有的债券之间的投资组合平衡。由此可见，政府债券的出售并不是一项需要政府赤字支出的“借款”业务，而是作为货币政策的一部分，帮助央行实现利率目标。这些观点均与前几节中所提出的现代货币理论的观点一致。

探讨框：米尔顿·弗里德曼版功能财政：财政政策与货币政策的整合提议

在当今关于财政预算赤字风险的传统观念的背景下，勒纳的观点似乎有些激进。但在当时，这些观点却并非如此。众所周知，米尔顿·弗里德曼是一个保守派的经济学家，也是凯恩斯经济学“大政府”理论的公开反对者。在限制财政政策和货币政策这一观点上，没有人比弗里德曼做出的贡献更为巨大。然而在1948年，弗里德曼提出了几乎与勒纳的“功能财政方法”完全相同的观点，这显示出，今天的讨论与清晰理解主权政府所拥有的政策空间距离多远，却也表明勒纳的观点必然“流传甚广”，可谓得到政界经济学家们的广泛认可。下文也将讨论保罗·萨缪尔森（Paul Samuelson）对于此话题的评论，该评论为我们现今对财政政策与货币政策的困惑提供了一个有说服力的解释。正如萨缪尔森所暗示的那样，这些困惑是为了使整个话题神秘化而被有意地创造出来的。

简单地说，米尔顿·弗里德曼1948年在《经济稳定的货币和财政框架》（*A Monetary and Fiscal Framework for Economic Stability*）一文中提出，政府只有在充分就业时才能运行平衡的财政预算，在经济衰退时会出现财政赤字，而在经济繁荣时则会出现财政盈余。毋庸置疑，大部分经济学家在“二战”后初期都同意弗里德曼的观点。但弗里德曼在该观点上走得更远，几乎与勒纳的“功能财政方法”一致：所有政府支出都可以通过发行政府货币（通货和银行准备金）而得到支付；当税款得到缴纳时，这些货币将会被“损毁”（就像你赎回借据时会把它撕掉一样）。因此，财政赤字将导致货币净增加，财政盈余将导致货币净减少。

因此，他建议将货币政策和财政政策进行结合，使用财政预算，以反经济循环周期的方式来控制货币发行。他原本也要减去商业银行通过100%银行准备金所进行的私营货币创造——这个想法是由欧文·费雪（Irving Fisher）与亨利·赛门斯（Henry Simons）在20世纪30年代早期所提出的。由此，私营银行将不会产生任何的“净”货币创造，只有通过累积政府发行的货币才能扩大银行货币的供给。我们将不会对建议中的此部分内容进行深究，但这确保了如果建议被采纳，财政赤字与货币创造必然是一对一的关系。这与后期将货币政策和财政政策“二分”的传统观点（如那些与

IS-LM 模型相关联的观点）形成了鲜明对比。然而随后，弗里德曼也认为，央行应该控制货币供应，于是，在其后来的研究中将财政政策和货币政策分离讨论。但至少在 1948 年的这篇文章中，弗里德曼清晰地将两者结合在一起，与勒纳的“功能财政方法”一致。

弗里德曼认为，其提议将导致强大的反周期力量的产生，货币政策与财政政策将在结合的力量下共同运作，以促进经济稳定，即存在失业时出现财政赤字和“净货币”创造，充分就业时出现货币净减少。此外，弗里德曼针对反周期刺激的计划并非基于相机抉择货币政策（Discretionary Policy），而是单一规则货币政策（Rules-based），该计划将自发、迅速且持续不断地在正常水平上运转。众所周知，弗里德曼对相机抉择货币政策极其不信任，他更加相信“规则”而非“权威”。1948 年的这篇文章则提供了一种简洁的方式，将政策与自发稳定产出以及将就业维持在接近充分就业水平的规则进行结合。

由此我们可以看出，弗里德曼的建议实际上与对一个主权国家实际所作所为的描述相当接近。政府通过创造“高能货币”——存款准备金——来进行支出，通过“减少高能货币”——借记存款准备金——进行征税。政府赤字必然导致储蓄的净注入，即弗里德曼所说的货币创造。

大多数人相信，政府是通过税收来支持支出的，赤字迫使政府借回自己发行的货币以进行支出。然而，任何对财政运作中资产负债表的影响的详细分析都显示，弗里德曼（及勒纳）所言非虚：政府通过在键盘上向资产负债表敲击几个账目的方式即可“创造货币”用于支出。

但如果真是这样，为什么我们无法维持充分就业呢？问题在于，经济系统中的自动稳定器并不足以冲抵私人需求的波动。请注意，只要经济在充分就业的情况下运行，在弗里德曼的设想下，便会出现政府赤字，以及因此而导致的货币净投放。这个想法相当接近勒纳的“功能财政方法”，如前文所述，这也是“二战”后初期经济学家们共同的看法。如今，却几乎没有一位权威的经济学家或政治家认为这将导致通货膨胀或破坏财政预算，这便是当今经济学教育的可怜境地。

在弗里德曼的提议中，政府的规模将由民众对政府可提供职能的意愿来决定，税率将以充分就业的前提下的预算平衡为目的而设定。显然，这与勒纳的“功能财政法”是一致的：如果存在失业，政府需要增加支出，却不必担心是否会产生财政赤字。从本质上看，弗里德曼的建议将使财政预算以反周期的方式变化，发挥自动稳定器的作用。事实上，这也是现代政府预算的实际运行方式：赤字在经济衰退时增加，在经济发展时减少。经济强劲增长时，预算甚至会出现盈余（克林顿总统执政时期，美国曾出现预算盈余）。然而，我们通常会发现这些经济波动所产生的赤字并不足以使经济处于充分就业的状态中。

7.4 功能财政与政府预算约束

勒纳的“功能财政方法”在20世纪70年代几乎已被人们抛之脑后，一个被学术界称为“政府预算约束”的理论代替了它。该理论很简单：政府支出由税收收入、其借款（出售债券）的能力以及“印刷纸币”的能力所约束。在此观点下，政府以其税收收入进行支出，并从市场借款以补充税收收入的差额。如果上述两种方法都不足以满足支出，政府还可以加印纸币，但大多数经济学家唾弃这样的行为，因为这将导致高水平的通货膨胀。事实上，对于通过印发纸币来满足政府支出的行为，经济学家总是可以列举出一系列值得警惕的恶性通货膨胀实例——如魏玛共和国时期的德国、匈牙利，或当代的津巴布韦。我们将在第9章中研究高水平的通货膨胀率。

注意，此处有两个重点，并彼此相关。第一点，政府就像一个家庭一样受到了“约束”。家庭拥有收入（工资、利息、收益），收入不足时可以通过从银行或其他金融机构借款以进行赤字支出。当然，政府还可以印发纸币，而家庭却不可以，这是一个超常行为，是政府破釜沉舟的手段。

实际上，人们并不认为政府所有的支出都通过贷记银行账户来完成，他们对政府支出的认识更接近“印发纸币”而非“使用收入进行支出”。这便引出了第二点，传统的观点并不认为作为主权货币的发行者，政府无法依靠纳税人或金融市场为其提供所需的“钱”。从创立之初，纳税人和金融市场只能向政府提供他们从政府那里得到的“钱”（即政府支出或借出的货币）。纳税人使用政府的借据纳税，银行使用政府的借据向政府购买债券。

经济学家对此非常困惑，媒体与政策制定者中间却广泛流传着一个观点：一个支出持续大于税收收入的政府将“入不敷出”，最终，市场将不再向政府提供信贷，政府将“破产”。可以肯定的是，一些宏观经济学家不会犯这样的错误：他们明白，一个主权政府在其自己的货币体系下无法“破产”。因为政府可以随时印发纸币，所以，他可以在到期时实现其所有的承诺。当然，他们在想到这样做会让国家面临通货膨胀或恶性通货膨胀的危机时，可能会不寒而栗。

至少在美国，政策制定者间的讨论让他们变得更加困惑。例如，奥巴马总统总是声称美国政府“花光了钱”，就像一个家庭花光了攒在饼干罐中所有的钱那样。

那么，我们究竟该如何理解这个问题？我们怎么能忘记勒纳和弗里德曼清楚阐释的想法？

美国（以及许多国家）在20世纪60年代末至90年代时曾真切地感受到了通胀的压力（至少是周期性的压力）。那些认为通货膨胀是由政府过度支出所导致的人催生了“平衡预算理论”（见探讨框中保罗·萨缪尔森的观点）以对抗通货膨胀。问题在于，那些经济学家以及政策制定者一开始所认定的“神话”最终成为现实，一个错误的理解反而得到了传播和发展。

该“神话”在某种意义上原本是“功能性”的，可以约束政府的过度支出，从而避免引发通货膨胀。但就像许多“有用的神话”一样，这一个最终也变成了“有害的神话”——约翰·肯尼思·加尔布雷思（John Kenneth Galbraith）称其为“无罪欺诈”（Innocent Fraud），是一种阻止了正当行为的、毫无根据的信念。主权政府开始相信，由于存在破产的可能性，它们无法“负担”执行所需政策的支出。出乎意料的是，在20世纪30年代大萧条后最恶劣的经济危机发生时，奥巴马总统却反复声称美国政府“花光了钱”——政府无法为实施最希望实施的政策埋单。随着失业率升至近10%，政府实际上已经瘫痪。政府无法采取勒纳（和弗里德曼，见7.3节后的探讨框）所支持的政策，即增加足够多的支出以实现充分就业。

然而，整个危机期间，美联储（以及其他国家的央行，包括英格兰银行和日本银行）本质上遵从了勒纳“功能财政方法”的第二原则：提供了足够的银行准备金以保持隔夜利率约为零。美联储从银行购买大量金融资产（政府的一项政策，即量化宽松政策），创下了历史纪录（第一轮量化宽松时购买1.75万亿美元金融资产，第二轮时再次购买了6000亿美元金融资产）。美联储主席伯南克曾被质问：美联储究竟从哪里获得如此多的“钱”来购买那些债券？伯南克（中肯地）表示，美联储仅仅通过贷记银行准备金——敲击键盘，便获得了这些钱。美联储永远都不会把“钱”花光，其能够支付得起任何商业银行想要出售的金融资产。但我们却始终拥有一个认为政府会把“钱”花光的总统（以及许多经济学界的专家和国会中的大多数政客），以至有足够的钱来购买金融资产，却没有足够的钱来支付工资！

以上讨论表明：那些认为政府就应当像家庭一样平衡自身预算的想法是多么的混乱。

探讨框：保罗·萨缪尔森与本·伯南克对政府财政的看法

在马克·布劳格（Mark Blaug）制作的一部关于凯恩斯的纪录片中，有一段非常有趣的采访，诺贝尔奖获得者保罗·萨缪尔森曾谈道：

我认为，那些觉得政府预算在什么时候都应当平衡的观点是有点道理的。当每个社会必须抵抗支出失控的壁垒被揭穿时，必须有一种规则来限制资源分配，否则社会将陷入无政府主义的混乱和低效。传统宗教的功能之一便是通过神话来恐吓人们，让人们按照长期文明生活要求的方式行事。人们认定，平衡预算有内在必要性，即使不是每一年都需要，在每一个短的时间内也应进行平衡，但我们已经从人们的头脑中抹去了这样的想法。如果首相格莱斯顿（Gladstone）死而复生，他会说“喔，你们究竟做了什么”，詹姆斯·布坎南则会用这套说辞来争辩。不得不说，我看到了平衡预算的好处。

将认定政府必须在一定时间范围内平衡其预算的想法比作“宗教”与“神话”，是一种让人们按照政府意愿行事的必要手段；否则，选民可能会要求他们选出的官员过度支出，从而导致通货膨胀。因此，那些认定平衡预算更好的观点与政府的“支付能力”并没有关系，将家庭预算和政府预算进行类比也并不正确。使用“神话”来约束政府反而是必要的，其原因在政府并没有面对真正的预算约束。

近期，美联储主席伯南克明确承认了政府通过贷记账户进行支出。诚然，伯南克所指的是美联储而非财政部，但当他接受电视和国会的盘问，被询问美联储究竟从哪里获得实行量化宽松政策所需要的货币时，他的回答让人感觉到：政府绝对不会花光自己的“钱”。

在电视访问中，当伯南克被问到美联储支出的钱是否是纳税人的钱时，他说：“它不是纳税人的钱。银行在美联储拥有账户，就像是你在一家商业银行拥有账户那样。所以，要贷款给一家银行时，我们只需用电脑来增加其在美联储账户的规模。这更像是印发纸币而非借钱。”

佩利（记者）问："美联储一直在印发纸币吗？"

伯南克说："对，（这种方法）非常高效。我们需要这么做，因为我们的经济现在非常疲软，通货膨胀率也很低。经济开始回暖时，我们才会慢慢停止这些计划，提高利率，减少货币供给，同时保证经济复苏不会引发通货膨胀。"①

在接受国会盘问时，伯南克与众官员［包括罗恩·保罗（Ron Paul）］进行了如下对话：

达菲：我们已经同保罗博士讨论了量化宽松政策的第二阶段。美联储何时购买了这些资产，购买所用的钱来自哪里？

伯南克：我们通过美联储所拥有的银行系统来创造储蓄。这些储蓄不会流向公众。

达菲：购买资产的钱是否来自税收？

伯南克：不是的。

达菲：本质上讲，你们是否是通过印发货币的方式购买资产？

伯南克：我们并不是在印发货币，而是在银行系统中创造储蓄。

保罗：我非常讨厌打断别人的对话，但鉴于时间紧迫，我想谈谈你说的这"并不是在印发货币"的问题。好吧，这是凭空出现的货币，你将其投入了市场。你持有资产，但当你买到不良资产时，资产价值会不断下跌。你知道，今天的黄金牌价是1580美元，美元在过去的3年中贬值了近50%。如果你不介意的话，请回答

① 以上内容详见：http：//www. cbsnews. com/2100-18560-162-4862191-2. html？pageNum =2&tag =contentMain；contentBody。

另外一个我非常好奇的问题：请问，当你在早上醒来时，你会关注黄金的价格吗？

伯南克：当然，我关注黄金的价格，但我认为价格反映了许多事情，包括全球的不确定性。我认为，人们持有黄金是为保护自己不用承担“尾部风险”(Tail Risk)，这真的会导致很坏的结果。某种程度上，过去的几年让人们更加担忧未来可能会出现更重大的危机，于是，他们持有黄金作为一种保护措施。

保罗：你认为黄金是货币吗？

伯南克：不是。

请注意，当伯南克提到美联储仅仅是“增加”银行在美联储的存款准备金时，他本质上就是已经承认了美联储通过“敲击电脑”来进行支出。只有美联储加强自我约束，才能阻止其“增加”财政部在美联储的存款账户。但在本书中我们曾提到，美联储和财政部都采取了相关的操作流程来规避那样的约束。最后，请注意，他在对罗恩·保罗的回答中不假思索地否认了“黄金就是货币”。

甚至美联储委员会前主席格林斯潘很久之前也曾承认过美联储是不会用尽“敲击电脑”的。

格林斯潘主席：昨天和今天委员会是否应该创造足够的储蓄来使基金利率维持在1.5%？

科恩先生：是的。

迈尼汉女士：为什么不呢？

格林斯潘主席：委员会的表现并不好。

科恩先生：嗯，委员会正在努力。

格林斯潘主席：请稍等一下。委员会并没有储蓄的上限要求，所以可以创造任意规模的储蓄。你不能告诉我委员会在努力但失败了，委员会并没有尽全力“敲击电脑”以创造充足的储蓄。①

这是正确的。如果美联储在纽约的委员会交易部门无法让隔夜利率降低到目标值，那么，美联储便无法通过“敲击电脑”创造充足的储蓄！所以，还需要更努力地“敲击电脑”才行！

7.5　关于债务上限的讨论（以美国为例）

本节将关注一个“特别案例”，是在2011年中期让整个美国政府都全神贯注的事情。正如我们所知，政府通过“敲击电脑”来进行支出，因此，永远都不会耗尽储蓄；一个主权政府通过“敲击电脑”来发行货币，因此，其永远都不会面临财政约束。然而，政府却可以通过制定规则和流程限制其“敲击电脑”，从而“自缚双手”来约束自己。但我们不能被这些政府自愿强加的约束糊弄，而应当透过现象看本质，明白既然政府可以“自缚双手”，它们当然也可以随时解开绳子。不幸的是，实际上所有的经济学家和政策制定者都将这些自我约束看作“自然存在的”，永远不会去违背。下面我们来看看美国2011年夏天让那些政策制定者心力交瘁的“债务上限”案例，该案例很有可能会被反复讨论。

在美国，国会设定联邦政府的债务上限。当联邦政府的未偿债务数额接近上限时，需要国会批准才能扩大上限。请注意，此处的债务上限

① 以上对话引自联邦公开市场委员会（FOMC）2004年9月21日会议记录第11页（http：//www.federalreserve.gov/monetarypolicy/files/FOMC20040921meeting.pdf）。

由政策决定，而非由市场决定，即需要在国会的规则下通过国会决议，而非基于市场压力来决定。因此，美国政府发行更多债券的能力以及政府对已售债务利率的支付能力都算不上问题。

在2008年全球金融危机爆发后，美国财政赤字增加（如前文所述，是由于税收收入减少而造成的）。不出所料，未偿债务规模升至债务上限，因此，国会不得不每一年都提高债务上限。政府也在理所当然地一次次提高债务上限，直到共和党决定通过一份政治声明，拒绝增加债务上限以反对赤字支出。

因此，在现有的债务上限条件下解开对“山姆大叔”（美国）经济的限制其实并非难事，只需在流程上做出些许的改变即可。

我们需要先看看政府内部究竟如何审批财政预算：国会（加上总统的签名）批准预算，授权支出。美国宪法赋予国会创造货币的权力，即意味着财政部创造货币，国会批准支出。但实际上，财政部让美国的央行——美联储来管理其支付。现行的支出流程是财政部在其美联储的账户中持有用于支付的存款，当财政部需要开支票或贷记私营银行账户时，借记财政部在美联储的存款。

如第3章中我们讨论过的那样，财政部试图在每一天结束时都维持50亿美元的存款规模，向财政部支付的税收首先将保存在财政部在一些特殊的私营银行的存款账户中。当财政部想要补充其在美联储的存款时，将移动在这些特殊银行的存款。显然，这里有两个要点：第一，税收收入大多在支付截止日期同时取得；第二，财政部通常每年都会出现财政赤字——2011年超过了1万亿美元，这意味着财政部在美联储的账户总是处于短缺状态。

为了获得存款，财政部出售（各种期限的）债券。最简单的方式便是将其直接出售给美联储，这将贷记财政部在美联储的活期存款，在资产负债表上由财政部的负债所抵销。实际上，任意一家银行都是这样做的：通过持有你的借据向你贷款，同时贷记你的活期存款。此时，你便可以进行支出了。

但现行的支出流程禁止美联储从财政部直接购买国库券（少数特殊情况除外），其必须从财政部外的人和机构手中购买国库券。仔细想想，这项禁令对于货币的主权发行者来说未免奇怪，但这一套流程有着悠久的历史，我们不在此处深入探讨。国会预算法案的权威（以及总统的否决权）似乎已不足以约束联邦政府支出，无法限制美国走上恶性通货膨胀的道路。人们相信，这将阻止美联储通过“印发货币”的方式来为财政赤字“注入大量资金”并遏制由此而导致的通货膨胀。

因此，财政部将（长期和短期）国库券出售给私营银行，为自己创造可以向美联储账户移动的存款。之后，美联储从私营银行购买国库券以替补财政部在移动存款时损失的准备金（明白了吗？如果仍然不理解，请参考第3章的内容）。最终，美联储持有国库券，财政部则拥有了在美联储账户中的活期存款，即它们一直想拥有却被禁止直接拥有的东西。财政部随后便可以签发支票，进行支付，存款将被贷记入私营银行账户，同时，美联储贷记存款准备金。

在正常情况下，银行会发现自己持有的准备金比意愿中的多，因此，其会将多余部分提供给隔夜联邦基金市场。这会使美国联邦基金利率低于美联储目标，引发国库券的公开市场销售并减少超额准备金，国库券将从美联储的资产负债表中消失而被转入银行部门。在全球金融危机环境下，美联储改变了一些操作流程：美联储开始向准备金支付利息，并采取了量化宽松政策（见前文），故意将超额准备金留在银行系统中，并随后向其支付利息。请注意，对国库券的操作意义在于对其支付利息的特点。因此，对准备金支付利息后，准备金将拥有与国库券相同的操作效果。

而这正是债务僵局的问题所在。银行、家庭、公司以及外国人所持有国库券是政府的债务（通过会计恒等式可知，其也是非政府部门财富），因此，受到债务上限的限制。相反地，银行准备金不是政府债务。对此问题的解决方法即停止国库券的公开市场销售，从而让准备金留在银行系统中。这就是量化宽松政策的基本内容：美联储购买了数千亿美元的国库券以将一开始向银行销售国库券消耗的准备金重新注入银行。由此，国库券重新回到了美联储的资产负债表中，而由于仍有大量的未偿国库券，债务上限的僵局仍旧会出现。如果财政部仅仅停止出售国库券，那么，美联储便可以让超额准备金留在商业银行中，债券到期时，其将会被准备金所替代——这便是“债务问题”的终点。

消除债务上限的其他途径：

还有两种解决债务上限问题的方法：国库支付命令书（Treasury Warrants）与发行大面值铂金币（Platinum Coins）。下面，我们将分别对这两种方法进行讨论。

当“山姆大叔”需要支出，并发现其美联储的存款账户资金短缺时，确实可以通过发行不可转让的“任命书”来补充其美联储账户，美联储持有“任命书”作为其资产。由于“山姆大叔”拥有十足的信用，“任命书”可以说是一项无风险的资产，用于平衡美联储账户。“任命书”仅仅作为内部的借据，即政府机构间的借据，只用于内部记录。如果美联储有意愿，国会可以授权给美联储所持有的“任命书”一个较低的固定利率（美联储所应获得的利息收入将从年末向财政部上交的超额利润中扣除）。作为回报，美联储将贷记财政部的存款账户，使政府能够进行支出。财政部进行支出时，贷记其账户，同时贷记收到这笔存款的私营银行在美联储的准备金。

从美联储的角度看，其最终持有国库支付命令书作则为其资产，银行准备金为其负债。财政部能够按照国会授权进行支出，其赤字将会由向美联储发行的国库支付命令书来匹配。由于国库支付命令书仅仅是一个政府机构（美联储）对另一个机构（财政部）债权的内部记录，国会将授权把这些国库支付命令书排除在债务上限之外。美联储的资产将由国库支付命令书来匹配，由此，两者相抵销。

当经济危机来袭，并导致预算赤字不断扩大时，国会便不再需要提高债务上限。

第二种方法便是回到财政部的货币创造——大规模的创造，其有两层含义。目前，美国财政部拥有发行任意面值铂金币的权力，因此，财政部可以通过发行大面值铂金币为军事武器埋单白金硬币的首要倡议者是乔·费尔斯通（Joe Firestone）①，从而跳过美联储和私营银行。而由于在考虑债务上限时，硬币（与准备金、联邦储备券）均不算作政府债务，这便使财政部在支出铂金币时不会增加债务规模。硬币成为财政部的借据，但不与票据和债券一起算作政府债务。如货币一样，硬币将在支付税款时“被赎回”，因此，需要缴纳税款的人会产生对硬币的需求。这样一来，发行铂金币便成为规避财政部支出限制和流程的另一种手段。

---

① 详见：http：//neweconomicperspectives. org/2013/02/fram-ing-platinum-coin-seigniorage-a-working-document. html。

这些提议显示出通过施加债务上限来约束财政部有多愚蠢。我们已经要求财政部支出前需要先行批准预算，对财政部实施问责制是必要的约束，但一旦批准了预算，我们还有什么理由阻止财政部通过电脑键入必要的资产负债表项目，以达到国会批准的支出数额呢?

制定预算的流程应预先考虑到如GDP、失业率以及通货膨胀率等宏观经济变量的变化；应试图去确保政府不会过度支出，助长通货膨胀。当然，很有可能国会会出现预估错误，并希望根据变化和发展来修订其支出计划。或者，国会也可以向预算中加入“自动稳定器”，从而在出现通货膨胀时降低支出或提高税收。但无论怎样，既然已经批准一项支出预算，却由于一个任意的债务上限而拒绝其债务支出，这是毫无道理的。

在总结本节内容前，让我们先来讨论一下两个常见的对于这种流程变化的反对观点。

反对观点1：我们需要通过预算上限来阻止政客们过度支出。

回答：不论怎样，我们拥有制定预算的流程，国会需要决定如何为每个项目分配预算，然后，将计划呈交给总统。预算一经批准，将为政府的支出正式授权。这是一项“民主”的流程，我们让被选举出的代表来决定哪些项目值得获得资金支持，需要得到多少资金。大部分支出是“开放的”，即依情况而定（如失业救济金的数额将取决于经济表现）。为这样的流程增加约束，既不必要，也不符合民主控制和问责制。就其本质而言，债务上限是任意的且与预算的过程不符。在过去，这并不重要，当预算超过上限时，国会通常会提高上限。而如今，政治正在以一种非民主的方式颠覆整个预算流程。

反对观点2：我们需要独立的权威机构——央行，对以“货币创造”的方式为支出提供资金进行约束。

回答：如上所述，国会和总统会先行制定出预算，授权财政部支出。我们也可以通过一些其他的方式来供给财政部的支出，一个初步却有效的方式便是发行中期国库券。财政部也可以直接向支出接受者的存款账户中记入一笔金额，但这要求财政部同时也要向资产负债表记入准备金。由于我们将财政部和美联储的职能进行了划分，让美联储为商业银行“提供银行业服务”，因此，只有美联储才能键入准备金。这样的分工并没有必需的理由——商业银行当然可以在财政部拥有用于结算的账户，然后由财政部向其账户键入准备金，但我们并没有这样做。

美联储可以直接接受财政部借据并键入银行准备金，但我们也不会这样做。虽然美联储是财政部的银行，但被禁止直接接受财政部借据。因此，我们制作了涉及私营银行、美联储以及财政部等的一套复杂的流程。

7.6　利于经济稳定和增长的预算态势

勒纳将政府发挥作用的过程比作驾驶一辆汽车：政府必须取得掌控权并在经济存在偏离轨道的风险时使用政策来引导经济的走向。由于政府需要时间来意识到经济问题，并对其做出反应，最理想的状态就是引入“自动稳定器”。国家政府的预算便是“自动稳定器”的一个示例：在经济衰退期，有些种类的支出会自动上涨（如对失业补偿金的社会支出），税收自动降低（如由于就业人数下降，收入税以及工资税减少），因此预算赤字增加——这有助于稳定私营部门收入，并提供安全的金融资产净额以满足需求。

想要实现充分的反周期波动，并将经济引导回充分就业状态需要两个条件：

首先，政府支出和税收收入必须有强劲的周期性：支出需要有反周期的特点（在经济下行时增加），税收有顺周期性的特点（在经济下行时减少）。让支出自动反周期的一个方法便是建立一个慷慨的社会保障体系，由此，转移支付（失业补助金和社会救助金）将在经济下行时增加。同时，税收收入也需要同经济表现绑定——如反周期变化的累进所得税与销售税。

其次，政府需要保持相对较大的规模。海曼·明斯基（1986）曾表示，政府支出规模需要和整体投资支出规模相当，或至少政府预算的波动必须同投资波动相当，并以相反的方向波动。这种想法的基础在于认定投资是 GDP 中最不稳定的成分，这其中包括美国经济周期中重要的驱动因素——住宅房地产投资。该观点认为，政府支出需要产生足够的波动并与投资的方向相反，以保证国民收入与产出相对稳定，反过来，这种反向波动也将保证消费相对稳定。

据明斯基表示，政府在 20 世纪 30 年代支出规模过小，不足以稳定经济（在 1929 年，支出仅约占 GDP 的 3%），即使在随后执行了新政，支出也仅达到 GDP 的 10%。如今，几乎所有主要的 OECD（经济合作与发展组织）国家都有一个大到足以帮助稳定其经济的政府规模，当然，按照这一标准，一些发展中国家的政府规模还相对较小。基于当前的现实状况，一个国家政府的支出规模应占本国 GDP 的 20%（美国）至 50%（法国）。在这一范围下限的国家比起政府规模更大的国家需要更多的自动波动机制。

此外，根据部门收支恒等式可知，在美国以及其他国家，如果私营部门有财政盈余的意愿（从而累积储蓄）以及出现经常账户赤字的倾向，即使在充分就业的状态下，政府预算也必须偏向赤字支出。虽然一个经常账户结余为零的国家可以实现政府预算平衡，但这意味着本国私营部门的盈余（或储蓄）也为零。因此，即使在充分就业下，我们通常也应当期待政府出现财政赤字，当然那些经常账户盈余的国家除外（见探讨框中的双赤字问题）。

另一件需要注意的事情是（如克林顿总统执政时期出现的）预算盈余并不一定就是一件好事——其破坏了恒等式，是私营部门赤字的标志（再次提醒：经常账户盈余的国家除外）。不同于货币的主权发行者，私营部门是货币的使用者，面临着预算约束。众所周知，美国私营部门赤字支出的10年（1996～2006年）为美国累积了如山的债务，美国政府无法为此付息。这也是全球金融危机从美国开始的部分原因。

当然，这其中的因果关系非常复杂。我们不应当将私营部门出现赤字的原因归结于克林顿时期的财政盈余，也不应当将全球金融危机的出现仅仅归因于美国家庭赤字支出。但我们可以确定的是，会计恒等式仍存在：经常账户结余如果为零，那么，本国私营部门赤字将等于政府盈余；如果经常账户出现赤字，只要政府预算赤字大于经常账户赤字，私营部门便会出现盈余（“储蓄”）。

基于我们对货币主权的理解，我们可以得出政府赤字比私营部门赤字更加可持续的结论：政府是货币的发行者，而家庭或公司是货币的使用者。除非一个国家可以出现连续的经常账户盈余，否则，政府的财政预算需要持续地偏向赤字支出，以促进经济的长期增长。这才是在上述经济背景下追求可持续增长时，应当出现正常、合适的预算状况。

此外，我们需要澄清一点：合适的预算状况还取决于另外两个部门的结余状况。一个想要出现经常账户盈余的国家可以实施更紧缩的财政政策，甚至可能会出现持续的政府预算盈余（新加坡钉住其货币汇率，由于在经常账户盈余的同时累积外汇，其财政预算也处于盈余状况）。当本国私营部门出现赤字时，政府出现财政预算盈余也是合适的（鉴于经常账户结余为零，根据恒等式可知，此状况成立）。然而，如前文所述，由于私营部门仅仅是货币的使用者而非发行者，这样的盈余最终不可持续。

最后，我们必须明白，不可能所有的国家都同时出现经常账户盈余。例如，亚洲的几个净出口国严重依赖对美国的出口，而美国则需要出现经常账户赤字以提供出口国想要累积的美元资产。我们可以得出结论：至少需要一些政府将出现持续的赤字，以提供其他储蓄国希望累积的金融资产净额。一些提供国际储备货币的国家政府将扮演这样的角色，就目前而言，美国政府便是如此。

7.7 功能财政和汇率制度

很显然，勒纳曾对使用主权货币（或许多人所称的“法定货币”）的国家进行过分析。每当存在失业时，只有主权政府可以选择增加支出，并且只有主权政府可以提高银行准备金并降低（短期）利率以达到目标水平。需要注意的是，勒纳是在布雷顿森林体系，即一个以美元为基础的固定汇率制度体系创立后进行的分析研究。这样看来，勒纳的“功能财政方法”仅适用于不考虑汇率制度选择的主权货币。

我们还要记住，在勒纳生活的时期，许多国家都执行严格的资本管制（Capital Controls）。就“三元悖论”而言，这些国家拥有固定汇率制度与国内政策的独立性，却不允许资本自由流动。我们知道，在浮动汇率制下，国内政策空间最大，但实施资本管制并加上管理或固定的汇率制度也可以保留相当大的国内政策空间，这可能便是勒纳当时的想法。由于外币储蓄可能会受到威胁，大多数使用固定汇率制度以及资本自由流动国家无法实现勒纳“功能财政方法”的两条原则（只有少数积聚了大量储蓄的国家才是无懈可击的）。尽管实施浮动汇率制度的国家更容易实现充分就业，但对资本流动有一定程度的约束的管理或固定汇率制度仍可以提供所需的国内政策空间，以追求充分就业的目标。

因此，我们得出结论：“功能财政方法”的两个原则直接适用于使用浮动汇率货币的主权国家。如果货币被钉住，那么其政策空间将受限，国家便可以采取资本管制来保护其国际储蓄，以保持其对钉住汇率制度的信心。

探讨框：“功能财政方法”下美国双赤字的讨论

提示：本节将给出更具专业性的总结。

赤字“鹰派”声称，美国政府的财政赤字将给美国未来的一代人增加负担，他们将不得不永远向累积美国国库券以及支配美元命运的中国人支付利息。这通常会让人们认为，美元正在面临丧失国际储备货币地位的危机。

在本讨论框中，我们将阐述财政预算赤字、贸易逆差以及国库券的海外累积与美国未来一代的利息负担等之间的关联。

根据部门收支恒等式，财政预算赤字与经常账户赤字呈正相关。在其他因素相同的情况下，政府财政赤字将增加总需求，从而使美国的进口超过出口（由于美国的财政态势，用于购买外国产出的家庭收入超过外国购买美国产出的金额，美国消费者能够购买更多的进口商品）。还有其他在政府赤字和经常账户赤字之间建立联系的途径（如利率和汇率的影响），但那些途径较为次要。因此，美国政府赤字可以支持对产出的需求，包括美国以外国家的产出，从而使美国进口超过出口。当财政赤字刺激美国经济，致使其增长速度快于贸易伙伴时，情况更是如此。

如上所述，美国经常账户赤字反映美国国库券在外国的累积，大多数由外国央行持有。尽管通常将其看作外国“贷款”给美国为其财政赤字“注资”，我们也可以将美国经常账户赤字看作以国库券的形式累积的外国经常账户盈余。在某种意义上，美国倾向于同时出现贸易逆差与政府财政赤字，为外国累积美国国库券提供必要的资金。很显然，一个巴掌拍不响，必须每一方均有意愿才能实现，而大多数的讨论却都忽略了中国对美贸易顺差的意愿与累积美元资产的意愿。同时，美国财政赤字有助于产生用于私营部门消费的国内收入，促进进口，为外国人提供收入以累积美元储蓄，也推动了外国对国库券的累积。

换言之，这些决定不可能是独立的。讨论中国向美国“贷款”的同时却不考虑中国是否有净出口的意愿是没有意义的。事实上，下列所有因素都（多以复杂的方式）互相关联：中国为了出口而生产的意愿、中国累积美元资产的意愿、中国国内需求所导致的贸易顺差、美国购买外国产品的意愿、美国（相对）较高的总需求所导致的贸易逆差、导致美国政府财政赤字的相关因素等。当然，当我们引入其他国家和全球总需求时，这些关系将变得更加复杂。

让我们通过一个理想实验来解释其中一个要点。多数人最担心的事情是美国国库券会成为美国未来一代人的负担，他们的后代需要向外国人支付利息。不同于本国持有国库券，这是从美国纳税人向外国债券持有者的转让（当债券由美国人持有时，债权的转让是由美国纳税人向美国债券持有者转让，省去了很多麻烦事）。因此，人们便认为，由于外国人持有一部分政府债务，这些债务一定会落在后代人的头上。事实上，利息是由电脑键入而支付的，但我们的子孙后代可能会提高本国的税收与应对中国债券持有者支付的利息进行匹配，由此，出现赤字“鹰派”所担心的那种情况。让我们继续讨论这个假设的案例。

如果美国可以设法消除贸易逆差并永远保持经常账户平衡，美国政府财政赤字将完全等于美国私营部门盈余。由于外国人不会在对美贸易中累积美元，他们便不会累积美国国库券（如果他们以外国货币来交易美元，便会导致美元升值，从而使贸易平衡在某种程度上变得难以为继），在这种情况下，无论出现多高的财政赤字，美国都不“需要”从中国“借款”。

这很清楚地证明了，外国对于美国财政赤字的“注资”取决于经常账户的状况，外国需要先向美国出口才能向美国政府提供“贷款”。如果美国经常账户是平衡的，那么，无论出现多高的财政赤字，美国都不再“需要”外国储蓄来“资助”，其国内私营部门盈余将会恰好等于其财政赤字。事实上，正是财政赤字“资助”了本国私营部门储蓄（也正是经常账户赤字“资助”了外国储蓄）。

总之，尽管“双赤字”之间有联系，这种联系却并不是人们通常所想的那样。美国贸易赤字与财政赤字相关联，但双赤字并不会将美国推到一个相对于中国失衡的位置上。如果中国和其他净出口国（如日本）希望持有较少的美元资产，他们将出现向美国出售较少商品的意愿。作为高速发展经济体并创造了一整国消费者的中国，很有可能会有这样的意愿，但这种转变并不会骤然产生，美国对中国的经常账户赤字将会慢慢缩小，美国向中国销售的政府债券（以提供一个对美联储准备金支付利息的替代品）也将慢慢减少。这不会导致危机。事实上，美国政府不会向中国借美元来支持其赤字支出，相反，美国经常账户赤字向中国提供美元，用来购买世界上最安全的美元资产——美国国库券。

我们要明白，美元可能会丧失世界储备货币的地位。从美国的角度看，这可能会使我们感到备受挫折；但从长远的历史眼光来看，这只是一件微不足道的小事。无疑，中国将成为世界上最大的经济体，其货币也将成为国际储备货币的候选者，但这并非不可改变，当然也就值得担忧。

7.8 功能财政与发展中国家

大多数的发展中国家拥有主权货币，这意味着它们负担得起购买任何以其本国货币出售的事物，包括失业劳动力。正如勒纳所述，失业证明了未能满足对本国货币的需求，而该需求可以通过额外的政府支出来补充。同时，许多发展中国家实施固定或管理汇率制度，在一定程度上减少了国内政策空间。这些国家可以通过实施产生外汇储蓄的政策来增加政策空间（包括增加出口的措施），或通过资本管制来保护外汇储备。

此外，它们还可以实施能够创造就业机会并且促进发展，却不增加进口的政策［如进口替代政策（Import Substitution Policies）］。它们可以创造劳动密集型的就业计划（因此不再需要外国制造的资本设备），或提供新就业工人所需要的产出计划（这样它们便不需要对进口商品支出其新获得的收入）。

政府可以更加偏好本国厂商而非外国厂商，从而限制购买外国商品和服务，减少外国出口收入；可以试图避免以外币借款，限制对外币的利息支出。

如前文所述，一些发展中国家征税和收税的能力较弱，这将限制政府直接控制本国产出的能力。即使政府可以找到希望获得货币的失业劳动力，他们也可能会意识到，很难以一个稳定的价格来使用货币购买产出。完善的税收制度将有助于增加货币需求（因为税收以本国货币支付）；此外，政府需要积极创造就业机会，尤其是那些可以增加新就业者想要购买的商品和服务的产量的相关领域。以上措施都将得到有效缓解，由于就业率上升所导致通货膨胀的压力。

长远来看，避免外币债务并向浮动汇率制度靠近将有利于国内政策空间的扩大。对本国资源（尤其是劳动力）的充分利用将使得发展中国家产出最大化，同时，减少由供给不足引发的通货膨胀。劳动力的充分就业也会带来许多其他众所周知的好处，在此不再赘述。

主权货币为政府提供了更多的政策空间：政府通过贷记银行账户进行支出，因此不受对货币使用者适用的预算约束。浮动汇率制度（或资本管制下的管理汇率制度）下，由于政府不需要累积充足的储蓄来维持汇率钉住制度，政策空间将得到扩充。合理利用政策空间将使政府在走向充分就业的同时，避免引发货币贬值或国内通货膨胀。为达到此目标，最终雇主或工作保障模型将非常有效，该话题将在下文详细讨论（Mitchell and Wray，2005；Wray and Forstater，2004）。

7.9 出口即成本，进口即收益——功能财政

实际上，从整个国家的角度来看，出口是一项成本，进口是一项收益。对于该论点的解释很简单：当资源（包括劳动力）被应用于生产向国外运输的产出时，一方面，国内民众无法对该产出进行消费或将其应用到进一步的生产中（如投资品）。国家承担生产成本，但并没有得到好处。另一方面，进口国得到了产出却并不需要生产。因此，净出口实际上意味着净成本，净进口意味着净收益。

现在，以下几项内容需要我们注意：

首先，从产出的生产公司的角度看，谁购买它生产的货物或服务并不重要，无论是在本国销售还是卖给国外买家，它都一样开心，它想要的仅仅是获得本国货币来弥补成本，并获得收益。如果产出在本国售出，那么将借记本国购买者的银行账户，贷记生产公司的银行账户，双方都很开心。如果产出卖给国外买家，最终购买者将使用外币，收入需要经过外汇兑换，生产者才能收到本国货币。通常，我们不会关注其中的细节，总之最终，一家国内银行或央行将持有外汇储备（一般贷记外国央行的准备金账户）。然而事实上，从资源方面来看，当产出出口时，外国人享用了“劳动的果实”；从财政方面看，生产公司的银行账户收到了贷记净额，国家则收到了外币形式的金融资产净额。

其次，净出口将增加总需求并增加 GDP 份额和国民收入，还将创造生产用于出口的商品或服务的就业机会。因此，一个国家可以将资源投入出口部门进行生产，避免了其在未充分就业的状态下运行。净出口将产生工资和利润；家庭将获得以前从未有过的收入，从而拥有购买消费品的能力；公司则避免了破产，得以继续存活下去——这些便是政府

鼓励出口的主要原因。在经济下行期间，奥巴马曾宣布美国经济的目标是使出口翻一番，这是想要实现经济增长的国家常见的战略。然而请记住，每一笔出口都对应着一笔进口，每一笔贸易顺差也对应着一笔贸易逆差。显然，所有国家的经济同时以此方式增长是不可能的，从根本上来说，这是一个“以邻为壑”的战略。

在某种程度上，资源将移向出口生产，本国居民将不会得到任何实际的净福利。因此，出口战略实质是一项“以邻为壑”的战略。的确使那些本该闲置的劳动力和其他资源得到了利用，本没有工资的工作者获得了收入，无法售出商品的公司获得了盈利。但如果产出销往国外，便没有增加任何可供本国居民购买的额外产出，现有的产出还需要再分配给那些获得了工资和利润收入的额外索取者。因此，如果我们只把闲置资源投入出口生产，便不会产生任何的净收益：本国居民的工作更加“辛苦”，但从总量上看，由于供给本国居民的“蛋糕”并没有增加，实际上，没有增加任何的消费。

由于那些原本没有工作的人现在有了工作，参与同一块蛋糕的竞争，抬高了价格，再分配的过程可能会导致通货膨胀。当然，这也会形成理想的社会结果——产出得以实现再分配，从“高收入者”流向“低收入者”，并使失业人群得到了工作，让家庭乃至整个社会都大受裨益（如降低犯罪率、减少家庭破裂以及提升社会凝聚力等）。此外还将产生“乘数效应”：新工人将支出工资，生产者将出售更多产品，在私营部门创造生产向国内销售的产品的就业机会，使经济这块“蛋糕”越做越大。

当然，一个国家并不需要通过出口来享受乘数效应的好处，加大政府支出也可以增加就业率和销售。相较于出口导向的经济增长，政府支出导向的经济增长的收益将始终留在国内。换言之，即使我们考虑乘数效应，当一个国家增加用于本国消费而非出口的生产时，该国的经济状况一样也会变得越来越好。

但请记住，上述例子均依赖于国家产能过剩的假设。如果一个国家的劳动力、工厂以及设备等生产力均已全部投入生产，那么该国只能通过减少本国消费、投资或政府对资源的使用才能增加出口。劳动力和其他资源将从为满足本国需求而生产转为为满足外国需求而生产。显然，通常情况下，在为本国生产的前提下达到充分就业是更加理想的状态。额外的就业人数将提供更多的收入和产出，本国享用的“蛋糕”也就越来越大。相较于那些从“高收入者”向“低收入者”的再分配，新工人将直接获得更大的一块“蛋糕”而不需要将其送往国外。

最后，出于多种原因，为外国人生产的产出可以被算作一个国家的经济利益和政治利益。一个国家可能会出于人道主义为外国生产商品和服务，例如，灾害援助；可能会为了援助同盟国而为其生产军事物资；可能会进行外国直接投资以帮助一个可能成为战略伙伴的国家。同时，一个国家没有理由每一年都平衡其经常账户，在经济高度全球化的情况下，生产过程中各国的联系也使得各国几乎都不可能这样做。因此，我们不应当忽略出口产出与贸易顺差的多种战略考量。

由此可知，我们还应在国际贸易中应用“功能性”方法：对于一个发行浮动汇率货币的主权政府来说，追求贸易顺差比寻求财政盈余更没有意义，最大化经常账户盈余将增加实际净成本（鉴于以上讨论过的几个注意事项）。而更好的做法是在国内追求充分就业，并根据情况调整经常账户和预算，这将比通常使用的追求贸易顺差以实现充分就业的战略更为理想。

在第 8 章中，我们将详细分析一个可以同时促进充分就业和实现物价稳定的计划。从某种重要的意义上来说，该计划遵从“税收驱动货币”的观点，从而认为，失业是由政府对货币制度的不当管理所致。

8

同时实现充分就业和物价稳定的政策

在本章中，我们将探究在物价稳定情况下促进充分就业的政策。大多数经济学家认为充分就业与物价稳定是相互矛盾的，事实上，失业通常被看作促进物价稳定的一种工具。在本章中，我们将首先讨论现代货币理论中实现充分就业的方法，随后探讨是否能够在追求充分就业的同时提升物价的稳定性。在第9章中，我们将探讨高通货膨胀与恶性通货膨胀。许多批判现代货币理论的观点认为，遵从现代货币理论的观点（尤其是遵从勒纳的“功能财政方法”）将导致无法控制的恶性通货膨胀。在这里，我们将会为大家消除这些顾虑。

8.1 功能财政与充分就业

一个发行本国货币的政府总是负担得起雇用失业劳动力的成本，但实现充分就业可能会影响通货膨胀率与汇率。此外，实现充分就业有多种不同的途径，如“注资刺激”（政府通过支出刺激总需求）、政府直接雇用失业劳动力等。

近年来，很多经济学家重新提到了政府作为“最终雇主”（ELR）的就业计划，也被称为“就业保障”（JG）计划。20世纪30年代，该政策作为与中央银行“最终贷款人”相对应的政策而被提出。正如央行的货币政策将包括为那些无法得到贷款的商业银行提供准备金贷款一样，财政部的财政政策也将包括为无法找到工作的人提供工作。在本节中，我们将研究关于“就业保障/最终雇主”（JG/ELR）政策的特定版本，这个版本将与勒纳的“功能财政方法”保持一致，且有助于解决勒纳所担忧的通货膨胀问题。

我们将会发现，“就业保障/最终雇主”计划实际上是一个强有力的宏观经济稳定器，能在实现充分就业的同时，提升物价稳定。关键在于，就业保障是指在为那些想要获得工资和福利的人提供就业机会的同时，也会为他们提供一个价格支柱。想要详细讨论该计划，写一整本书恐怕也不够，由于本书篇幅限制，我们需要在几页中将该计划阐述清楚，所以，我会在本书最后罗列出相关的文献资料，以便大家了解更多的细节。支持联邦政府资助的全民就业计划的人认为，除此之外没有任何其他方法能确保每个想要工作的人都将获得一份工作。凯恩斯主义的“注资刺激”需求计划可以暂时实现充分就业，但无法保证持续的充分就业，其原因在于，这个计划破坏了经济的稳定，导致了通胀压力与不可持续的经济泡沫。

8.1.1　就业计划设计

“就业保障/最终雇主”计划是政府承诺为任何符合资格、已经准备好且有工作意愿的公民提供工作机会的计划。国家政府为提供统一时薪标准与福利标准的全民就业计划提供资金（Wray，1998；Burgess and

Mitchell，1998）。该计划可以提供兼职和季节性工作，并能够满足其他所需的灵活的工作条件。福利标准需经过国会批准，可以包括如医疗服务、儿童看护、养老保险或社会保险，以及休假和病假等。工资标准由政府制定，并在政府批准上涨前始终保持固定，一般等于法定最低工资。

统一基本工资标准可以限制不同雇主间的竞争，否则，工人可能会为接受其他雇主略微高于就业计划的工资而选择退出“就业保障/最终雇主”计划。这样，就业计划工资便成为基础工资，即工资的下限。任何希望且准备好要工作的人都可以通过接受该计划的工作而挣得工资，因此，该工资为有效法定最低工资。而在没有实现真正的充分就业时，那些找不到工作的人无法获得法定最低工资，因此，实际最低工资即为零。

8.1.2 计划优势

就业计划的好处在于可以减少贫困，改善由长期失业导致的社会弊病（如健康问题、虐待配偶、家庭破裂、滥用药物、犯罪等），并提升相关工作技能。福斯塔德（Forstater，1999）曾强调可以用就业计划增加经济灵活性、提升经济环境。由于就业计划为现有雇员提供了另一条道路，这也将有助于私营部门工作条件的改善，私营部门雇主将不得不提供至少与就业计划相同的工资、福利以及工作条件。而随着大部分人拥有了正式工作，获得了劳工法规的保护，非正式部门的规模也将不断缩小。由于那些受到不公正对待的工人现在可以选择参加“就业保障/最终雇主”计划，种族歧视与性别歧视问题也将得到改善。当然，就业计划本身无法完全终结歧视问题，但充分就业一直被视为追求平等的一项重要工具（Darity，1999）。

就业计划的一些支持者还强调了拥有统一基本工资将有助于提升经济和保持物价稳定。“就业保障/最终雇主”计划将成为一个“自动稳定器”，使就业规模在经济衰退时增长，在经济扩张时缩减，抵消私营部门出现的就业波动。联邦政府预算将更加具有反周期特性，使政府对“就业保障/最终雇主”计划的支出在经济衰退时增长，经济扩张时减少。

此外，统一的基本工资将在经济繁荣时降低通货膨胀压力，在经济衰退时降低通货紧缩压力。在经济繁荣期，私营雇主可以通过为工人提供比就业计划更高的工资从就业计划中雇用工人。就业计划就像是劳动力“后备军”，随着私营部门就业率的增长而抑制涨薪压力。在经济衰退期，私营雇主裁掉的工人仍可以在“就业保障/最终雇主”计划中工作，为工资提供了下跌的下限。我们将在下文中对更多的细节问题进行探讨。

8.1.3　宏观经济学稳定性问题

如上所述，就业计划会设定一个固定（但定期调整）的基本薪酬待遇。这将确保“就业保障/最终雇主”计划的工资不会为私营公司部门工资造成压力，产生相互竞价。这样的工资通常会设定一个私营部门无法降到的工资下限，就像是农业商品价格下限那样，不会导致价格上涨，却能阻止价格下跌。事实上，如此设计的“就业保障/最终雇主”计划可以被看作与澳大利亚羊毛价格稳定计划相似的缓冲存量计划（Buffer Stock Program）（支持就业保障计划的澳大利亚学者威廉·米切尔在意识到就业计划可以按照澳大利亚政府羊毛价格稳定计划的方式来进行后，提出了这个观点)。当市场价格低于支持价格水平时，政府购买羊毛，而当市场价格高于这一水平时，政府出售羊毛——该计划通过稳定羊毛价格来稳定农场收入与绵羊饲养者的消费支出。

在“就业保障/最终雇主”计划中，政府为劳动力提供了最低限价，为参与计划的人提供工资，其政府将以高于“就业保障/最终雇主”计划工资的价格将劳动力“出售”给公司（以及非就业计划内的政府部门)。如羊毛的最低限价那样，劳动力的最低限价并不会对市场工资水平产生直接的通货膨胀压力。事实上，只要劳动力的缓冲存货规模足够大，便有助于限制一般工资水平的市场压力，政府将在经济繁荣期“出售”劳动力。此外，由于劳动力可投入各类生产当中，如果工资可以得以稳定，那么生产成本也将更加稳定。我们通过上述分析注意到，羊毛缓冲存量可以稳定羊毛供应商的收入以及消费，而“就业保障/最终雇主”计划将直接稳定计划内工人的收入和消费，如果因此而导致其他工资和收入变得更稳定，将进一步提升宏观经济的稳定。

对此，批判者担心就业计划的存在将增加工人的野心，造成涨薪需求和通货膨胀。然而，有两点原因可以消除这样的顾虑：首先，如果非就业计划工人工资需求过高，而雇主总是拥有是否从就业计划中雇用员工的权利，那么有效的劳动力缓冲存量会抑制工资需求。如同羊毛供应商的价格需求将被政府的羊毛缓冲存货而稀释，再顽固的羊毛供应商也无法将羊毛价格提高到远高于政府出售价格的水平。其次，顽固的工人若提出过多增加工资的需求，他们的工资上涨超出“就业保障/最终雇主”计划基本工资越多，失去这些高薪工作的成本也就越高。例如，“就业保障/最终雇主”的时薪为 15 美元，那么，每小时收入达到 15. 50 美元的非计划工人将会有勇气要求 15. 75 美元的时薪，但在接下来的几年中他们都不可能再继续要求更高的工资了，因为他们很有可能会因此而被辞退，从而只能获得一份“就业保障/最终雇主”计划中每小时 15 美元的工作。失去一份时薪为 20 美元的工作的成本与失去一份时薪为 15.50 美元的工作的成本是不同的。

8.1.4　汇率效应会对此产生怎样的影响呢

有些讨论关注到了汇率问题：如果就业机会为穷人提供了收入，那么，他们的消费将增加，对进口商品的购买也将增加。这将导致贸易逆差的恶化，货币贬值，可能引发通货膨胀并通过汇率的传递效应而恶化（货币贬值会导致进口商品价格上涨，增加国内消费品篮子价格水平的通货膨胀）。换言之，失业和贫困被视为保持低通货膨胀率以及维持货币价值的成本。这与“菲利普斯曲线”的观点相似：我们需要大量的失业人口来保持对工资水平和通货膨胀的控制。

对此，我们可以做出两点回应：

第一点是从道德伦理角度做出回应。一个国家难道应该通过让部分人口保持足够贫穷从而无法负担对进口商品的消费来维持宏观经济稳定吗？更重要的是，利用失业和贫困来保持货币稳定是可以被接受的政策工具吗？难道没有其他可以实现这些目的的方式吗？即使没有，难道政策制定者不应该接受一定的货币贬值从而消除失业和贫困吗？这些道德伦理观点强烈反对利用失业和贫困作为实现价格和汇率稳定的主要政策工具。

第二点是从事实角度做出回应。我们要对就业计划会威胁到价格和货币稳定这一观点提出质疑。在这里必须明确一点：我们并不是认为就业计划对于特定的价格指数或汇率没有任何影响（如居民消费价格指数）（参见第9章的相关讨论）；反之，我们认为“就业保障/最终雇主”计划对国内和外国货币价值起到了支柱的作用，因此，它实际上促进了宏观经济的稳定。

如上所述，“就业保障/最终雇主”计划不会导致国内通货膨胀，但该计划可以根据工资（和福利）最初设定的数额，引发一次性的工资和物价的提升。

同样，如果执行“就业保障/最终雇主”计划实现了收入的增长，将导致进口的增加。即使汇率真的因此而下滑（并出现因传递效应而导致的通货膨胀），稳定的工资水平也将阻止物价的螺旋上升趋势。如果一个国家不准备让其贸易逆差随着“就业保障/最终雇主”计划带来的就业率和收入一同增长，该国仍拥有大把的政策工具可供使用，唯一不该使用的是迫使失业和贫困人口来承担所有的负担。换言之，一个国家可以使用贸易政策、进口替代、奢侈品税、资本管制、利率政策、营业税等政策工具，尽可能减小对汇率的压力。这样的政策是否需要由富有、发达的经济体来执行，我们尚不清楚。我们曾得出过出口是成本、进口是收益的结论，一旦失业的问题得到解决，那么，关于进口问题的讨论也将画上句号。

8.1.5 支付能力问题

正如我们通常所见，使用浮动汇率制度下的本国货币的主权国家总是负担得起“就业保障/最终雇主”计划。只要工人愿意且已经准备好以就业计划中的工资水平开始工作，政府便可以“负担”雇用他们的成本，通过贷记银行账户向其支付工资。政府对“就业保障/最终雇主”计划的支出不受税收收入或对其债券的需求的约束。

当然，政府对于“就业保障/最终雇主”计划的支出也不会无限地增加。如上所述，劳动力储备的规模将随经济周期而波动，当私营部门出现增长时自动缩减。经济衰退时，被私营部门辞退的工人将在“就业保障/最终雇主”计划中找到就业机会，从而增加政府支出，刺激私营部门发展，使其重新开始从劳动力储备中雇用工人。哈维（1989）和L.兰德尔·雷（1998）估算政府“最终雇主”计划的净支出约为美国GDP的1%；阿根廷的“家长计划”（Jefes Program）（见下文，指有限的“就业保障/最终雇主”计划）的最大总支出约为GDP的1%（这一数字无疑夸大了净支出，因为在没有“家长计划”的情况下，政府还要为其他扶贫项目提供更多的支出）。

8.1.6　就业的波动

一些人担忧就业波动会大到无法控制。经济衰退时，不得不创造大量的就业机会；而在经济繁荣时期，由于许多工人前往私营部门工作，大量的工作项目将不得不被终止。但即使在劳动力储备规模缩减的情况下，一些特定类型的工作项目也仍会继续下去，例如，为老年人送上热午餐的“上门送餐”（Meals on Wheels）项目。而其他类型的项目，如公共基础设施修复项目、为穷人建设房屋的“仁爱之家”项目等，可能会在经济繁荣时被削减。

美国“就业保障/最终雇主”计划中的劳动力储备的波动通常约为400万劳动人口——经济繁荣时约为800万人，经济衰退时约为1200万人。这仅仅是一个粗略的估计，以失业人口数量加上不在劳动力规模统计中，但可能会接受就业机会的人口。我们也必须预测经济周期中就业计划以外就业规模的一般波动。全球金融危机后的失业当然更为严重——约为正常时期的三倍，但这仅仅是由于没有阻止经济下行的缓冲存货计划而导致的。就业规模的一般波动是可控的，在经济繁荣时期，仍将有大量的劳动力处于劳动力储备中，大多数的工作项目将得以继续；而在经济衰退期，新雇用的工人可以被现有的工作项目吸收，也可以通过恢复或创造一些工作项目来吸收这些劳动力。

探讨框：全民就业：马丁·路德·金在华盛顿游行中缺失但却关键的元素

“是政府的冷漠无情煽动起了愤怒和挫败的痛苦。在黑人聚居区，失业是一项根深蒂固的问题，政府对此却总是采取冷漠的态度，小修小补，拒绝成为黑人区失业民众的最终雇主。政府要求企业来解决这些问题，就好像企业过去的失败可以换来现在的成功一样。”——马丁·路德·金博士在为“华盛顿工作与自由游行”运动寻求支持的最后一封信中如此写道。

上一次就业保障计划得到美国公众的关注还要追溯到20世纪60年代早期。马丁·路德·金认为，获得就业机会是公民权利的关键组成部分。

回到2001年，马修·福斯塔德收集了大量马丁·路德·金为就业保障计划所撰写的文献。详见马修·福斯塔德《公共事业就业保障：对马丁·路德·金博士最好的悼念》（*Public Service Job Assurance: A Most Fitting Tribute to Dr. King*）一文[①]。我们要在这里重复他的一些观点并引用马丁·路德·金博士的原话，并在该书的最

① 出自：Special Report 01/01，http://www.cfeps.org/pubs/sr/sr0101/。

后附上相关参考文献：

马丁·路德·金：黑人社会也面临着萧条。当黑人社会出现大规模失业时，人们称其为社会问题；而当白人社会出现大规模失业时，人们称其为萧条。事实上，黑人社会面临着严重的经济萧条，失业率极高，在某些城市，黑人青年的失业率可以达到约40%。(King，1968)

马丁·路德·金：仅靠经济扩张无法改善黑人的就业现状。经济扩张提供了基础，但政府在此基础上还需采取更多的措施，青年失业的悲剧亟待解决。在经济蓬勃发展时期，黑人青年却如同在经济危机中一般饱受失业的折磨，他们成为美国经济繁荣的局外人。(King，1967)

马丁·路德·金：今天，当熟练和半熟练的黑人劳动力尝试攀登经济保障的阶梯时，却发现在政府"自动稳定机制"每周减少约4万个工作岗位的前提下自己正在与白人竞争。尽管这也许是社会和经济动荡的必然结果，但仍让人无法容忍，黑人不会允许在就业机会不断减少的社会中总是在与白人的就业竞争中落入下风。(King，1968)

福斯塔德：马丁·路德·金博士在他的提议中反复强调"政府……要成为最终雇主"[King，1971（1963）]；"我们需要经济权利法案，从而保证每个想工作并能够工作的人都能获得就业机会……这意味着要创造公共事业就业机会。"(King，1968)

马丁·路德·金：我们必须发展公共就业、再培训以及全民就业的联邦政府计划，这样，无论是白人还是黑人都不会再感到恐慌。目前，由于经济发展的自动机制以及其他生产技术的进步，数以千计的就业机会正在消失……除非完成一些重大且富有想象力的计划，否则所有白人和黑人都将受到伤害。失业、一贫如洗的白人需要明白，他们与黑人其实同病相怜。只有同舟共济，他们才能对政府施加巨大的压力，争取到全民就业；只有同舟共济，他们才能组成一个强大的联盟；只有同舟共济，他们才能团结所有人，为所有人牟利。(King，1965)

福斯塔德：在《我们将何去何从?》(*Where do We Go From Here*?)(1967)一文中，马丁·路德·金阐述了他对于公共事业就业保障的构想：第一，技能的培训和教育是就业计划的结果而非先决条件。第二，应当从供给短缺却能让最贫穷的团体受益的公共事业中创造就业岗位。第三，就业计划为有未满足需求的个人和家庭创造收入。第四，从社会心理层面来说，就业计划对于个人、家庭、不同社会群体以及整个国家都会产生许多好处。

马丁·路德·金：人类服务(Human Services)领域的就业扩张便是那个缺失的产业，可以吸收美国长久以来的失业劳动力，可以成为改变美国就业现状的产业。人类服务产业是一个劳动密集型产业，需要立即拥有大量的劳动力，而非像建筑或其他领域，首先需要大量的资本投资。该产业将满足私营企业无法满足的就业需求，吸收那些可以被训练的劳动力进行工作。人类服务产业的增长速度会非常迅速，其发展的方式应确保创造的就业机会并不是主要针对那些受过学院教育的专业人士和拥有硕士文凭的人群，而是那些在社区中可以为了邻居奉献的人群……使受到较少教育的人群也能够完成现在由那些受到良好教育的人群完成的任务，以及一系列全新且必须完成的任务。(King，1967)

在另一篇文章中，福斯塔德通过分析20世纪末出现的问题，将马丁·路德·金为公民权利奋斗的提议和观点带到了50年后的当今社会，详见《美国减少黑人贫穷和失业的充分就业方法》(*The Full Employment Approach to Reducing Black Poverty and Unemployment in the United States*) 一文。[①]

福斯塔德：达里蒂等（1994）认为，在工业资本主义宣称的管理资本主义或管理社会的转型中，"下层社会"黑人不再是劳动力的后备军。

"不宜被雇用的""下层社会"这样的词汇束缚着工人阶级的思想，不是通过带走工作机会，而是通过列举"这可能指的就是你"的方式实现这种束缚。福斯塔德引用了1996年的《美国黑人状况报告》(*The State of Black America*) 一文的内容。全美城市联盟（The National Urban League）在其中号召实施"高度关注城市内部贫穷居民的就业"的政策：

毫无疑问，城市中的居民希望工作。如果内部城市居民想要工作，整个城市都想要工作，我们将扩大罢工的规模。没有任何的宏观经济政策、经济增长前景、模范城市方法、黑人资本主义战略以及可以想象到的企业实验区能够媲美大萧条时期公共事业振兴署(Works Progress Administration) 通过迅速降低失业率为人民点燃希望的举动。支出公共资金来填补劳动力市场的漏洞完全不违背美国的价值观。

① 出自 Working Paper No. 7，March 2000，http：//www. cfeps. org/pubs/wp/wp7. html。

8.2 发展中国家的“就业保障/最终雇主”计划

一个小的发展中国家面临着多项挑战：第一，小的发展中国家可能仅仅生产很少种类的商品，进口大量无法生产的各种商品（虽然这些商品无法直接进入大多数人口的消费计划中）。此外，其出口可能会被限制在更小范围的商品类别当中。收入的增长将立即对汇率产生压力。第二，正式部门（Formal Sector）规模会很小，大多数生产和就业都在非正式部门（Informal Sector），正式部门劳动力市场和非正式部门劳动力市场的工资水平差异很大。第三，国家政府的行政能力相当有限，国内基础设施建设无法满足生产能力的重大扩张。第四，多为钉住汇率制。

在这样的条件下，如果在全国范围内实施工资水平与正式部门相等的普遍“就业保障/最终雇主”计划，将会有大量的工人从非正式部门涌出。货币收入和对消费品的需求将增加，最重要的是大多数人都无法负担的“奢侈品”的进口。贸易平衡可能恶化，政府将很快失去维持钉住汇率制度必需的国际货币储备规模。本国物价将攀升（尽管那些本国商品是经济学家口中的劣等商品，大多为贫困家庭所生产，对生产本国商品的直接物价压力相当有限），进口商品的价格将随着货币的贬值而上涨。汇率危机将很有可能引发一场经济危机。那么，是否有什么方法可以避免这些后果呢？

首先，让我们来看看如何降低对物价、汇率以及贸易平衡的影响。保持就业计划的工资与非正式部门的平均工资水平相近可以限制对货币需求的影响。因此，与以正式部门的最低工资为基准相比，更应当将其设定为接近非正式经济部门的平均工资水平。然而，如果“就业保障/最终雇主”计划的薪酬待遇包括市场额外提供的生活必需品，贫困状况将得到改善。这些必需品包括国内生产的食品、衣物、住所和基本服务（医疗卫生、儿童看护、老年护理、教育、交通等服务）。由于这些必需品多以实物形式提供，就业计划内的工人将无法使用收入购买进口商品来取代本国商品。此外，工人的生产可以提供大多数的商品和服务，从而使对政府预算以及贸易平衡的影响最小。

如果就业计划直接提供基本的生活必需品以及与之前在非正式部门工作时相等的货币收入，这将对货币需求产生净影响。此外，“就业保障/最终雇主”计划的项目生产过程中可能需要投入进口工具以及其他资源。政府细致的规划将有助于减少负面影响，例如，对所需的工具和材料的进口可能会对出口收入和国际援助产生影响。由于“就业保障/最终雇主”计划中使用的生产技术非常灵活，生产不必满足通常的市场盈利能力要求（福斯塔德，1999），政府可以逐步增加“资本比率”（Capital Ratios），按其能力来向进口设备提供资金支持。此外，“就业保障/最终雇主”计划可以用于提高国家生产出口产品的能力，最明显的例子便是通过提供公共基础设施降低企业成本、吸引私人投资。

计划的分阶段实施将有助于减小对正式市场和非正式市场的不良影响，同时限制其对政府预算的冲击。此外，从小处做起将有助于培养政府管理更大计划的能力。例如，阿根廷通过只允许每个贫困家庭选出一个人参与就业计划来限制计划规模。就业计划还能以更小规模的方式开展：每个家庭只注册一个人，并在分配工作时通过抽签的方式进行，这样，就业计划便能按照计划内容有步骤地进行。由单个社区组织（如乡村一级社区组织）所提出的最好的就业计划可以被选出来，用于给社区中每个家庭一定数量的人口安排工作。分散化就业计划的发展、监督和管理可以减少中央政府的行政负担，同时，保证满足当地的需求。

再举一个例子，印度正在实施一项仅针对乡村地区的就业保障计划——乡村地区的人们现在享有要求每年工作100天的权利（见下文）。将就业计划限制为仅针对乡村居民有助于减少失业人口涌入城市，同时，限制每年100天的工作时间将避免出现更多的就业计划（与当地农业部门通常在年内几个特定时段需要劳动力的现状相适应，就业计划将在农业不需要劳动力时开展）。

必须明确，我们更希望实施的还是提供基本生活工资的普遍“就业保障/最终雇主”计划。但出于实际考虑，计划有必要从小做起，并朝着这个目标努力。在制订一个计划时，需要考虑一个国家特有的状况，包括其政治现实。

如同支持阿根廷就业计划一样，国际援助组织可以为就业计划提供一定的资金支持。当然，一个主权政府总是能够以本国货币支付工资，因此，国际援助组织不需要为其支付工资，但如果进口由于贫穷减少而增加，国际援助组织将负责提供所需的国际货币。此外，就业计划可能需要一些通过进口才能获得的工具和设备，国际援助组织可以对此提供一定的外币援助。然而，除非“就业保障/最终雇主”计划直接通过增加出口来为国家债务付息；否则，应避免进行国际贷款。

“就业保障/最终雇主”计划的部分产出可以在国内或国际出售以获得收入。例如，阿根廷家长计划的工人所生产的衣物和家具均在正式市场中出售。此外，就业计划中部分产出可以代替政府购买，例如，该计划中的工人为政府生产制服等。但通常，“就业保障/最终雇主”计划的生产不应与私营部门竞争。

政府应避免累积难以付息的外币负债，如果需要，政府可以使用保护其贸易平衡和汇率钉住制的传统方法：关税、进口管制以及资本管制等。在某种程度上，“就业保障/最终雇主”计划将提高货币工资和货币消费，对贸易平衡和汇率的影响与其对国内经济增长的影响相似。对国际贸易以及资本流动领域的政府介入问题的讨论我们已经耳熟能详，在此不再赘述。尽管多数人曾强烈反对政府介入，但近年来，这样的情况得到了改变，人们认为，在个案的基础上进行政府介入以实现保护是可以接受的。

探讨框：就业即人权

获得工作的权利被联合国的《世界人权宣言》所承认。第二十三条规定：①人人有权工作、自由选择职业、享受公正和合适的工作条件并享受免于失业的保障。②人人有同工同酬的权利，不受任何歧视。③每一个工作的人，有权享受公正和合适的报酬，保证使他本人和家属有一个符合人的尊严的生活条件，并在必要时辅以其他方式的社会保障。④人人有为维护其利益而组织和参加工会的权利。

8.3 就业计划的管理

一些批判家曾表示，就业计划的规模可能会大到无法管理，中央政府将难以顾及每一个计划的参与者，难以确保他们能一直从事于实用的项目。更糟的是，大规模计划可能会滋生项目经理挪用资金的腐败问题。我们接下来将简单地讨论一些可以提升就业计划管理能力的方法。

第一，国家政府没有必要亲自来制订并运行整个就业计划。就业计划可以高度分散，分别由地方政府、地方非营利社区服务组织、公园和娱乐机构、学区以及工人合作社等开展。可以由地方社区提出计划，地方机构或地方政府来运行这些计划，国家政府仅需要提供资金支持，并批准相关项目。阿根廷的就业计划以及印度的新就业计划在某种程度上便是这样运行的。

第二，为了减少资金被挪用的可能性，国家政府可以将工资直接支付给就业计划的参与者。通过使用社会保险号码等可以很好地完成支付，即像社会保险支付退休金那样直接向其银行账户中汇款。如果项目经理无法接触政府资金，便难以用其“中饱私囊”。诚然，这也很有可能出现欺诈问题，如向一个并未工作或已经死亡的人的社保账户中支付工资。计划的透明度也将是对抗腐败的手段，通过互联网公开所有计划参与者和所有支出的记录，采用揭发检举奖金等激励手段。在这里，隐私将会是一个问题，但在美国，公共部门正式雇员的工资通常都是透明公开的。作为就业保障计划工人，其工资将由公共部门支付，而公共计划工资的透明公开早有先例。

第三，为了承担管理和材料成本，国家政府将向项目提供一定的非工资资金支持。在直接就业创造计划中，该资金通常约为工资总额的25%。支付数额越高，对项目经理的不良激励便越有效，促使他们创造就业项目以获得资金支出。因此，非工资资金不宜过多，国家政府应要求就业项目提供匹配资金，以弥补其非工资支出。

第四，虽然让私营营利组织进入就业计划具有一定好处，但为利润而生产的不良激励将更为严重。私营雇主将使用“就业保障/最终雇主”计划的工人替代其他雇员，以降低工资支出成本。工人合作社则可能产生更好的效果，一部分工人可以提出向市场出售以生产为目的的就业项目，“就业保障/最终雇主”计划将在一段特定时间（如一年）内为其支付部分工资，这段时间后，合作社将开始自给自足。如果合作社难以为继，那么，这群工人将转移到“就业保障/最终雇主”计划下的普通就业项目中去。阿根廷的家长计划就曾试验过工人合作社的方法。

显然，就业计划仍有许多管理问题需要探讨，有大量关于政府资助直接就业创造计划的实例。这些计划必须适应每个国家的具体状况，因此，将出现无数个试错实验。就提供生产实用产出的工作岗位而言，有些项目并不是那么成功，但请记住，失业更加浪费社会资源。

尽管少数人仍认为这是对营利组织的一场致命审判，大多数私营公司也并未真正将工人们置于失业的状态。我们必须做好接受“就业保障/最终雇主”计划的成功率低于100%的准备，对于私营雇主的成功率也是如此。

探讨框：凯恩斯对失业的看法

尽管约翰·梅纳德·凯恩斯是否是20世纪最伟大的经济学家备受争议，但他通常被称为现代宏观经济学之父。在政策制定者们看来，第二次世界大战后所采用的经济政策的基础就是凯恩斯的重要思想：政府应当提高总需求，从而促进经济增长和就业。在第二次世界大战后的几十年中，“凯恩斯时代”的确实现了高增长率与低失业率。然而，如第6章中所述，经济学家和政策制定者开始相信充分就业与物价稳定并不兼容，于是，大多数国家开始抛弃高就业率的目标。维持高失业率被认定是限制工资水平的必要举措（这便是著名的菲利普斯曲线观点）。但凯恩斯在很久之前便驳斥过这个观点，认为该观点“极其荒谬”。尽管凯恩斯并没有推出“就业保障/最终雇主”计划，但曾提出过政府支持的直接就业创造计划。

他似乎也认为，政府使用定向支出而非注资刺激的方式实现充分就业效果更好。在此，我不会列出凯恩斯的所有观点，而是引用我最喜欢的他的两句话：第一句关于失业；第二句则关于“办实事”，即解决问题。

保守党认为，世界上存在阻止人类被雇用的自然法则，即雇用一个人是“鲁莽”的，使约1/10的人口保持无限期的失业状态将保证财务稳健。这样的想法是极其荒谬的，任何一个头脑清醒的人都不会相信。因此，我们主要的任务便是确认读者能够本能地明白那些看上去合乎情理的确实合乎情理，那些看上去是一派胡言的确实是一派胡言。我们应当尽力让人们明白：如果新形式的就业可以为更多人提供就业机会，那便如同听上去的那样清晰明确，不存在任何的“暗礁”；如果让失业的人为实用的项目工作，那便如同展现出来的那样清晰明确，会增加国家的财富；诸如“出于错综复杂的原因，如果我们使用这样的方式来提升自己的福利，我们相当于在从经济上摧毁自己”这样的观念，便如看上去的那样荒谬。(John Maynard Keynes，1972)

只要我们有办实事的新风气，而不是一味地否定，每个人的思维都会变得活跃，并会出现大量的救济金领取者，我们将无法预先知晓其确切的特点。[Keynes，(1929) 1972]

对于罗斯福新政的讨论参见约翰·亨利（John Henry）的文章①。

① http：//neweconomicperspecti-ves. blogspot. com/2012/01/federally-funded-jobs-program-lessons. html#more.

8.4 “就业保障/最终雇主”计划及其实例

世界上已经落实了许多就业创造的计划，一部分为针对性就业计划，另一部分为广泛的全民就业计划。美国罗斯福新政包括了数个较为广泛的就业计划，如民间资源保护队以及公共事业振兴署。瑞典开展了广泛的就业计划，几乎可以保证每个人都能获得工作机会（Ginsburg，1983）。从第二次世界大战到20世纪70年代，包括澳大利亚在内的许多国家，通过将高总需求与宽松的直接就业创造计划相结合，保持了大致接近充分就业的就业水平（通常会出现非正式的“最终雇主”，如国家铁路、军队等，可以雇用任何人）。正如米切尔和姆斯根（2008）所言，即使政府并没有明确地开展国家普遍性的“就业保障/最终雇主”计划，国家对充分就业的承诺也将刺激政府实施相关可以创造就业机会的政策。

在20世纪30年代的大萧条时期，像大多数国家一样，美国开展了多项就业计划。那些计划并不是一项普遍的“就业保障/最终雇主”计划的组成部分，但新政是一个大规模且影响深远的就业计划，通过公共建筑、大坝、公路、国家公园、铁路等美国的公共事业来实现。例如，在公共事业振兴署工作的工人们承担着改善美国面貌的任务。他们建造、加固学校、大桥、大坝等，如旧金山的牛宫体育馆、纽约拉瓜迪亚国际机场、华盛顿国家机场（现更名为华盛顿罗纳德·里根国家机场）、俄勒冈的森林界线小屋、芝加哥湖滨小路上的大桥、圣安东尼奥的河滨步道等。这些工人亲手缝制衣服，填充床垫，修理玩具；为学童烹制热气腾腾的午餐，照料病人；骑着马将图书馆的书送到偏远地区；营救遭受洪灾的难民；为医院、中学、法院和市政厅绘制巨幅壁画；为热情的观众演奏乐曲；为48个州撰写指南，这些书在今天仍是指南类书籍的典范；当世界大战乌云笼罩在美国上空时，公共事业振兴署的工人们致力于武装军队和空军基地，并接受训练以满足国家的军事需求（Taylor，2008）。

新政就业计划雇用了约1300万人，公共事业振兴署是其中最大的项目，持续8年并雇用850万人，支出约105亿美元（Taylor，2008）。新政不仅让一个支离破碎的国家全面复兴，更将其带入了21世纪。公共事业振兴署建设了65万英里的公路，7.8万座桥梁，12.5万个平民和军事建筑，700英里机场跑道；为孩子们烹制了9亿份热气腾腾的午餐；经营了1500家幼儿园；为1.5亿名观众进行了音乐会的表演，创作了47.5万件艺术品。它让美国改头换面，步入了现代化的进程（Taylor，2008）。

迪米特里·帕帕季米特里乌对世界各国政府开展的一系列直接就业创造计划进行了总结，部分计划出现在发展中国家。

> 政府开展的直接公共事业就业创造计划带来了长期的积极结果。在20世纪，美国、瑞典、印度、南非、阿根廷、埃塞俄比亚、韩国、秘鲁、孟加拉国、加纳、柬埔寨在私营部门需求不足时曾间歇性地实施“最终雇主”计划，“最终雇主”一词由经济学家海曼·明斯基在20世纪60年代创造。例如，韩国在1997～1998年的金融危机期间，实施了“处理失业问题的总规划”（Master Plan for Tackling Unemployment），规划资金占政府支出的10%。政府为公共事业项目雇用大量工人，进行包括培育森林、建设小型公共设施、修复公共设施、清理环境、任职于社区与福利中心以及针对年

轻人和能够熟练使用计算机的人的信息科技项目等工作。随后，整体经济得到扩张，并开始蓬勃发展。①

现在，我们再回到阿根廷和印度，看看近期发生的例子。

经济危机后，伴随着货币局制度的崩溃，阿根廷实施了家长计划，保证每一个贫困家庭的户主都能获得一份工作（Tcherneva and Wray，2005）。该就业计划成功创造了200万个新就业岗位，不仅为贫困家庭带来了工作和收入，还为贫困社区带来了其所需的服务和免费商品。最近，印度通过了《全国农村就业保障法》（2005），政府承诺将在公共事业项目中为每一个农村成年居民提供工作。居民在注册后的15天内便可获得工作，且该工作每年的工作时间至少为100天（Hirway，2006）。这些计划较清晰地展示出政府可以，并应当成为最终雇主。事实上，印度就业计划被看作一项人权承诺：每个人都享有有薪就业的权利。

这些实例经验让我们能够从理论走向实践，许多批评家对直接就业创造计划展现出的担忧现在看来是荒谬的。即使是在艰难环境下的大规模就业创造，也能取得成功。计划的参与者们乐于获得工作的机会，将其视为享有权利。家长计划让我们明白，就业计划能够以民主的方式实现，通过政治过程增加参与度，并减少腐败和官僚主义资源浪费。实用的就业计划应当被实施，即使一个就业计划规模大到要为5%的人口提供就业，社区仍然能够为参与者找到适合的工作。家长就业计划减少了社会动荡，并为私营部门提供了生产需求。

---

① http：//www. latimes. com/news/opinion/la-oe-papadimitriou-job-creation-20120105,0,60-7208. story？ track = rss&mid = 56.

那么，家长计划在别的国家是否一样有效呢？至少，我们可以学习这个计划的成功之处，并吸取它失败的教训。一个阿根廷组织者曾跟我说过："那些饱受饥饿折磨的人们实际上明白自己的需求是什么。如果你将政策对准他们的需求，那么绝对不会做错。政府做得很好，它们从根本上解决了问题……政府并没有只看问题的表面，而是直接看到了问题的根源。"（Tcherneva and Wray，2005）

在某种意义上，"就业保障/最终雇主"计划便是针对"问题的根源"的，"从根源处雇佣"，为那些底层的人们提供工作。其将私营雇主可以提供的最少工资和福利设定为最低标准，因此并没有通过竞价的方式从私营部门中获取劳动力，它是提供了一份工作给那些没有工作的人。此外，通过分散化执行，该计划允许地方社区自己创造并管理就业项目。地方社区很可能对当地社区的需求更加了解，从而提出一些更好的就业计划。因此，这是一个"自下而上"的就业创造方式，而非更为常见的"向下渗透"方式。

探讨框：解决失业需要的是更多的就业机会，而不是更多的假期

进步派的经济学家迪安·贝克（Dean Baker）对于失业问题非常感兴趣。他认为应当提供更多的带薪休假。[1]

他的观点是，如果所有的雇员都减少工作量，雇主就需要雇用失业者进行生产，而已被雇用的员工则可以在佛罗里达州的海滩上享受阳光的沐浴。我们完全赞成缩短工作时长，但非常可笑的是，美国劳动者的工作时长在一个世纪之前便停在了40小时

① http：//truth-out. org/opinion/item/27723-the-paid-vacation-route-to-full-employment.

的标准上。美国劳动者每年的工作时间比地球上任何国家的劳动者都要多。

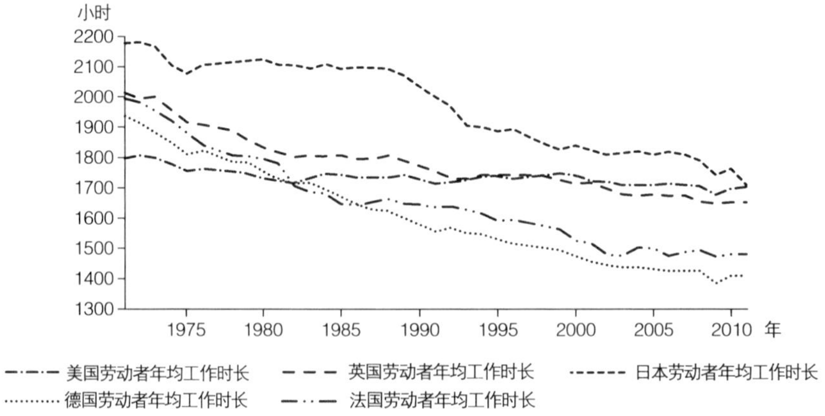

图 8.1　各国劳动者年均工作时长

但琼·罗宾逊（Joan Robinson）曾表示，失业比成为一个工资的奴隶还要糟，更少的工作时长和更多的带薪休假将是让工作场所更加人性化的前进目标。人们需要更多的时间享受家庭、娱乐和艺术；需要更多的时间来自我完善，并让社会变得完善。关于减少工作时长的一系列论点中，最后一个才是为失业人群创造更多的就业机会。在就业中实施“工作分担制”便如同为解决饥饿问题而让人们“分享三明治”。

帕夫林娜·切尔内娃指出，进步派对于除失业以外的每个社会问题都主张实施直接的解决方案。那么该如何解决缺乏医疗服务的问题？进步派倡导实施单一保险付款人制度。饥饿问题呢？发放食品救助券。无家可归呢？建造公共住房。老年贫困呢？实行社会保险。

那么，失业问题呢？增加假期，让那些就业者不去工作；提供失业补助金，让那些失业者也不去工作；或执行更为可笑的措施，提供基本收入保障（Basic Income Guarantee，BIG），让每个人都不需要工作。我们忽略了哪一点呢？那些失业者希望就业，但这些措施却并没有为他们提供就业机会。

为什么不为每一个想要工作的人创造就业机会呢？关于这个问题，最常见的观点便是：这在美国是不具有政治可行性的。为什么呢？这样做的成本太高。对于可以提供基本生活工资的就业保障计划来说，其成本占GDP的1%～3%，这么多的支出将永远无法被国会通过。当然，我们对社会事业项目的支出已经达到了GDP的10%左右，大多数的支出用于解决贫困问题，而这很大程度上由失业、非自愿性暂时失业以及诸如沃尔玛这样的雇主提供的微薄工资所致。

我们的想法可能很疯狂，但我们认为，美国人将更支持向人们支付工资工作，而非为他们提供更多的假期。特别是，当一项工作可以提供基本生活工资，从而免除大部分的社会支出以及曾向企业支付的巨额补贴和税项减免（以此说服企业多创造几个就业机会）时，更是如此。提供基本生活工资的就业保障计划不仅一下子省去了大多数扶贫支出，更确保了私营部门职位将会提供丰厚的薪水。同时，就业保障还消除了无数个将耗竭政府部门财力的公共政策，本以为这些政策试图通过税项减免和补贴的方式“贿赂”公司，从而让公司迁移其工厂和仓库资源。

诚然，实现一个就业保障计划并不会那么简单，但其与美国价值观高度契合。乔治·莱考夫（George Lakoff）对从科学角度来研究价值观非常感兴趣。①

正如莱考夫所言：认知科学研究人们如何思考，即大脑如何运转，我们如何从神经元处获得想法，框架思维和隐喻思维如何工作，语言和思想之间的联系等。但其他学术领域并没有应用这些研究的结果，尤其是政治学、公共政策、法律、经济学等，简而言之，那些所有踏入政界的进步派所研究的领域。因此，他们所传授的便是一个不完整的“理性”与理性观。他们忽略了几个事实，即我们的大脑在生命的早期由数百个概念隐喻和框架构成，我们只能理解大脑允许我们理解的事物，保守派和进步派人士的大脑便是由于分别获得了不同的大脑回路，导致他们通常拥有不同的理性判断方式。进步派所谓“理性论据”并不意味着“通常情况下的理性”便是如此。对于进步派和保守派来说，他们对“理性论据”的理解并不相同。

对于有些人来说，提供更多的带薪假期可能是解决失业问题的“理性”方法，但这违背了“通常情况下的理性”。例如，更多的带薪休假如何为社会做出贡献？政府为何应当为你的额外假期埋单？为什么失业人员不去找一份属于自己的工作，而是来分担我的工作？我如何才能知道我的雇主并没有让我在25个小时内完成了40个小时的工作量？如果国会违背了承诺，不弥补我损失的工资该怎么办？如果我的雇主更加喜欢另一个分担我的工作的员工，解雇了我却给了他全职工作的机会，我该怎么办？

① http：//www. truth-out. org/progressivepicks/item/27576-george-lakoff-progressives-cannot-succeed-without-expressing-respect-values.

所以，这是一道难题。那么，为何不去引导一个支持全民就业的道德框架，从而让人们获得体面的工资呢？对于那些想要工作的人来说，没有什么能比就业机会更有效地帮助他们摆脱贫困。向他们提供一份工作是“授之以渔而非授之以鱼”，让他们工作促进社区发展，同时，促进共同繁荣。当每个人都拥有工作时，每个人都将受益，这与美国的价值观是一致的。

我们已经有半个多世纪的时间都是在“授人以鱼而非授人以渔”，然而，救济无法改善贫困。贫困是糟糕的，不平等是糟糕的，失业同样是糟糕的。救济与美国的价值观相矛盾其往往伴随着附加条件：支付能力调查、药物检测、对儿童的管制等。

我们需要那些与美国工作、积极性、自给自足、生产效率等方面的价值观相符的政策，那些可以促进社区发展的政策；我们需要国家主权之内的政策，而不是损害别国的利益；我们需要通过进步派和保守派都会支持的政策，找到共同的立场。

8.5 就业保障与不平等

2014 年，经济学家和政策制定者意识到了经济增长中的不平等问题，托马斯·皮凯蒂的著作《21 世纪资本论》（*Capital in the Twenty-First Century*，2014，中文版由中信出版社出版）起到了很大的帮助作用。事实上，上涨的潮水并没让每一条船都浮在海面之上，过去几十年的经济增长反而导致了更多的不平等问题。

经济学家和政策制定者仍是乐观的，如果是在肯尼迪总统执政时期，大家都会认为，如果你可以刺激经济增长，每个人都可以受益。但这样的观念实际上非常幼稚，与事实恰恰相反。在经济繁荣的时候，有权势的人可以赢取所有的战利品。在经济衰退时，他们将得到政府的救助。如果无论经济状况如何，你都无法保护甚至提升你自己的福祉，那么，为什么你要成为一个富有并有权势的人呢?

一方面，精英群体总是叫嚣着追求经济增长，似乎只要可以刺激经济增长的政策便是合理的。对富人减税将刺激经济增长！减少管控将刺激经济增长！自由贸易将刺激经济增长！削减福利将刺激经济增长！平衡预算将刺激经济增长！拯救华尔街可以恢复经济增长！另一方面，他们讨厌的政策便是所有看上去会阻碍经济增长的政策：提高最低工资；保护环境；为贫困儿童准备学校午餐；增加工人的带薪休假和病假假期；等等。

如果政策真的促进了经济增长，富人便会得到比他们应得的份额，更多的收益；而如果政策无法促进经济增长，富人收入所占的份额将增加。富人们赢得了开头，也赢得了结尾。

谁会对此而感到惊讶呢？这个星球上几乎所有的经济学家和政策制定者。为什么呢？因为他们拒绝考虑“权利”！当我们通常认为经济由“市场驱动”时，实际上它由“权利”驱动。细心的人很容易便会发现，国家前1%的人的权利在战后不可阻挡地大幅增长，他们将更多的收益转移到自己身上，能力也随之上升。

正如帕夫林娜·切尔内娃所言，收入分配的变化是非常明显的，如图8.2所示。

每一次经济从衰退中复苏时，富人总是能从经济复苏的增长中获得更多的利益。切尔内娃表示，无论你对富人的收入分配如何进行划分——前 10%、1% 甚至是 1‰，最后都能看到，他们从经济增长中掠夺的战略品在每一次的经济复苏后都会增长。

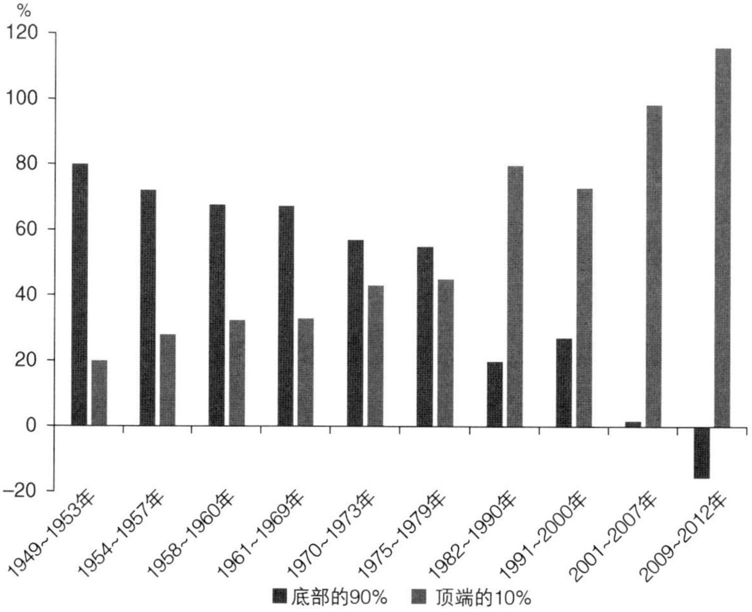

图 8.2 经济扩张时期平均经济增长的分配

资料来源：http://www.levyinstitute.org/pubs/op_47.pdf

而当经济出现危机时，美国政府又会跳出来拯救他们。在最近的一场经济危机中，我们投入了数十万亿美元来拯救华尔街那 1‰的富人，而对于那些中产阶级的援助却是九牛一毛。在另一篇文章中，切尔内娃提到，"财政刺激"往往不会直接针对那些受苦最深的人群。安迪·费尔克森与尼古拉·马修斯的研究显示，美联储发起了超过 29 万亿美元的低利率贷款来拯救华尔街。①

① 要了解美联储贷款计划的相关研究，请访问 http://www.levyinstitute.org/ford-levy/governance/。

那么，当经济开始复苏时，这些1‰的人能够获得更多的收益也就不足为奇了。他们富有且拥有权势，“山姆大叔”也致力于为他们服务。

如海曼·明斯基在20世纪60年代所指出的那样，如果你想要改善贫困，你必须让创造就业成为向贫困宣战的核心。明斯基曾（准确）预测，由于肯尼迪—约翰逊的“向贫困宣战”计划并没有包含这样的就业计划，该计划必然走向失败。此外，他认为，一旦你给所有想要工作的人都提供了就业机会，你便需要逐渐将收入分配向底部人民倾斜——我们可以通过在限制顶端富人收入的增长的同时，逐渐增加底部人民的收入，来做到这一点。

但当然，我们从未这样做。通胀调整后的最低工资在过去的半个世纪大幅度下跌，失业率大大增加。如许多资料所记载的那样，自20世纪70年代初期，劳动生产率不断增长，而通胀调整后的工资中值却始终没有变化。那么究竟是谁获得了其中的差值呢？富有的和拥有权势的人群。

有些人希望可以继续实施那些过去失败的政策，他们希望使用行之无效的经济增长与披上“现代外衣”的福利，即基本收入保障的“双生战略”。如明斯基所言，我们当然需要福利，我们的慷慨是人性的体现。然而，再多的福利也无法解决失业和贫困问题。①

明斯基曾问道：“收入分配如何才能得到改善？”他本人的答案是：“首先便是要实现充分就业。”明斯基认为，实现并维持“严格的充分

---

① 欲了解更多明斯基对“向贫困宣战”计划的批判及其给出的建议，详见 http：//www.levyinstitute.org/publica-tions/the-war-on-poverty-after-40-years。

就业”是非常必要的，他将其定义为“不同行业、岗位、地点提供不同工薪水平的雇主趋于雇用比实际所雇用的更多的员工时，（严格的充分就业）就会出现……仅仅通过实现并保持严格的充分就业便几乎已经能够消除贫困”。

如切尔内娃在其文章中所述——同时凯恩斯也是如此认为的，比起20世纪60年代那些凯恩斯主义者所偏好的“注资刺激经济”的方式，他们更偏好那些可以直接提供就业机会的政策。如明斯基所言，“注资刺激经济”政策支持的是那些“已经富裕”的人。切尔内娃的文章则强有力地证明了明斯基所言非虚。

8.6 关于充分就业政策的结论

勒纳曾提出通过货币政策和财政政策来实现充分就业。他认为，失业证明了政府支出过低，因此，“功能财政方法”认定，政府需承担增加支出以消除失业的责任。需要我们注意的是，从本质上看，相信市场力量能够达成均衡并同时对政府财政预算实施“功能财政方法”并不矛盾。所有经济学家都认定，政府需要发挥一定的作用，包括提供警力和军队。即使政府已经完成了这些使命，我们仍然认为，政府应当通过贷记银行账户来向警察和军队支付津贴，通过借记其银行账户来向其收税；当税收收入下跌时，财政支出应向赤字方向移动，而税收收入增加时，财政支出则向盈余方向移动。这不会颠覆市场力量，反而还会按照弗里德曼所想的方式提升社会稳定（见7.3节探讨框中的内容）。

在本章中，我们将详细讨论实现充分就业的政策。可以肯定的是，“功能财政方法”远不止是专注于实现充分就业的政策的唯一理由。“功能财政方法”的基本结论是，政府可以负担任何以本国政府货币出售的事物，包括失业劳动力。我们如此关注失业问题原因是，这是全世界经济体都需要面对的最为严重的问题之一。不仅是失业人口正在承受痛苦，失业也让社会增加了巨额支出——无论是要放弃一定的生产，还是解决失业所造成的社会问题。

政府不追求充分就业的原因之一：政府认为它们无法负担雇用所有失业劳动力的支出。很显然，这不是唯一的原因，甚至如果我们理解了“功能财政方法”的原则，这一条可以直接略过。反对追求充分就业的理由还包括其可能会导致通货膨胀与汇率效应，但政府也可以通过对充分就业计划的适当设计使其负面影响最小（详见第9章）。

就国内政策选择而言，主权货币的浮动汇率制度更有利于政府追求充分就业政策，例如，制订直接就业创造计划等。即使是在发展中国家，主权货币也允许政府负担任何以本国货币出售的事物，包括所有的失业劳动力。我们可以设计降低通胀压力的就业计划，但我们承认，过度的政府支出将导致通货膨胀。这与政府的支付能力是两个不同的问题，主权政府能够负担雇用所有失业劳动力的成本，但必须设计出一个可以减少通货膨胀压力的计划。

另一个需要担心的问题便是汇率，充分就业很有可能导致进口增加，从而带来汇率压力。我们需要再次指出，通过浮动汇率制度与资本管制的方法能够解决“三元悖论”问题：如果政府想要为国内计划创造更多的政策空间，便需要让其汇率浮动或控制资本流量。此外，如前文所述，政府可以设计一个最小化进口影响以及鼓励出口的就业计划。尽管浮动汇率制通常是一项理想的政策前提，但我们也需要能够在固定汇率制度下执行的就业计划。

在结束本章内容并讨论物价不稳定的话题前，让我们再来讨论一个问题：偏好小政府规模的人会采用现代货币理论吗？

8.7 奥地利学派眼中的现代货币理论：自由意志主义会支持就业保障吗

现代货币理论并不仅针对那些偏好大政府规模的人。自由意志主义者和奥地利学派对现代货币理论的批判最猛烈，他们认为，现代货币理论学者正团结一致、全力以赴加大政府支出规模，直到政府耗尽其整个经济规模。本节将试图打消他们的这些顾虑。

在某种程度上，现代货币理论仅仅是对于主权货币运行方式的描述。无论你接受与否，主权政府的确是通过贷记银行账户进行支出的。一些批判现代货币理论的人也明白这一点，但他们担心，如果告诉政策制定者和一般民众政府是如何运作的，民主过程将不可避免地撑破政府的财政预算，因为每个人都希望从政府那里获得更多的好处。这让我们想起了保罗·萨缪尔森曾提出的观点：我们需要“旧时代的宗教”，如果没有那样的限制，我们将成为下一个津巴布韦，恶性通货膨胀将摧毁我们的货币。

当然，现代货币理论者也担心通货膨胀的出现。事实上，“物价稳定”始终是密苏里大学堪萨斯城分校充分就业与物价稳定研究中心（Center for Full Employment and Price Stability，CFEPS）的两大核心研究之一。可以肯定的是，许多自由意志主义者和奥地利学派认为，避免通货膨胀万无一失的方法便是回到金本位制。此前，我们曾打消了关于执行“商品货币”（Commodity Money）制度的念头，这一制度永远都不会像那些支持金本位制的人所想的那样运行下去。在任何情况下，即使金本位制是可取的，其在政治上也是不可行的（在我看来比就业保障计划更加不可行）！总之，现代货币理论者也并不希望看到黑色直升机盘旋在上空，丢下一袋袋的现金，也反对政府“注资刺激”需求（自由意志主义、奥地利学派甚至米尔顿·弗里德曼的部分观点都是对的，可能在实现充分就业之前，这便已经导致了通货膨胀）。

而现代货币理论还存在着第二阶段：我们利用对货币运行的理解，来对政府政策的制定进行理性分析。由于非自愿性违约对于一个主权政府来说是不可能出现的，我们很快便可以跳过那些对政府赤字和债务比率的担忧，以及其他仍旧占据华盛顿以及其他地区政策制定者头脑的谬论。我们是否能够“负担”充分就业？当然可以。我们是否能够“负担”社会保险？当然可以。我们是否能够“负担”所有学童午餐中的那一杯牛奶？当然可以。问题的关键不是，也不可能是政府的支付能力，而是资源。

负担失业很容易：从定义看，失业者拥有很多空闲时间，因此，政府可以直接让他们去工作。负担社会保险可能有一点困难：我们能够给予老年人（及其家中生活无法自理的亲人，以及残障人士）足够的资源以保证他们享受舒适的生活吗？对于富裕的发达国家来说，基于对人口统计学和生产能力的合理预测，答案是肯定的。当然，这些预测也有可能是错的。如果政府无法负担社会保险，那也不是由政府的支付能力问题所致，而是受制于资源。至于负担所有学校午餐的牛奶，当然有可能，如果没有办法负担，那么仍旧是资源的问题。如果我们可以将美国和加拿大的牧场都用于生产牛奶，我们甚至可以完全解决这个问题。

现代货币理论者所推崇的最为重要的一项政策便是“就业保障/最终雇主”计划。自由意志主义者和奥地利学派似乎很痛恨这个计划，但也许他们只是误解了这个计划，认为这是一个“大政府/老大哥”计划

(Big Government/Big Brother Program)。他们批判“就业保障/最终雇主”计划“强迫”每个人都参与工作，同时，批判该计划向每个人付钱，从而让他们“不工作”。实际上，这是一个完全自愿的计划，仅仅针对那些想要工作的人，而那些不想工作的人完全不需要参与计划。自由意志主义者与奥地利学派应当热爱这个计划，因为这并不是“老大哥”计划，甚至不是“大政府”计划，这些就业机会并不是必须全部由政府来提供，也没有任何一个人会被迫接受一份工作。这个计划符合热爱自由的自由意志主义者和奥地利学派的学者所最珍视的准则。

总而言之：

(1) 现代货币理论适用于任何规模的政府，包括小型的自由意志主义政府。但政府必须发行浮动汇率制主权货币，并通过征收以该货币支付的税款来支持货币（是的，这是起“老大哥”作用的地方：税收是强制性的)。

(2) “就业保障/最终雇主”计划也适用于任何规模的政府。如果你需要一个大的私营部门与小的政府部门，那么，只需保持低水平的税收和政府支出，便可以解放大量资源，以供私营部门使用。但私营部门无法雇用每一个想要工作的人，你仍需要“就业保障/最终雇主”计划来雇用那些未被雇用的劳动力资源。如果奥地利学派对于私营市场效益的观点是正确的，那么，“就业保障/最终雇主”计划通常只需要保持较小的规模。

(3) “就业保障/最终雇主”计划可以根据需要分散化实施。如果联邦政府向营利性公司支付工资，那么，将出现重大的激励问题。因此，联邦政府最好仅向非营利机构、地方政府、州政府或仅作为最终雇主的由联邦政府所创造并管理的就业机会支付工资。阿根廷曾与公司合作试验过分散化就业计划，并取得了不错的成果。那么。为什么我们不让奥地利学派或是自由意志主义者发起其自己的“就业保障/最终雇主”计划，按照他们自己的意愿为非营利性活动雇用工人呢？

（4）货币经济体（你可以称其为资本主义）的问题从一开始便在于征税创造了失业（他们需要货币来缴纳税款）。如果我们将其扩大到现代的、几乎完全货币化的经济体上（你需要货币来获得食物、观看电视、玩手机等），我们便是让所有人都产生了对货币的需求（不仅仅是缴纳税款）。强迫私营部门解决政府税收造成的失业问题是非常愚蠢的，私营部门无法保证（也从未实现）持续的充分就业。“就业保障/最终雇主”计划是合情合理的，它必然会出现，并对私营部门给予支持。它是私营部门就业的补充，而非替代。

认为所有人都应当工作（尽其所能），为社会做出贡献，而不是游手好闲，接受福利的想法并非就是“社会主义”吧！

在第9章中，我们将详细探讨通货膨胀和恶性通货膨胀的问题，大多数奥地利学派学者担心“法定货币”与财政政策将会从他们所认定的通货膨胀中衍生出来。

探讨框：常见问题解答

问题：现代货币理论是否依赖“政府是仁爱的，会始终考虑大众的利益”这一假设？

回答：当然不是。无论政府腐化还是民主，现代货币理论均适用，因为这完全是另一码事。对于希望出现小规模且相对弱势的政府的奥地利学派来说，现代货币理论同样适用。

9

通货膨胀与主权货币

本章我们将讨论现代货币理论视角下的通货膨胀和恶性通货膨胀。通常的看法是，预算赤字和充分就业很容易引起通货膨胀，有时甚至是恶性通货膨胀。许多评论家甚至认为，现代货币理论必然具有通胀倾向——这是一条毁灭之路。在本章中，我们首先要了解一下通胀的定义，然后对恶性通胀进行探讨，进而研讨人们对量化宽松可能引发通胀的恐惧，以及现代货币理论对旨在促进价格稳定的政策的看法。

9.1 通货膨胀与居民消费价格指数

衡量通货膨胀最常用的指数是 CPI（居民消费价格指数）。自 1966 年以来，美国的居民消费价格指数上升了 7 倍。许多反通胀的“鹰派”人士认为，这是由错误的财政政策和货币政策所导致的，更具体来说，是由于放弃了以“硬通货”黄金作为后盾。在本节中，我们来看看通胀问题，以及通胀的测量方法。

我们可以对将 CPI 作为衡量通货膨胀的方法抱有质疑，因为 CPI 有众所周知的问题，这将在后文中进行讨论。但可以肯定的是，自20世纪60年代中期以来，世界各国的价格几乎都在上涨，这确实是“二战”以来的趋势，也是需要关注的问题。正如凯恩斯所说，必须要有一些以记账货币为单位的工资和价格“黏性”，否则你可能会放弃货币。这种情况可能会在恶性通货膨胀时发生——由于货币价值迅速下降（见9.2节），人们会试图寻找其他有价值的东西。

但很显然，1966年以来，美国和世界上大多数国家的通胀率都很低，本国货币仍然是有用的记账货币。尽管有通胀现象，但除了少数金甲虫（美国对黄金投资者的统称）以外，大多数人还是自愿持有本国货币。事实上，经济学家很难确定，每年40%以下的通胀率能对经济产生什么显著的负面影响。但显然，人们不喜欢两位数的通胀率，政策制定者通常要采取紧缩方案，努力减少总需求，来应对两位数的通货膨胀率。

问题在于：“紧缩”是否是正确的政策呢？如果经济超出了充分就业的状态，根据勒纳“功能财政方法”的第一原则，政府需要减少开支或提高税收来抑制需求。在过去的半个世纪里，许多国家需求过剩，致使产量提高到超出充分就业的水平。大型战争是典型的通胀触发器，但自“二战”以来，大多数发达国家的需求通常不足以推动经济超出充分就业的状态。相反，通胀多发生于大量失业出现时。事实上，经济学家提出了“滞胀”一词来形容这种典型的情况：通货膨胀与失业并存。他们甚至提出了“痛苦指数”，以失业率和通胀率的简单加总来进行计算，就像把苹果和橘子加总起来一样。在20世纪70年代后期，“痛苦指数”引起了美国选民的共鸣。

在前文中我们已经提到，要想在缓解失业的同时不恶化通胀问题，可以建立就业保障/最终雇主计划。在这里，我们不再老调重弹，这样的方案将最有可能增强物价稳定性，但说它能够消除通胀就有些夸大其词了。

我们来试着了解一下：为什么在现代资本主义经济中，良性通胀很可能会持续出现？这需要一些关于价格指数构成的知识。可以肯定的是，下文的讨论会相当具有概括性。每个国家都有自己的经验、结构，以及影响工资和价格制定的机构，要真正了解个别情况下的通胀，我们需要详细研究在不同制度环境下主导价格（及工资）的具体因素。

让我们先来看看货币购买价值的衡量标准——CPI。当人们谈论货币时，CPI 是大家普遍关心的问题。要想衡量价格的变化，我们必须将基准年之后（或之前）年份的价格与基准年作比较。实际上，这很困难，因为不仅价格在变化，产品和服务也在改变。为了提高质量，我们必须调整 CPI 或其他价格衡量方法。1966 年时，一个现代笔记本电脑的价格会是多少？上百万美元？10 亿美元？沃伦·莫斯勒经常开玩笑说，相比 NASA 的月球旅行，你的苹果手机有更多的电子魔力。CPI 更多是一门艺术，而不是科学，因为我们不得不为当时不存在的东西估计价格。质量调整也难以量化，今天一辆新车的价格要比 1974 年的新车高 10 倍以上，但它也更先进、更安全、更舒适。

此外，还有学者提出了“鲍莫尔病”（Baumol Disease）的概念。早在莫扎特时代，交响乐队的规模就与今天大体相同，表演者人数接近，演奏时间取决于指挥家，但大体相同。其生产率几乎没有提高（相同数量的“工人”，演奏交响乐花费的时间也相同）。相比之下，现在其他领域的工人的生产率都远比莫扎特时期高。在许多其他领域也有类似的问题，主要是在服务行业，因为真的没有太多提高生产率的空间（如理发师、教师、医生等)。

在过去200年里，相比生产率显著提高的行业，如制造业，这些生产率提高较慢的行业的商品和服务理应昂贵很多。理发师每天仍然需要为100个人设计不错的发型。相比之下，今天一个农民为消费者提供的粮食产量相当于过去100个农民所提供的粮食产量。如果我们只因提高了生产率而奖励员工，音乐家的工资水平还维持在莫扎特时代。但音乐家和理发师的工资却仍与农民和工厂工人差不多，我们选择的是增加理发师和音乐家的工资，而不是大量减少农民和工厂工人的工资。

同时，鲍莫尔病理论指出，那些“患病”的部门使国家产量得以不断增长(发达国家是“服务型经济”，大部分工人都在服务行业，鲍莫尔病更为常见)。因此，在生产率增长较低的“患病”部门，工人的工资更高，工资具有上升趋势(价格也因此上升)。

由于低生产率部门的工资增速相同，名义工资可以比生产率增长得更快些。该理论进一步分析指出，随着时间的推移，政府倾向于接管更多的“患病”部门，因而，政府规模将逐渐增长，占GDP的比例也不断升高，而私营部门不再涉足那些生产率低的部门。我们并不是要批评这种现象，与之互补的趋势同样存在，但只要想一下美国的医疗保健系统，以及因迅速增长的医疗费用而导致的上万亿美元的政府预算赤字，你就明白是怎么回事了。

怪就怪小提琴手破坏了美元的价值！从某种意义上说，通胀存在的部分原因是为了平衡这些部门的问题；否则，所有的音乐家和艺术家都会活得比工厂工人还要贫困。我们可以这样想：通货膨胀是文化保护的成本。有时，我们也喜欢美术，希望幼儿园教师能保持一个班15名学生的规模。要是想让其跟上制造业生产率增长的步伐，现在每一个幼儿园的教师都必须照顾挤在一间教室里的数百名5岁儿童，但事实并不是这样（当然，要是州政府和地方政府削减预算，这种情况仍有可能发生）！为了保持幼儿园教室的“低效率”，我们需要通货膨胀。

“患病”部门的费用增长（工资增加，但效率不变）使其在GDP中占据的份额更多，也为居民消费价格指数的增长“贡献良多”。生产部门实际工资的增加使人们在“患病”部门消费更多。但如果实际工资不涨，人们就负担不起在这些部门的消费，艺术和医疗行业就会受到影响。

这就是从20世纪70年代初开始在美国发生的情况：普通工人的实际工资没有上升，但医疗保健变得越来越昂贵——这导致更多家庭负债累累。里克·沃尔夫（Rick Wolff）的研究表明，近几十年来美国的实际工资一直保持相对稳定，而劳动生产率却有持续增长的趋势。[①] 这意味着，工人的工资都不够买他们自己生产的产品。资本家则有两种选择：要么保持价格不变，要么将产品赊账出售给家庭，以弥补停滞不前的工资。随着家庭债务的急速增长，我们都知道资本家做出了何种选择。沃尔夫有理有据地指出，是债务的增加导致了全球金融危机。

让我们回到对“金甲虫”的讨论上，这些人鼓动所有人购买黄金作为对抗通胀的手段。他们可能会问：为什么会有人持有实际价值不断下降的法定货币呢？我们为什么不把所有财富以黄金，或比特币的形式储存起来呢？

凯恩斯说，没有人会持有具有确定价值的货币。只有当你对未来不

① 以下网址可以查看他非常有趣的谈话：http://www.rdwolff.com/content/capitalism-hits-fan-2-rick-wolff。

确定，甚至感到害怕时，持有像货币这样高流动性的财富才有意义。在金融危机中，每个人都想拥有现金。现金的回报率非常低，但总比巨额损失要好！如果你可以回到 1966 年，并决定你持有到 2011 年的投资组合，那么，当你想好好地储存财富时，就不可能在接下来的 45 年中持有大量现金了。许多资产可以作为更好的保值选择，如美国国债。但是，如果我们谈论未来几个月内理想的投资组合，你可能就会想持有一些现金。流动性和收益之间是一种权衡关系。

“金甲虫”喜爱黄金，但那些在 1980 年购买了黄金的人在之后的 30 年里不停懊恼，尽管全球金融危机之后金价急剧增长，却还是没能弥补他们的损失。一般情况下，商品按实值计算的价格会随时间下降，再加上其储存成本，是可怕的通胀对冲工具。事实上，如果你拥有世界上可交易的所有商品，其通胀调整后的价格走势一直在稳步下降。在过去的 100 年中，商品的相对价格平均每年下降约 1%，原因就在于生产率的提高以及新商品储量的发现。诚然，我们无法预测这些商品在下个世纪的价格，也许会趋涨，也许会下跌。此外，在过去 10 年中，投机者主导了商品市场，导致了人类历史上最大规模的投机泡沫。由于商品进入了生产流程，通货膨胀加剧。不过，将购买和储存商品作为对冲通胀的方法可能并不明智，因为涨价的商品也可能会降价。

总之，由于多种原因，价格一直有上涨趋势。一些价格上涨与测量有关，一些与鲍莫尔病有关；一些通货膨胀与市场支配势力有关——如工会和寡头买主——这不一定是坏事，通货紧缩比通货膨胀更糟糕。

事实上，一定程度的通胀可能是件好事。凯恩斯认为，这可以增加名义收益，减轻还债负担，从而有助于鼓励投资。那些在 1974 年毕业的大学生身负巨额的学生贷款债务，他们真的很感激卡特时期（20 世纪70年代末）的通货膨胀，因为贷款金额的名义数值固定，而由于通胀，他们的名义工资都或多或少地上涨了！另一种选择是迅速降低每一个没有鲍莫尔病的部门的价格，但通缩本身也是一种危险的疾病，这就像用癌症晚期药物对抗感冒一样。

虽然自“二战”以来，价格上涨最不可能的原因就是总需求过多，但“二战”后的经济过热确实起到了一定作用。20世纪30年代的“大政府”经济中，政府为了避免经济大萧条，奉行干预主义政策，因此，当时很少出现通货紧缩。如果将20世纪与19世纪作比较，我们会发现，在19世纪，价格在经济繁荣时上涨，在经济衰退时下跌，这使1900年的总价格水平和1800年的水平一样。而“二战”后，虽然不存在显著的通货紧缩，但价格走势却只有一种：增长。我再重申一遍：尽管人们不喜欢通胀，但没有太多的证据可以证明，持续的低通胀会损害经济发展。

下面，我们要谈谈可能损害经济的高通胀。我们将看到，极端的高通胀是不正常的，而且那种常见的温和的通货膨胀似乎不可能逐步演变为恶性通货膨胀。

9.2 恶性通货膨胀的几种解释

许多人担心，如果政府以现代货币理论为指导，可能会导致毁灭性的恶性通货膨胀，人们通常会指责现代货币理论家推动的政策将使津巴布韦和魏玛共和国的恶性通货膨胀重演。大家推测，这些恶性通胀是由于政府用“印钞”来负担迅速增长的赤字，以极其迅猛的速度增加货币供应，才导致了极高的通货膨胀率。

这可能会使读者对魏玛共和国或津巴布韦的纸币恶性通胀历史感到

好奇——这两国的货币在当时可以说是一文不值，通胀状况史无前例。可以肯定，没有人愿意捍卫高通胀，更不要说恶性通胀了。菲利普·卡根（Phillip Cagan）在1956年的论文中将恶性通胀定义为每个月50%及以上的通货膨胀率。显然，纸币面值后的零会快速增加，经济生活将在很大程度上陷入混乱。

对恶性通胀最流行的解释是货币主义者的货币数量理论：政府发行的纸币太多，导致价格上涨。更糟的是，随着价格上涨，购买力迅速下降，没有人愿意长期持有货币。于是，货币流通速度增加。人们要求日结工资，这样才能每天都把工资花掉，因为第二天以同样的钱买到的东西会更少。这就意味着，即使政府尽其所能印发纸币，货币供应量迅速增长（或在现有纸币的面值后面加零），其增速也永远赶不上价格上涨的速度。价格上涨得越快，货币流通速度越快。最终你会要求按小时支付工资，然后在午餐时迅速跑到商店消费，因为晚餐时，商品的价格将会更高。

从本质上讲，以下是卡根对货币数量论与数据不符做出的简要解释：如果价格上涨比货币供应量增长快得多，我们怎么可以断定恶性通胀是由“过多货币购买过少商品”引起的呢？为了符合事实经验，货币数量论被做了一定的修改，主张在高通胀环境下，之前所做出的货币流通速度不变的假设（这是保持货币与价格联系的必要条件）不再成立。

即使修改后的货币数量理论认为，货币流通速度并不稳定（该速度随着货币增长而增加，但落后于通胀速度），我们仍然可以主张是货币数量过多导致了高通胀甚至恶性通货膨胀。正如货币主义者所说，政府控制货币供应量，恶性通胀必定与政府政策有关。另外，在恶性通胀时期，随着政府在货币面值后面添加额外的零，货币（纸币）供应量迅速上升。当最后政府税收无法弥补财政支出时，就会出现财政赤字。因此，政府疯狂地印钞票来弥补收支差额，从而使“过多货币购买过少商品”的情况不断恶化。

可见，批评者认为，恶性通胀主要是由政府印发钞票以弥补赤字的行为所导致的。读者在美国、英国和现在的日本可以看到相似的情况：巨额的预算赤字（加上量化宽松政策）使银行有充足的准备金，这些准备金可以用来增加货币供应量，提高价格。而解决恶性通胀的办法只有“捆住政府的手脚”。过去，我们把黄金作为锚（当然，现在还有一些“金甲虫”想回到过去美好的日子），现在我们需要的是纪律。这可以包括多种形式，如平衡预算修正案、债务限额，或保罗·克鲁格曼这样的赤字“鸽派”做出的承诺，保证一旦经济复苏，政府“最终”会削减赤字支出。

让我们来看一下现代货币理论对各种恶性通胀问题的回答，包括以下三点：

（1）当现代货币理论说政府是通过“敲击电脑键盘”完成支出时，这是一种“说明”，而不是“指示”。批评者认为，政府靠“印钞票”支出，必然会导致高通胀或恶性通胀，如果这一观点是正确的，那么，通过电子记录支出的大多数发达国家如果不是一直处于恶性通胀中的话，至少也会存在高通胀。从逻辑上讲，所有自己发行货币的政府都要先把货币花掉，再以税收（或销售债券）的形式回笼货币——没有人可以创造货币——因此，这些政府只能通过这一种方式支出。然而，恶性通货膨胀是一种极其罕见的情况，我们必须要回顾魏玛共和国或津巴布韦的案例或美国独立战争时期的美洲大陆币案例（American Continentals)，才能了解“印钞票”和恶性通货膨胀之间的关系。这种因果关系无法在其他国家看到。

（2）虽然存在恶性通胀的国家及其货币制度有一些共同特征，但恶性通胀是由非常具体的情况造成的。我并不主张充分认识恶性通胀的原因，但货币主义的解释对认识恶性通胀几乎毫无裨益。我们还有一个明智的选择，即从其他角度看看三个著名的案例。

（3）在美国（或英国、日本——所有在2011年底存在高赤字的国家）当今或未来的条件下，不存在高通胀预期，恶性通货膨胀更不可能。

一般来说，大多数批判现代货币理论或所谓“法定货币”的人都对过去充满想象，那时，货币与金子这样的商品紧密联系在一起，制约了政府和银行“凭空”创造货币的能力。最好的例子就是贵金属硬币，人们相信，它可以赋予政府货币“真实”的价值，迫使政府获得黄金来负担开销。严格的金本位制中，纸币（由政府或银行发行）由100%的黄金做后盾，可以完成与黄金相同的任务。

但如第6章中所讨论的，现实总是与理论大不相同：金银币都是主权政府的借据，只不过这些借据恰好以金属的方式存在而已（而不是以纸质的方式存在或被记录在电子资产负债表中）。事实上，硬币流通时的价值是由统治者宣布的票面价值所决定的，通常远高于其金属价值（这被称为“名目主义”：统治者通过公告设定票面价值，就像现在便士的价值为1美分一样）。其价值不一定稳定：政府可以实行硬币贬值（宣布只以之前一半的价值接受硬币），或通过减少金属含量使硬币贬值，这种情况下不一定要改变硬币的名义价值。当然，长时间保持相对稳定的货币制度与价格的案例肯定存在，但这些都与稳定的强势政府有关，它们一般采取强有力的“名目主义”政策，而非“金属主义”政策（即政府接受的硬币价值由其金属含量决定）。

事实上，在硬币价值不稳定的时期，通常都存在一个软弱的君主，他们一方面给硬币称重，以抓捕那些切割硬币获得金块的人；另一方面又拒收质量轻的硬币。如前文所述，这会导致“格雷欣法则”的动态过程的发生，迫使每个人都给硬币称重，只接受重的硬币，却又试图用轻的硬币付款，从而造成真正的货币混乱。这种混乱最终只能靠“名目主义”政策解决，政府只用贱金属铸币，摧毁硬币切割者的商业模式。

此外，金本位制的运作方式并非如今的“金甲虫”想象的那样。

首先，各国在采用和取消金本位之间循环往复。当危机袭来时，它们会抛弃黄金；随着经济复苏，它们又再次采用金本位制，直到经济崩溃，黄金的限制迫使他们放弃金本位制。实际上，金本位制并没有起到促进货币稳定的作用，反而动摇了经济。

其次，没有人真正按规则办事。各国总是面对太多诱惑，以至无法对黄金施加影响：政府会发行更多借据，多到它永远也不可能兑现。甚至米尔顿·弗里德曼也承认了这一点，这就是他为什么认为：虽然金本位制在理论上是理想的，但在实践中根本行不通。

最后，在相对稳定的时期——“二战”之后的布雷顿森林体系时期，或“一战”之前的不列颠治世，分别为美元和英镑的真正标准。在这两个时期，占主导地位的国家同意将货币与黄金价格挂钩，其他国家钉住主导国家货币。这与黄金的缓冲库存计划（黄金价格的上下限）无异，国际贸易的确也先后以英镑和美元为主导（随着布雷顿森林的黄金被安全地“扣押”在美国诺克斯堡，美元的统治地位确立）。稳定所需的条件难以维持，这就是为什么两个体系都无法持久。“一战”之后，英镑体系无法恢复，却为魏玛共和国的危机（见下文）和最终阿道夫·希特勒的出现创造了条件。在持续了几乎一代之后，布雷顿森林体系在20世纪70年代初也瓦解了。在这两个时期，固定汇率体系的崩溃都导致了国际动荡。

大多数将本国货币与某种固定汇率标准（无论是黄金还是外币）相联系的国家通常都是这样的下场：一段时期内体系奏效，但其崩溃之势不可避免。

"金甲虫"与货币局制度的爱好者有一个观点是正确的：遭遇高通胀的国家可以通过采取严格的外部标准，很快将通胀率降下来，阿根廷就是一个例子。但这造成了两个问题：第一，大多数国家无法获得充足的外汇储备，也就不能为保持经济增长提供所需的财政政策空间；第二，一旦人们认识到财政政策空间已经消失，无力应对国内经济低增长和失业率上升等新问题，想要放弃货币局制度可就没那么容易了。阿根廷遭受了美元储备的投机性攻击（尽管财政政策很紧，失业率高），经历了摆脱美元的危机。其本国货币阿根廷比索的回归提供了财政空间，使阿根廷经济很快恢复了增长。关键在于，与黄金或外币挂钩可以成功地减少通货膨胀，却也限制了经济增长，当经济需要刺激时，只有危机才能使人们放弃固定汇率标准。

这把我们带回到"政府如何花钱"的问题上。任何自己发行货币的政府都通过"敲击电脑键盘"进行开支——贷记收款人账户，同时，贷记收款人银行的准备金。这样可以印发货币、进行付款，但效果是一样的，因为收款人也会把钱存在银行里，作为银行的储备。我再重复一遍：这不是一种建议，这就是现实。没有其他办法行得通——你不能在你家地下室印刷美元，政府必须先通过电子记录让货币存在，然后你才能用它们缴纳税款或购买国债。

在浮动汇率制度下，这就是故事的结尾了。银行可以用自己的储备购买国债，储户可以要求得到现金（在这种情况下，央行把现金运到银行，同时扣除银行的准备金）。但在固定汇率制度下，没有人能要求用政府借据换取黄金或外币。没有支付能力的约束，也没有外币或黄金的限制，政府能够满足所有兑换现金的需求，在借据到期时，只需敲敲键盘就可以支付所有的利息。

然而，在固定汇率制、金本位制，或货币局制度下，央行和财政部的借据必须兑换为外币（或黄金），因此，审慎的政府必须有节制地“敲击键盘”；否则可能会很快用完外币储备或黄金。

政府可能会被迫违背其兑换承诺。当然，这算作债务违约。当市场对政府是否能以承诺的汇率兑换借据持怀疑态度时，政府的“支付能力”就遭到了质疑。轻率是致命的——如果政府不考虑本国可以用来兑换的储备量，轻率地发行了过多借据，其面临的结果很可能是被迫违约。

相反，浮动汇率制度为政府提供了政策空间，使其有更大自由来追求国内政策目标。当然，历史上有很多鲁莽的政府，也有无可替代的善政。不过奇怪的是，在过去的一个世纪中，除了“一战”的输家（加上波兰和俄罗斯，它们虽然是战胜的一方，其实却输掉了这场战争——可以这么说——不管怎样，它们离开了资本主义世界）之外，名义上民主的西方资本主义国家都没有经历过恶性通货膨胀。即使我们把数据设定为那些浮动货币，这些国家也没有出现过任何汇率危机。

这不是很奇怪吗？似乎只有那些实行固定汇率制度或承诺兑换外币或黄金（如外币债务）的国家存在恶性通货膨胀和货币危机。归根结底，这些危机都源于政府未考虑本国兑换外币或黄金的能力，盲目地扩大发行借据的规模。

现在看来，固定汇率更加保险的观点似乎愚蠢至极。固定汇率制度基于一种不切实际的希望——政府是精明谨慎的，从而增加了汇率危机与非自愿性违约的风险。不幸的是，实行固定汇率制度的政府更多时候只会使用圣奥古斯丁的祷告：“主啊，请让我谨慎，但不是现在。”

当一个主权政府承诺兑换外币时，它实际上是将整个国家置于魏玛共和国恶性通胀的风险中，这完全不是确保审慎、避免高通胀的做法。固定汇率制度无法消除汇率危机和恶性通胀的风险，因为主权政府不一定谨慎。即使政府是谨慎的，银行也并不一定谨慎。想想爱尔兰！虽然政府是财政审慎的典范，但其银行却似乎可以永远肆意地用外币放贷。借款人违约时，爱尔兰政府承担了所有的外币债务——这可真是相当不谨慎的。

此外，浮动汇率制度势必导致恶性通胀的看法是不对的，否则恶性通胀就会一直存在。同时，通过按键“印钞”必然会导致恶性通胀的观点也不正确。所有自己发行货币的主权政府都通过按键进行支出，即使政府承诺以固定汇率兑换，其支出方式仍然不变。如果按键会导致恶性通胀，恶性通胀也会一直存在。

但事实证明，恶行通胀并未一直存在，它只是一种罕见的现象。

9.3 现实世界中的恶性通货膨胀

高通胀和恶性通胀是两种罕见的情况。在本节中，我们先来回顾一下历史上的恶性通货膨胀案例。虽然那些遭遇过恶性通胀的国家及其货币制度有一些共同特征，但恶性通胀是由非常具体的原因造成的。简单的“印钞”资助“过度赤字”的解释对认识恶性通胀毫无裨益。

先搞清楚预算赤字与高通胀或恶性通胀之间的关系是非常重要的。在路易斯·卡洛斯·布雷塞尔－佩雷拉（Luiz Carlos Bresser-Pereira）担任巴西财政部长时，巴西经历了一段高通胀时期（1990 年的 CPI 通胀率达到了 3000%），他就此从另一视角对高通胀进行了精辟的分析。从某种重要的意义上来说，税收收入是滞后的，它以以往的经济表现为基础。以所得税为例，其计算和征收有着相当长的滞后期，甚至销售税的征收也有滞后现象。当通胀率为每年 2% 时，滞后期的影响并不大，但如果通胀率达到每月 10%，甚至 50%，即使是很短的滞后期也会产生很大影响。相比之下，政府开支却具有同期性：随着物价上涨，政府开支也会更多。因此，高通胀情况下，税收收入将落后于政府支出，从而产生赤字。

当然，这种影响的大小将取决于各种指数的编制与调整，即在物价上涨时，多长时间增加一次工资、价格和转移支付等。在高通胀情况下，像巴西这样的国家倾向于缩短指数的调整期间，使政府开支增长速度接近通货膨胀的速度。由于税收收入增速较慢，预算赤字便会产生。指数调整也往往存在于惯性通货膨胀中（价格上涨导致工资增加，企业为了弥补成本只能提高价格，从而导致了工资—物价的螺旋式上升）。后来，巴西的通胀率果然在 1991 年短暂下降之后就又不断攀升，1992 年达到 1000%，1993 年高达 2000%。1992 年，巴西的政府预算赤字还低于国内生产总值的 10%，但由于税收收入滞后于政府支出的指数调整，到 1993 年，赤字已激增至国内生产总值的 50% 以上。

布雷塞尔意识到，要想减少赤字增长、降低通货膨胀，控制指数调整将会是行之有效的方法。如果政府能够推迟工资增长、福利支出，控制政府支付的价格，就可以降低通货膨胀压力，同时，减少预算赤字。当然，这一过程必将是艰难的、令人不快的。

然而，最重要的一点是，至少在一定程度上，预算赤字是高通胀的结果，而非原因。一般来说，政府减少赤字（如通过调整指数）会降低通胀压力。可以肯定的是，严厉的增税也能达到同样的效果。我们还要注意，这一政策建议与传统认为财政紧缩可以缓解高通胀的观点有所不同。事实上，现代货币理论者始终认为，对抗高通胀的方法之一是削减政府开支或提高税收。他们反对货币主义者仅仅用“货币太多”来简单地解释高通胀形成的原因。

停止通胀（例如，通过调整政府支出指数的方式）可能会减少赤字增长、HPM（高能货币）增长以及美国国债增长。这也将减少政府的利息支出，减缓非政府收入增长，抑制需求。加快税收征管也能达到同样的目的，或者降低利率目标也会对此有所帮助（通过减少政府的利息支出）。

让我们来看看恶性通货膨胀的历史事件。众所周知，美国已经发生过两次恶性通胀了：“美洲大陆币”事件与“南部联盟币”（Confederate Currency）事件——美国现在仍然有句话叫“像大陆币一样一文不值”。在独立战争之前，美国殖民地上法定纸币的试验实际上已相当成功。从某种程度上说，这是一种应急行为——英国殖民者禁止他们铸造货币。当时的一些评论家（包括亚当·斯密）指出，尽管这些殖民地的纸币不能兑换为贵金属，但只要纸币的发行量没有超过总税收太多，纸币还是能保值的（Wray，1998）。

正如现代货币理论家所说，“税收驱动货币”——只要政府接受人们用纸币交税，纳税人就会接受纸币。但是，纸币的价值是由其获取难易程度决定的。如果钱“长在树上”（如我们的母亲常说的那样），把它摘下来所需要的工作量就是纸币的价值。亚当·斯密警告说，如果殖民地政府向市场上发行了太多纸币，人们很容易就能获得纸币缴纳税款，纸币的流通价值就会降低。

大陆币和南部联盟币都有共同的缺陷。首先，由于战争需要（英国对殖民地的战争和南北战争），货币过于充足。当然这没有什么稀奇——战争一般都会导致通货膨胀，因为政府开支刺激了需求，导致商品短缺、物价上涨。然而，这种情况在美利坚合众国（北方）也出现了，其发行的货币面临很高的通胀压力，只不过，情况没有联盟国（南方）那么糟糕而已。其次，南北方的相同之处还在于税收，无论是大陆币还是南部联盟币，基本上都没有税收支持。

在第一种情况下（美洲大陆币），松散的殖民地邦联要对抗强大的英国，它们没有足够的权限强行征税；在第二种情况下（南部联盟币），联盟国的代表认为，人民已经饱受南北战争之苦，立法者不想增加他们的税负。相比之下，北部尽管存在巨额赤字，为了驱动货币，还是保留了税收制度，因此，避免了恶性通货膨胀的发生。可能有些人认为，南方货币的情况更糟糕是由于联盟国对其获胜前景过于悲观，但事实似乎并非如此。即使是在战争进入尾声、形势最为严峻的时候，联盟国仍然能以相对较低的利率发行债券（对以上案例感兴趣的读者可以参考笔者的书——《了解现代货币》，那里有更多对此的讨论）。这样看来，独立战争和南北战争时期政府无法强制征税是两次通胀真实的原因所在。

恶性通货膨胀最著名的两个案例发生在魏玛共和国时期，以及最近的津巴布韦（匈牙利的恶性通胀鲜有人知，却更为惊人）。针对这些案例，威廉·米切尔（William Mitchell）进行了很好的分析。[①]

有关魏玛共和国的经典“故事”是：政府毫无节制地印发没有黄金支持的法定货币，完全不考虑恶性通胀的后果。但实际情况要更加复杂。我们首先必须明白，即使是在20世纪初，大多数政府还是靠发行借据进行支出的——尽管很多借据可以按需兑换为英镑或黄金。德国在“一战”中战败，不得不用黄金支付一笔难以想象的巨额赔款，这对德国来说是个沉重的负担。更糟糕的是，德国的大部分生产能力已被摧毁或被俘，其黄金储备所剩无几。在这种情况下，德国只有致力于出口，才能赚得黄金，满足战胜国的赔款要求。凯恩斯在其第一本举世闻名的著作——《和约的经济后果》（*The Economic Consequences of the Peace*）中主张，德国不可能支付债务。注意，这些外债基本上都以黄金计价。

但是，德国的生产能力连国内需求都不足以满足，更不要说为了支付赔款而进行出口了。政府认为，在政治上充分征税，开放资源用于出口，以最终实现赔款目的是不可能的，所以，政府开始依赖支出。这意味着，政府必须与国内民众争夺有限的供给，从而推动了物价上涨。与此同时，德国的国内生产商不得不（以外币）借款给国外，购买所需的进口产品。价格上涨加上对外借款使本国货币贬值，从而加剧了原本就窘迫的对外借款（因为从国外进口时要支付更多本币），而且，以本币支付的赔偿费用也大大增加。

由于上述原因，税收收入无法与物价同步上涨，德国财政赤字迅速增长，从高通胀变为恶性通货膨胀。最后，德国在1924年采用了一种

① 比利博客，http：//bilbo. economi-coutlook. net/blog/？ p = 10554；http：//bilbo. economicoutlook. net/blog/？ p = 13035），还可以参见罗布·帕伦图（Rob Parenteau）的分析（http：//www. nakedcapitalism. com/2010/03/parenteau-the-hyperinflation-hyperventalists. html。

新的货币，虽然它不是法定货币，却被指定为纳税货币。至此，恶性通货膨胀才终于结束。可见，如果只把魏玛共和国的恶性通货膨胀归因于政府的“印钞”行为，显然太过简单了。

让我们再来看看津巴布韦。当时，津巴布韦的失业率高达劳动力总数的80%，国内生产总值下降了40%，全国经历着巨大的社会、政治动荡。在此之前，政府推行的细分农场的土地改革饱受争议，导致粮食生产崩溃，政府不得不依赖粮食进口及国际货币基金组织的贷款——另一笔外债。随着粮食短缺，政府和私营部门开始争夺大幅缩减的供应，最终，物价被拉高。

这是另一种由于政治经济原因，政府无法提高税收的情况。简单地为其贴上货币主义的政府“印钞”过度的标签，同样不足以揭示津巴布韦的问题。实际上，社会动荡、农业崩溃，以及沉重的外债是该国问题的主要原因。

9.4 恶性通货膨胀小结

在这些案例中，限制政府支出（或增加税收容量）也许可以成功阻止恶性通货膨胀。不过，当你研究一个特殊的恶性通胀案例时，你会发现，这个过程不仅是由政府采用了某种法定货币，然后突然发现自己印发的货币太多而导致的。恶性通胀可能由多种原因造成，但经历过恶性通胀的国家也有共同的问题：社会动荡与政治动荡、内战、生产能力崩溃（这可能是由于战争）、弱势政府、以外币或黄金计价的外债。我们的确观察到预算赤字上升、政府（或以政府身份的）借据增加等现象，但我们也发现，银行创造货币，资助私人支出，使其与政府争夺有限的供给，这些共同推动了物价上涨。

紧缩的财政政策有助于降低通胀压力，但这可能无法完全解决问题，因为恶性通胀的常见原因是某种供给限制，解决这些问题不需要采取金本位制。相反，要解决高通胀问题，政策制定者应尽量减少指数调整，稳定生产，减少需求，平息社会动荡。当高通胀持续一段时间后，采用新的货币，拖欠外债，也会对解决问题有所帮助。

总之，高（或恶性）通货膨胀、预算赤字、“货币供应量”三者之间是相互联系的，但这种联系不是货币主义那种简单的动态过程。如前所述，政府始终坚持“按键”支付，即贷记账户和税收（或出售债券），或通过相反的操作借记账户。赤字意味着政府贷记的账户比借记的多，政府借据在以“高能货币”（高能货币或储备加现金）与国债（债券和票据）的形式净增加。如前所述，在高通胀或恶性通胀时期，税收（借方账目）的增速比政府支出（贷方账目）的增速慢，因此，结果很可能就是财政赤字，这意味着政府未偿借据（“高能货币”加上国债）的增长。

如果央行实行高利率政策，事情只会变得更糟，因为政府在赤字上升时通常会出售大量国债（实际上，有时这是所采取的操作程序的要求，或者是由于设定的隔夜利率目标要高于维持利率的政策目标——在美国是指美联储的联邦基金目标要高于其支付的超额准备金率），而支付国债利息会增加政府开支。如果央行将提高利率目标作为应对赤字增长的措施，只会使赤字情况恶化，同时，政府支付的利息会刺激经济需求的增长。

9.5 量化宽松与通货膨胀

2012 年 9 月，美联储宣布全速推进 QE3（第三轮量化宽松政策）。

QE3 具有独特的魅力，至少美国希望是这样的。这一次美联储承诺，到 2012 年底，每月购买价值 400 亿美元的住房抵押贷款证券（MBSs），到 2015 年中期，保持适当的零利率政策（ZIRP）。美联储还宣布，将购买其他长期资产，使每月的总购买量达到 850 亿美元。美国错误地认为，这样就可以对长期利率施加下行压力。2014 年 10 月，美国终于开始逐步停止量化宽松政策。2015 年春，美联储开始强化一个信息，零利率政策可能会在年中结束。

就在美联储准备缓和 QE 的时候，欧洲央行加强了自己的量化宽松政策。通胀“鹰派”人士——自 2008 年美联储实施金融机构救助计划以来，他们就预测美国通货膨胀已失控——开始发愁欧元区的通货膨胀。事实上，无论是美国还是 EMU 都把量化宽松政策作为最后的手段，欧洲和美国的政策制定者都已江郎才尽。如果财政刺激不予讨论，货币政策是唯一可用的政策，而常规的货币政策已经倾尽所能——利率目标近乎为零——因此，美国和 EMU 遵循日本的例子：使央行的资产负债表大幅增长。

美联储从经济刺激转为对量化宽松政策的依赖有两个原因：

第一个原因是：政策制定者已经采取了奥地利经济学派的观点，认为财政政策不容触及。一些人认为这样是行不通的，另一些人认为政府的钱“用完了”。双方的观点都有缺陷，但不管怎样，他们都强烈主张各自的观点。

第二个原因是：美联储主席伯南克迷信适当的货币政策可以避免美国的经济大萧条，及日本“失落的十年”——实际上，日本的“失落”已持续了 20 年，现在仍在继续。从本质上讲，他不惜以自己的学术声誉孤注一掷，就是要指出，除了推动隔夜拆借利率（美国联邦基金利率）至零（零利率政策）以外，央行能做的事情还有很多。

救助银行加上量化宽松政策，美联储的资产负债表完全爆炸了——我们只剩下了货币主义、奥地利学派和罗恩·保罗追随者支持的货币数量理论，尽管这一理论可能会使恶性通胀的状况更加严重。

在三轮量化宽松过程中，美联储购买了数量惊人的国债和抵押支持证券。美联储购买资产时会贷记银行准备金，所以量化宽松政策的结果是美联储的资产负债表迅速增长——从数据上看，最高增长到数万亿美元。与此同时，银行互相交换各自出售的资产（美联储正在购买的国债和抵押支持证券），以得到美联储持有的储备资产。通常情况下，银行会尽量减少持有的准备金——满足银行清算所需（银行之间用准备金进行清算），及美联储要求的存款准备金率即可，但在零利率政策环境下，银行借出准备金却得不到任何回报。危机过后，美联储转变政策，现在它支付的准备金回报虽为正，但数额很小。因此，虽然银行持有超额准备金，但美联储只支付给它们一点利息。银行并不高兴，但也束手无策：银行不能拒绝美联储在购买国债和抵押支持证券时提供的价格，它们在准备金方面遇到了麻烦。

可以肯定的是，政府没有增加支出不是伯南克的错，央行官员对财政政策没有控制权。他们手上只有一张王牌：货币政策，而且在资产负债表衰退时，这张王牌也失去了作用。因此，央行官员至多只有创造理性预期的罪，他们就像绿野仙踪，但其转动的方向盘却并未与经济相连。

归根结底，量化宽松政策实际上是以美联储的存款准备金代替国债和抵押支持证券作为银行资产。在央行购买国债的情况下，银行利息收入减少——这使它们的利润减少。有些人提出了一种不切实际的希望，希望银行利润减少能使它们增加更多的贷款。这并没有成为现实，实际上，这是一个糟糕的主意。我们希望银行贷款给有意愿、有信誉的借款人，而不是为了盈利而孤注一掷，进行疯狂的贷款。

我们可以这样总结量化宽松政策：你在银行有一个活期账户和一个储蓄账户，银行让你将一些资金从储蓄账户转移到活期账户，这个提议让你无法拒绝。比如，银行会给你一个烤面包机作为奖励——而你确实很喜欢烤面包。这种资金转移会让你跑出去花更多钱吗？可能不会，特别是当你担心未来时。比如，你的配偶刚被解雇，抵押贷款正在缩水。甚至，你可能会因为活期存款的利息变少而减少支出。

同样，量化宽松实际上相当于把银行在美联储储蓄账户里的资金（国债）转移到活期账户中（准备金），因此，银行盈利减少了一两百个基点。我们的“通胀战士”可以不用担心了，因为量化宽松不会引起通货膨胀。不管创造了多少准备金，它们都被安全地“锁”在央行的资产负债表中，无法脱身去引发通货膨胀。

但是，量化宽松也有不好的一面。在低利率环境下，银行支付给储户的利息近乎为零，同时，增加了储户的费用。低存款利率加上高费用使储户越来越少，他们从银行得到的利息都不到其积蓄的半个百分点。当然，按揭利率也有所下降，但净效应已耗尽消费者的收入。以下内容是从瑞士信贷的报告中引用的一段话：

> 美联储的零利率政策是有副作用的——在过去几年中，它使个人利息收入崩溃。实际上，利息收入的下降让偿债节省的开支估计值相形见绌。比较家庭偿债成本与个人利息收入的演变，两者总量在大致相同的时间，即 2008 年中期，达到了峰值 1.4 万亿美元。

根据我们对美联储数据的分析，还本付息总额——包括抵押贷款和消费服务成本——从峰值下跌了2060亿美元，利息收入从峰值收缩了约4070亿美元，是还本付息减少数额的两倍多（瑞士信贷，2011）[①]。

让我们客观地来讨论一下这个问题。还记得美国总统奥巴马的财政刺激政策吗？美国政府连续两年每年支出约4000亿美元——几乎占GDP的3%。人们对这种刺激是否“有效”争论不休，只有真正疯狂的人才会认为该政策让我们陷入了更严重的经济衰退。美联储的零利率政策大量减少了总需求，相当于奥巴马刺激量的一半。只要美联储奉行零利率政策，这种影响就不只会持续2年——它会年复一年，一直存在。

量化宽松政策每年会减少1.5%的GDP——它就是如此刺激经济的。

过去20年中，日本一直在实行零利率政策，我们在日本的案例中可以看到，极低的利率使经济需求减少，减少量甚至多于政府投入市场的需求。可见，美联储把刹车误认为油门了：量化宽松政策只相当于刹车，美联储却认为它为经济踩了一脚油门。这并不意味着零利率政策是错误的——许多现代货币理论的支持者一直主张实行这一政策——但我们要明白，它无法刺激经济[②]。

---

① 全文可参见以下网址：https://doc.research-and-analytics. csfb. com/docView? language = ENG&source = ulg&format = PDF&document-id = 930221251&serialid = WCjh4HraBteNnwZn29w46PybhgK%2BBIXDfe0rAQogpwQ%3D。

② http://moslereconomics. com/2012/12/27/fed-qe-extracts-record-interest-income-from-the-economy/.

9.6 结论：现代货币理论与政策

在某种程度上，现代货币理论是描述性的，用于解释主权货币如何运作。当我们说“政府通过按键进行开支，主权货币的发行者不会用尽按键”时，这也是描述性的；当我们说“主权政府没有借入自己的货币”时，这也是描述性的；我们认为出售债券是货币政策的一部分，有利于央行达到其目标利率，这是描述性的；当我们主张浮动汇率提供了最大的国内政策空间时，这仍然是描述性的。

“功能财政方法”为规范性政策提供了框架。这一理论认为，主权政府的财政政策与货币政策的主要目的是实现充分就业。勒纳认为，应该把政府预算设置在适当水平——在存在失业时增加支出、减少税收——并设定适当的利率水平。这种观点并不是很激进，得到了战后凯恩斯主义者，甚至是米尔顿·弗里德曼（对于“功能财政方法”，弗里德曼有自己的见解）的支持。

然而，勒纳的初步建议是在低通胀环境下提出的，的确，当时有很多人担忧会再次出现类似于20世纪30年代的通货紧缩。后来，60年代，通货膨胀抬头，勒纳又变得十分担心价格的稳定。他提出了一项政策建议，推行一种特殊的工资与价格调控方法。在本书中，我们没有涉及这一内容，但在70年代初期，美国总统尼克松所尝试的工资与价格调控方法只与勒纳提出的方法稍有不同。这些政策是否奏效还存在争议，但为了应对两位数的通货膨胀，卡特总统实行紧缩政策，上述政策便随之终止了。自70年代末以来，主要国家一直依赖财政和货币政策紧缩来应对通货膨胀。

问题是，政府无法再借口说它们在追求充分就业了。事实上，失业成了维持物价稳定的工具。传统观点一直主张，央行应该只追求价格稳定，完全轻视财政政策的作用——这使情况变得更加糟糕。勒纳的“方向盘”方法被放弃了，结果是高失业率和不合格的经济增长。在美国，贫困和不平等现象逐渐加剧。全球范围内，甚至是在经济扩张时期，越来越多的失业成了难题。

我们在第 8 章中介绍了一种方法，即“就业保障/最终雇主”计划，其既可以创造就业，又不会引发通胀。我们已经解释过，通过实行缓冲储备与最低工资，底层劳动力也可以实现就业，因此，政府不会遭遇通货膨胀的“瓶颈”，用投资来刺激需求。一般性减税或增加开支有利于本来就比较富裕的阶层，他们希望就业机会可以“向下流”，惠及失业者和穷人。相比之下，“就业保障/最终雇主”计划能够直接针对失业人员，帮助他们摆脱贫困。

现代货币理论中，“就业保障/最终雇主”计划应包含的内容一直存在争议。一些人认为，现代货币理论应该保持纯粹的描述性，不应有任何政策建议；另一些人则认为，“就业保障/最终雇主”计划从一开始就已经是现代货币理论的一部分了。

事实上，后者确实是正确的，20 年前，我们这些最早开始研究现代货币理论的人就已经把就业计划纳入了理论之中。此外，我们认为，主权货币需要一个“锚”，通过在“最终雇主与工作保障”计划中设定基本工资，该计划本身就成了“锚点”。货币的边际价值等于其可以雇用的劳动力数量，比如，在“最终雇主与工作保障”计划中，工资为每小时 15 美元，那 15 美元就可以购买一小时的劳动。只要设定的工资保持稳定，有劳动力参与该计划，雇主就可以设定高出计划几美分的工资，吸引新的雇员。

我们相信，相比用黄金支持货币，这是一种更为有效的“货币锚”。在稳定经济方面，劳动缓冲储备比黄金缓冲储备更加有效，因为劳动力参与所有商品和服务的生产。此外，工人的收入是消费品最终输出需求最重要的来源。因此，在我们的缓冲储备计划中，实现充分就业、保持工资相对稳定将不仅有助于稳定消费支出与家庭收入，还有助于工资和价格的稳定。

斯蒂芬妮·凯尔顿进行过这样的类比：米尔顿·弗里德曼因推行自己版本的“货币数量论”而著名，该理论被称为货币主义。由于每一本经济学书籍中都涉及这一理论，我们在此不做深入探讨。货币主义基本思路是：增加货币供应使收入与支出额上升，如果货币供应量增长过快，会导致通货膨胀。弗里德曼有一句著名的话：“通货膨胀无论何时何地都是一种货币现象”。货币主义在某种层面上是描述性的：它声称要寻找货币增长与通货膨胀之间的关系；但在另一个层面，它又是规范性的：为对抗通胀，央行应该控制货币供给的增长。我们无法想象既没有描述性基础又没有规范性元素的货币主义，货币主义者认为货币导致通胀，剥夺这些人提出政策建议的权利是不可能的。

凯尔顿称，现代货币理论的政策处方是，政府应在不引发通胀的情况下追求充分就业，除了“就业保障/最终雇主”计划，没有人能想出更好的方案了。因此，我们不能将现象描述与政策建议割裂开来。也就是说，现代货币理论远不只是描述关系，给出政策建议，它还提供了一种明晰的、从整体上理解经济的方法，从理解货币的“本质”开始，为我们呈现出了一种“世界观”。

然而，任何人都可以采用大多数现代货币理论的原则。如果有人不同意现代货币理论的政策处方，而只想借用其描述部分，当然也是可以的。现象描述为政策制定提供框架，但对于“政府应该做什么”，尚有讨论的空间。一旦我们明白，对于发行主权货币的政府来说，支付能力并不是一个问题，那么，知道“政府应该做什么”就变得尤为重要了。当然，我们也可以不同意这些观点。

10

主权货币的现代货币理论

在本书中，我们探讨了宏观身份和存量流量及其影响，这对任何主权国家，包括发展中国家的政策制定来说，都十分必要。我们仔细分析了采用主权货币国家的实际操作方法，还探索了不同货币制度对国内政策形成的限制，结论是：浮动汇率制度可以扩张国内政策空间。不过，即使是在采用钉住汇率制度的发展中国家，货币发行者（主权政府）的政策空间也基本大于人们普遍认为的程度。

无论在何种汇率体制下，了解货币发行者如何支出、收税以及为什么发行国债，有助于扩大政策选择空间。这让我们想到了“功能财政方法”的观点——政府应该利用预算来实现公共目的，更重要的是，政府应该促进充分就业与物价稳定。我们深入分析了一种有利于实现该目标的项目：“就业保障/最终雇主”计划。

以上讨论组成了本书的内容——这是了解“现代货币”到底如何运作、自己发行货币的政府可以选择哪些政策的先决条件。在本章，我们将探讨本书第一版出版以后的几个新的研究进展。我们先来讨论现代货币理论正确预测过的两个事件——全球金融危机与欧元危机。

10.1 现代货币理论的正确预测：全球金融危机

正如我们所知，英国女王有一个著名的提问：为什么没有经济学家预见到全球金融危机？这是大萧条以来最严重的经济危机。当然，说没有人预见到倒也不完全正确，早在20世纪90年代中晚期，世界范围内就有一些经济学家发出过警告——经济危机即将到来。为了找出“有哪些人预见到了危机”，德克·贝泽莫（Dirk Bezemer）仔细研究过很多预言，最终挑选出12个人，他们不仅预见到了经济危机，而且正确判断出了引起经济危机的问题所在。

现在，让我们来快速总结一下。贝泽莫发现，那些遵循正统的一般均衡法的经济学家没有预见到危机，也无法预见到。事实上，他们要么忽略了所有导致危机的金融创新，要么认为这些创新可以降低风险，从而增加金融体系的弹性。那12个正确预见到危机的人均放弃了均衡的概念，而是采用循环流动的方法，一致地处理存量和流量；他们强调会计恒等式，而不是供给等于需求的平衡；他们还明确建立了独立于“真实”经济的金融体系模型，允许不确定性的出现，而不是采用最优代理（Optimizing Agents）的方法消除不确定性。

在怀恩·戈德利的创举之后，本书一开始就介绍了会计恒等式与处理存量流量的方法。戈德利和笔者都曾警告过20世纪90年代不可持续的“金发姑娘”经济，从会计恒等式的角度看，克林顿的预算盈余意味着私营部门的高额赤字。再加上海曼·明斯基的金融不稳定方法，现代货币理论家认识到，金融业已越来越脆弱。我们还采用了明斯基的“阶段”方法，警告说：最新阶段——他所谓的货币经理人资本主义——是极不稳定的，容易深化危机。

从20世纪90年代末到2007年，我们一直被当作过度悲观的反对者而受到排挤，在这种情况下，我们仍然拒绝接受格林斯潘和伯南克推崇的“新经济”与“大稳健”，使现代货币理论保持高瞻远瞩的态势，而没有随波逐流。2005年前后，密苏里大学的比尔·布莱克（Bill Black）加入了我们的行列，并警告那些在房地产业制造泡沫、进行欺诈的银行家。迈克尔·赫德森（Michael Hudson）曾指出，“火灾”（金融、保险和房地产，这三个部门缩写合并在一起为FIRE，意即“火灾”）部门已经增长过量。在每年于巴德学院利维经济研究所举办的明斯基会议上，我们的预测越来越可怕，美联储的经济学家反驳我们的悲观观点，认为并不存在房地产泡沫，也没有任何危险——甚至到2007年春天他们还是这样说！在2007年的同一个会议上，戈德利说：未来一年的经济增长将放缓至几乎为零；我也警告说：早期的次级抵押贷款拖欠率的迅速增长，将很快引发金融机构的大规模损失。如现在所知，当初我们是对的——经济崩溃就在几个月之后开始了。

然而，主流经济学家曾认为，2007年一切都进行得很顺利，全球的央行行长都庆祝自己把通货膨胀率保持得很低。人们称美联储主席艾伦·格林斯潘是一位“大师”，宣称他不仅是有史以来最伟大的央行行长，还是地球上最强大的人类。格林斯潘退休后，伯南克接手了他的位子，推动了“大稳健”政策。通过保持低通胀率，全球的央行行长促进了经济稳定（即“稳健”）。既然经济领域的人都知道央行行长将致力于稳定，所有人都期待稳定，那我们就将拥有稳定。

管理预期是很重要的。市场知道央行将保持低通货膨胀率，如果有任何经济波动，央行将迅速采取行动，恢复稳定。这本身就增强了人们的信心——被称为“格林斯潘对策”，也就是后来的“伯南克对策”，即美联储主席将阻止任何不好的情况发生。于是，房地产价格飞速增长，大宗商品价格升高，股市大涨，华尔街的金融机构收益不菲（Weay，2008a，2009）。

2007 年春天开始，一切都化为了泡影，世界经济陷入了自 20 世纪 30 年代以来最严重的危机（只有少数几个国家幸免于难——尤其是没有完全开放金融市场的中国）。主要央行纷纷采取措施安抚市场，保证它们会对经济负责。然而很明显，不断降低的利率——基本上是零利率——并没有起到人们期望中的作用。这场危机愈演愈烈——失业率上升，零售销售额下降，房地产市场经历了大萧条以来最严重的一次崩溃，金融机构相继陷入危机。美联储借出储备，收购不良资产，保证私人机构的负债，同时，美国财政部采取紧急救助措施，包括将美国的汽车产业有效国有化，美国政府（包括美联储和财政部）的开支、借贷和担保总额超过 29 万亿美元（是当时国民生产总值的两倍）——但这些措施都不成功。“大师”“大稳健”“自由放任”到此终结。

10.2 现代货币理论的正确预测：欧元危机

欧洲一体化是一个宏伟的计划，或许说是由某种崇高的动机所驱使的。但现代货币理论一开始就说过，EMU 的建立存在致命缺陷。至少，货币一体化本末倒置了——在 EMU 区域内应建立充分拥有主权的财政机构，以保护成员国，实现财政一体化，在这之后，才可以统一采用欧元。

事实上，由于设计和欲望，EMU 存在先天缺陷，其建立在一种信念的基础上：永久紧缩才是增长的路径。EMU 的成员国由于没有货币主权，不得不各自采取紧缩政策。欧洲议会本身没有“国库”，因此，其花费有赖于各非货币主权国缴纳的会费。我们这些支持现代货币理论的人从一开始就认为，试图将财政政策从主权货币中分离是EMU的一个致命缺陷。希腊、意大利等国家加入EMU时，采用了“外国的”货币——欧元——但却依旧对本国财政政策负责。

在过去10年中，许多批评都集中在欧洲央行的政策上，认为货币政策过紧。还有人认为，马斯特里赫特标准太严格了。虽然这两种批评都有一定的道理，却始终忽略了主要的问题：意大利已经相当于路易斯安那州了，却没有得到“山姆大叔”的好处。所以，问题真的不在于各国放弃了货币政策（设置利率），也不在于它们同意了对预算赤字与债务过于严格的限制。实际上，马斯特里赫特标准对于非主权货币国家来说过于宽松，欧洲央行的货币政策也并不比美联储的紧（从EMU成立十年内的平均水平看），货币政策的影响也不大①。

EMU建立后，欧元区各国将不可避免地面临两个问题：

（1）当经济严重衰退时，成员国的预算将自动变为高额赤字。问题不在于马斯特里赫特标准（因为，毕竟几乎所有的欧元区国家都屡次违反过这些标准），而在于市场会提高成员国的债务风险溢价——这将导致利率飙升，进一步增加赤字，形成恶性循环。由于没有“山姆大叔”来拯救它们，这些国家不得不依赖欧洲央行的慈善机构来保持低利率。祝它们好运吧！欧洲央行是在德国央行的意志下运行的，这真是个愚蠢的赌注。

---

① 详见斯蒂芬妮·凯尔顿的著作：http://neweconomicperspectives.org/2012/06/can-monetary-policy-do-more.html。

（2）成员国虽说对各自的银行体系负责，遭遇危机时却无法帮助银行摆脱困境，除非它们愿意牺牲政府。这也是由欧元系统的设计缺陷造成的：当一国政府由于私有银行负担了急剧增长的债务时，不会有“山姆大叔”赶来布鲁塞尔营救政府，即使该国的负债规模超过了政府总支出甚至是国内生产总值。

一体化的一个目标是为劳动力和资本流动消除障碍，使生产要素能够跨越国界，而这是否是个好主意——以及是否有效——则是另外一回事。重要的是，对我们的讨论来说，这使银行能够在整个欧元区内购买资产，进行负债——它们也的确是这样做的！锦上添花的是《巴塞尔协议》对银行的管制和监督被解除了，这使欧洲银行开始效仿华尔街的银行，追求疯狂的计划。

当然，这就是使爱尔兰的银行陷入困境的原因，它们借出的贷款遍布欧洲，数额高达爱尔兰 GDP 的数倍。当它们押错赌注时，爱尔兰政府不得不帮助它们摆脱困境，不断增加财政赤字与政府债务。这是 EMU，或者普遍来说是欧盟的一个设计特点：解放银行，使其膨胀至“爆炸”，然后在政府试图拯救银行时连同政府预算一起“吹爆”。当然，不只是欧元区的银行会这样做，比如冰岛和英国。

在现实中，爱尔兰的纾困计划真的是想拯救主要国家的银行——而不是外围国家。爱尔兰下定决心保护德国、法国及英国的银行，使它们在借款给爱尔兰的银行之后没有蒙受损失，这或许是人类历史上最伟大的慈善行为。与爱尔兰大饥荒不同，这场灾难完全是由爱尔兰政府的政策造成的，即为了拯救大多数忘恩负义的德国人、法国人和英国人，承担下银行的债务。

造成欧元区当前危机的另一个重要原因是：银行储户可以无成本地

将欧元存款从一家银行转存到 EMU 内其他任何地方的另一家银行。这是由所谓的目标 2——便利设施——导致的。任何存款人——比如一家西班牙银行，都可以将存款转移到一家德国银行。这要求西班牙央行借入德国央行的储备。如果存款从外围国家流出，这些国家的央行为了获得德国央行账户中的储备，只能向欧洲央行典当更多。

危机在外围国家蔓延时，三巨头将紧缩作为财政援助的条件。然而，面对紧缩政策，任何国家增长的唯一方式都只是实行“以邻为壑”的重商主义政策，即榨干其他国家的需求，德国很擅长这一点。因此，统一背后的初衷是要防止再次出现导致了欧洲两次世界大战的非睦邻友好行为，建立 EMU 也是为了促进统一。但是，EMU “奖励”的却是成员国家的“利己主义行为”，而德国在其中收获颇丰。

最极端的利己主义行为是现代金融机构用自由流动的“资本”释放罪恶，加上这一点，金融危机就八九不离十了。各国全权负责本国庞大的金融机构——这是压死骆驼的最后一根稻草。

第一次严重的金融危机将“吹爆”一些没有财政主权的成员国的预算。比如爱尔兰。随后，其余国家就像多米诺骨牌一样纷纷倒下。所以，指责三巨头强加给边缘国家紧缩政策是错误的。永久紧缩一直在计划之内，并不是什么新鲜事。这是非主权货币政府在没有主权货币中心的情况下唯一的运作方式。

问题从来不在于肆意挥霍的地中海人或松懈的财政政策，欧元国家本不应该有任何规模的长期赤字或显著的负债率。按照设计，它们都不是货币意义上的主权国家——几年前它们就放弃了自己的主权货币，取而代之的是外币。就像任何放弃主权货币的国家一样，每个国家都失去了长期预算赤字的能力，这是它们输掉追求贸易顺差的重商主义比赛的原因。

令人吃惊的是，这场比赛持续了很久。原因之一是横行的金融机构能够在相当长一段时间内依靠私人部门赤字振兴经济——就像它们在美国做的一样；原因之二是不切实际的“信心”——市场相信，如果出了差错，欧洲央行将违反其职责采取应急措施；原因之三是有相当比例的债权人无法理解主权货币政府和使用外币的政府之间的区别。

最后一幕是酝酿了一段时间之后才发生的。首先发生在“欧猪五国”，然后是法国、奥地利、芬兰和荷兰，最终波及德国——是的，就是那个财政清廉的德国。对于一个放弃了本国货币的国家来说，其自身资产负债率的数量级过高了。还记得阿根廷吗？该国采取货币发行局制度——本质上与采用欧元是一回事。与德国不同，阿根廷始终满足马斯特里赫特标准，却一直深陷危机。德国的成功依赖于欧元区其他国家的需求，而此时，需求正在迅速崩溃。因此，德国经济增长将会放缓，贸易顺差下降，政府赤字增加。最终，市场会连同德国一起施加惩罚。

EMU 可以得到拯救，但这需要欧洲央行做一些违背其“DNA”的事。EMU 成立时设定了限制条件，确保欧洲央行永远不会对任何国家实施救援。将欧洲范围内的货币政策（利率设置）与财政财务状况分离的原则是不容侵犯的，欧洲央行所做的已经够多了。但是，没有财政权力，单纯依靠一个不情不愿的央行行长去反对整个联盟的设计，是无法使 EMU 运行下去的。因此，EMU 是否可以得到拯救，现在还是个未知数。

10.3　创造论与偿还说：货币发行者到底是怎样借款与支出的

现代货币理论强调，发行货币的权力与征收税款的权力是紧密关联的。简而言之，我们认为，“税收驱动货币”。我们还证明了（假如这的确需要证明），主权政府不是需要税收收入才能支出。就像比尔兹利·鲁姆尔所说的那样，一旦我们放弃了黄金，使联邦税成为财政收入的目的，就“过时”了。

在本节中我们将讨论三个类似的问题（三者答案相同）：

（1）政府需要获得税收收入才能支出吗？

（2）央行需要获得存款准备金才能贷款吗？

（3）私有银行需要获得活期存款才能贷款吗？

我们可以将这些问题进行简化：创造和偿还，孰先孰后？

我们所谓的货币制度的本质是什么呢？很多人都称为货币的东西有什么共同特点呢？大多数经济学家认为，货币就是我们在交换时使用的东西，这就简单地告诉我们：“货币就是货币所做的事。”这有点像把人定义为一种看着电视、偶尔去冰箱附近晃悠一下的事物。

在《货币论》（*A Treatise on Money*）一书中，凯恩斯首先讲到了记账货币，这是我们衡量债权、债务以及价格的单位。他还提到了记账货币的本质，（继克纳普之后）他认为，在过去至少4000年的时间里，记账货币是由国家有关部门决定的。计量单位一定是社会结构的一部分，我可以在一定时间、空间和价值内选择我自己独特的计量单位，但这些计量单位必须要经过社会批准后才能被广泛采用。

所以，各种货币的一个共性是：都由记账货币来衡量。所有这些经济学家宣称是货币的东西均以记账货币为单位，但货币的本质一定不止这些。

如前文所述，许多经济学家把货币作为市场交易的媒介。但这样一来，似乎是我们同意在一个被称为市场的机构中——而非在一个独立的机构中使用货币作为交换媒介。那么，这些货币的制度本质是什么呢？最明显的共同特征是：它们是债务的证明。硬币、国债或央行票据都是政府债务；银行票据或存款是银行债务；我们可以扩大对货币这种东西的定义——或者如前文所称呼的“代币”——包括货币市场共同基金的份额等，这些也是其发行人的债务。

如果我们回到过去就会发现，由欧洲君主和其他人发行的统计符木棒实际上就是一种债务证明（符木棒缺口记录货币数额）。显然，用什么材料的物质记录债务根本无关紧要——统计符木棒只是一种“代币”，用来记录债权人与债务人之间的关系，君主承诺按照偿还的方法（Following Prescriptions that Govern Redemption）兑现借据。纳税人不是随便拿来一根有缺口的符木棒就可以的——存量与存根必须经过国库或其代表的验定，两者完全匹配才行。

接下来，就会出现有社会创造的、被普遍接受的记账货币，以及以记账货币计价的债务。在现代国家，社会认可的以货币计价的债务通常以本国的记账货币为单位，在美国就是美元。有些种类的债务可以“流通”，用于交易和其他支付（即偿还自己的债务），最好的例子就是货币（财政部与央行的债务）与活期存款（银行债务）。在支付中，我们为什么要接受它们呢？

长期以来，人们一直认为，我们接受货币是由于它要么是由贵金属制成的，要么可以兑换为贵金属，即我们是因为货币的“物质性”才接受它。事实上，在流通中由贵金属铸造的货币的价值远超出其包含的贵金属本身的价值（至少在国内来说是这样的），以固定汇率将货币兑换为黄金是特殊情况而非常态。因此，大多数经济学家认识到，今天的货币是“法定的”（虽然大多数人没有意识到其实在过去就已经是这样了）。

重要的是，追溯到罗马时代的法律通常采用“名目主义”的观点：硬币的法定价值由名义价值决定。例如，如果一个人把硬币存在银行，那他只能收回相同名义价值的货币。换句话说，即使货币包括压印的金币它也依然合法，因为其法定价值是人为设定的名义价值。

现代货币理论认为，如果公民需要将某一种货币上交给货币发行者以履行其义务，这种货币就会被公民所接受。因此，国家可以征收税款，同时，以政府债务的形式发行纳税时所需要的货币，从这种意义上来说，现代货币理论认为：“税收驱动货币”，

我们可以把某一制度或一整套制度认定为“主权”。正如凯恩斯所说，统治者有权宣布哪一种单位是记账单位——美元、里拉、英镑、日元，也有权征收费用、罚款和税款，并规定在支付时接受哪一种货币。当人们支付费用、罚款和税款时，货币就被赎回了——由统治者接受。

统治者有时也会同意用本币兑换贵金属或外汇，但这不是必需的。人们同意用本币支付税款、费用、什一税与罚款，这就已经足够“驱动”货币，即创造货币需求了。请注意，我们也不需要无穷追溯的论证。如果我们知道后面会有更傻的傻瓜接受国家的借据，那在接受借据时我们会更心甘情愿，但如果我们有纳税义务，且必须用国家的货币履行义务，我们就一定会接受国家的借据。在这个意义上，现代货币理论认为：“税收足以创造货币需求。”不需要每个人都有这样的义务——只要税收基础足够广泛，货币就将被普遍接受。

人们接受货币还有其他的原因——也许可以用它兑换黄金或外汇，也许可以把它作为价值储藏，可以补充税费或者是需要用货币履行的义务更好（如税收、费用、什一税、罚款等）。

米切尔·英尼斯（Mitchell Innes）提出过信贷的基本定律：借据的签发人必须在还款时收回借据（Wray，1998），我们称为可赎回性原则，即借据持有人提交借据让使签发人支付。注意，借据持有人未必是最初收到借据的人——他也可以是第三方。如果第三方欠签发人钱，借据返回给签发人后便抵销了第三方的债务，同时，也抵销了签发人的债务。

如果一个人认为自己需要支付钱给某个实体，他就会想要获得该实体的借据，这部分解释了为什么非主权发行人的借据可以被广泛接受。

同样，如海曼·明斯基所说，人们接受银行的活期存款的一部分原因是：我们——至少有很多人——对银行负债，可以用银行存款支付。在现代银行体系中，央行可以按票面价值清算银行间的账户，因此，我们可以交付任何一家银行的存款借据来抵销对其他银行的债务。

如果有人承诺自己的借据可以按需兑换为其他更为被人们普遍接受的借据，该借据的可接受性就会提高。在社会中，统治者发行的借据是最容易被人们广泛接受的（至少是由一些统治者，或是由经济上较为重要的外国统治者发行的借据）。在这种情况下，发行人必须持有或较容易得到统治者的借据，以确保其能和自己的借据兑换。

在任何情况下，只要是法院执行的最终支付，都可以确定为最终支付。从罗马时代开始，法院用名义值解释涉及金钱的合同，并要求使用“法定货币”支付，其形式通常是以记账货币为单位的指定负债。也就是说，如果合同是用货币计算的，那么该合同在实物方面则并不强制执行。

在本节最开始，我们提出了三个相似的问题：

（1）政府需要获得税收收入才能支出吗？

（2）央行需要获得存款准备金才能贷款吗？

（3）私有银行需要获得活期存款才能贷款吗？

很明显，这些问题的答案都是“不需要”。的确，逻辑必然是先创造再偿还，人们要先有罪孽或债务才需要赎罪或偿债。

国王在支付时使用统计符木棒或压印的硬币，这使他成了罪恶的债务人。当他收回自己的借据时，也就偿还了债务。

央行发行准备金存款作为其债务——通常是在其向私人银行贷款时或在公开市场上购买国债时。这些准备金存款总是可以按需兑换为央行的票据——这使央行产生负债。央行在支付中接受自己发行的票据和存款准备金，以此来偿还债务。

私人银行发行活期存款作为其债务——通常是在其向私营公司或家庭贷款时。当它接受活期存款的支票时，也就偿还了债务。

需要注意的是，在这些例子中，我们已经看到了同一资产负债表（“货币发行者”）的两面，但实际上，在每个例子中还有另一个债务人。在统治者发行符木棒或硬币之前，他必须使纳税人负债，而履行纳税义务必须使用统治者的符木棒或硬币，这样就为两者，同时创造了需求。

央行将准备金借给私人银行时，该银行负债，贷记其在央行的准备金账户，但同时，央行由于发行借据也背上了债务。私人银行将活期存款借给借款人时，贷记借款人的存款账户，但借款人也记录了银行的负债。

所以，每一次的偿还会同时清除双方的债务，一切过程都可以被洗刷干净。

你看，所有这些都是借贷关系。敲击键盘可以记录债务关系，双方都有罪恶的负债。直到有一天，借据回到了发行人的手中，双方的罪恶才得以救赎。

那些认为政府需要先获得税收收入才能支出的人；那些认为央行需要先获得存款准备金才能贷款的人；那些认为私有银行需要先获得活期存款才能贷款的人；没有搞清楚创造和偿还的关系。

收到税收、存款准备金与活期存款都属于偿还行为，且创造必须先于偿还：要先创造债务，才能偿还债务。

10.4 增加对就业保障需求的认识

自第一版出版以来，本书关于工作保障的建议获得了人们的支持，越来越多的人呼吁政府在确保充分就业方面扮演更为重要的角色。在本节中，我们要分析其原因。首先，我们要回顾停滞的观点。其次，有越来越多的证据表明，美国的劳动力市场没有复苏，还有很多人认为这是一种新常态。再次，美联储（重新）发现了一件许多人一直都知道的事：低利率政策不会刺激投资。最后，我们的“思想领袖”终于发现，美国人希望政府对非自愿性失业做些什么。所有这些都加强了有关就业保障主张的合理性。

10.4.1 停滞观点

主流观点认为，经济正停滞不前，我们就先从这一点说起。拉里·萨默斯（Larry Summers）认为，我们得到的一切最终都只是泡沫。在过去的三四十年中，我们越来越多地把经济（以及政府）转向华尔街，靠资产投机存活。有人称为“赌场经济”，有人称为“金融化”；明斯基称为“货币经理人资本主义”。在此，我们不再赘述细节，但所有这些都让人们看到了一种趋势：金融与垄断利益会“破坏生产”，随着经济租金流向金融部门，最终，整个经济都会垮掉。这会使国民收入过少，无法支撑生产活动，从而产生经济停滞。

萨默斯与阿尔文·汉森（Alvin Hansen）在“二战”后的警告并不是对现代资本主义停滞趋势的最有力的解释，而两位在俄勒冈州的经济学家——哈罗德·瓦特（Harold Vatter）与约翰·沃克（John Walker）终其一生，对这一趋势进行了有益的分析。简单来说，问题在于资本太高产了，以致到了并无益处的程度。投资能提高产量的特性超过了其对总需求的乘数效应。随着时间的推移，这一问题越来越严重，后来又出现了以机器（不需要工资）替代劳动者（需要工资用于消费）的趋势。这样发展下去，最终会不可避免地导致机器制造机器。到 19 世纪末，问题已经出现了，“二战”期间及“二战”后初期，随着政府不断发展，问题才得到缓解。直到 1960 年前后，美国联邦政府的增速高于 GDP 的增速（换句话说，作为经济增长的一环，联邦政府稳步增长）；在接下来的 15 年中，州政府和地方政府的增速均高于 GDP 的增速。到 20 世纪 70 年代中期，州政府和地方政府踌躇不前，这并不是巧合。随后，大停滞拉开序幕，虽然里根总统针对苏联的军事集结暂时缓解了停滞，但随着政府的增长放缓，需求差距就此拉开。

面对糟糕的经济增长，传统的解决方案是刺激投资支出。如果你是凯恩斯主义者，刺激投资意味着通过乘数效应扩大总需求、增加就业与经济增长；如果你是新古典主义经济学家，刺激投资意味着更多的生产能力，增加总供给，直接促进经济增长。在新古典主义理论中，就业会自行调节——无论怎样——只要工资具有弹性，你就永远会是充分就业的劳动力。如何刺激投资呢？双方一致认为，对企业减税将刺激投资。

但如果政府破产了，无法使用财政政策怎么办？为了避免赤字，可以单独使用货币政策：降低利率以刺激投资。但在过去的5～10年中，美联储的利率几乎一直为零，日本维持零利率已经20多年了，却依旧没有使投资增加，经济增长缓慢，就业机会少，经济相对停滞。可见，降低利率也无济于事。

10.4.2 投资与利率

不管怎样，较低的利率并不一定会增加投资。为什么呢？凯恩斯的回答是：企业只生产它们认为可以卖出去的东西，只有当它们觉得销售量会在未来增长时，才会通过投资来增加生产能力。减税不会让它们增加投资，除非能让它们相信，减税可以在很长一段时间内持续增加销售量。

凯恩斯的追随者——不要与那些自称是凯恩斯主义者的人混淆——向来不同意利率政策对投资至关重要的观点。伯南克认为，长时间实行零利率政策，给银行大量的超额准备金，会使银行增加贷款，使企业借款进行投资，但凯恩斯主义者不这么认为。我们曾说这种做法是行不通的，现在大家都知道这确实没有起到作用。投资就是对利率不敏感——无论你是降低利率还是提高利率。此外，如瓦特和沃克所说，需求不足不能靠增加投资来解决——增加投资带来的总供给增加量（容量）将超过总需求增加量（通过乘数效应）。

10.4.3 劳动力市场的新常态

因此，我们会有停滞，泡沫虽然暂时会提高经济增长，但最终却只能被金融危机与经济衰退刺破。对于工人来说，泡沫被刺破的后果就是失业。事实上，由泡沫推动的经济“复苏”也创造不了多少工作岗位。虽然在全球金融危机的恢复过程中失业率逐渐降低，但这很大一部分是由于劳动力参与率的下降。这样，情况就变得更糟。丹·阿尔珀特（Dan Alpert）报道说：私营部门很大程度上是在低工资部门创造了就业机会，如，“零售服务、行政与废物处理、休闲与接待服务等部门，它们共同占了美国私营部门就业人数的1/3左右，但在2013年上半年，却创造了57%的就业岗位”①。

所以在过去40年中，“无就业增长”成了经济的正常现象，往往在人们重新找到工作之前，经济衰退就正式结束了。② 就在劳动力市场开始改善时，泡沫破裂，经济崩溃，一切又要重新开始。“棘轮效应”是指，每次经济低迷时都会有更多人失去工作，而经济复苏时重新得到工作的人则相对较少。除了克林顿时期的繁荣之外，经济周期峰值在创造就业与提高劳动力参与率方面越来越无能为力。

现在，专家们声称，全球金融危机过后出现了一种新常态——劳动力参与率越来越低，因为经济永远不能为新的就业者提供足够的就业机会，更不用说那些一直在找工作的人了。再加上不断增强的机械化、机器人化、外国竞争以及政府裁员，你会知道为什么美国的求职者总是希望渺茫。

最后，需要注意的是，报道的数据针对的是平民的非制度化人群——那些超过16岁、不上学、不在监狱里的人。糟糕的劳动力市

① http://www.westwoodcapital.com/wp-content/uploads/2014/01/2013-US-Jobs-Report-Card-Alpert-011314.pdf.

② 详见斯蒂芬妮·凯尔顿的图表（http://neweconom-icperspectives.org/2014/01/five-ways-improve-odds-succeeding-labor-market.html。

场会增加制度化人口——减少计算劳动力参与率时需要统计的人口。美国因此而热衷于监禁投资，把数百万美元投入拘留所和监狱中，而且（但这并不是一件坏事）糟糕的劳动力市场往往对大学入学率有好处。不过，这意味着会有更少的人通过辛劳工作来支持那些不工作的人。

问题在于增长缓慢与无就业增长。即使 GDP 上涨了 1 ~ 2 个档次，也不能创造足够多的就业机会，由于前文讨论的原因，GDP 无法维持在 4% ~ 6% 的增长，这样就不足以创造投资机会，使其对供给产生影响，同时，也不能使消费支出作用于需求。我们可以想象政府增长提高总需求，从而引起投资增长的情况，但这在现实中不会发生。在华盛顿，太多人认为“山姆大叔”破产了，所以他们需要系紧钱袋上的绳扣。

这会导致更多不可逆转的不良后果。

10. 4. 4 就业保障

恢复经济繁荣的方法是创造就业机会，提高底层收入者的工资，这样，消费者需求将会增加。我们不想再依靠债务拉动的消费热潮，也不能依靠投资，因为即使有“信心仙子”能使公司进行更多投资，在对总需求有乘数效应的同时，也会对总供给的生产能力产生影响，使总供给增加，而后者将很快超过前者。在任何情况下，私营部门主导的扩张总是虎头蛇尾的，最终因债台高筑在金融危机中结束。

要想打破这种恶性循环，政府需要发挥更大的作用。政府主导的增长实际上提高了私营部门的资金实力，这并不需要依靠“信心仙子”，因为其可以直接推动就业机会增加、收入增加、销售额增加。

越来越多人认识到，政府直接创造就业机会，应该作为计划的一部分。

杰西·迈尔斯（Jesse Myers）在《千禧一代应当努力践行的五项经济改革》（*Five Economic Reforms Millennials Should be Fighting for*）一文中进行了初步的尝试，就业保障是他首先提及的一点[①]：

> 为所有人保障就业，改变失业现状。最简单、最直接的解决方案是：政府确保所有愿意为社会贡献生产力的人能够在公共部门过着体面的生活。现在，有成千上万的人想要工作，也有无数的工作需要人做——这是明摆着的事。这个想法并没有听上去那么激进，它类似于罗斯福新政期间公共事业振兴署所做的事，或是20世纪60年代马丁·路德·金博士口头支持的公共部门工作保障政策。

他的这篇文章得到了广泛支持。赫芬顿邮报曾进行调查，找出了五项改革中赢得最多支持的一项，就业保障当仁不让成为群众最喜爱的改革[②]。

可以预见的是，高收入者与白人保守派反对该计划，而大多数收入较低的人群、民主党人以及黑人支持该计划，那些很少被强制失业波及的人恰恰是对就业保障最没有好感的人。但是请注意，在深入分析民意调查的结果之后，我们发现，只有一小部分人强烈反对就业保障，即刚刚超过1/4。

---

① http：//www. rollingstone. com/politics/news/five-economic-reforms-millennials-should-be-fighting-for-20140103.

② http：//www. huffingtonpost. com/2014/01/13/rolling-stone-millennials_n_4589014. html.

表 10.1　民意调查结果

你是否支持制定一部保障每一位美国成年人就业的法律，使政府为在私营部门找不到工作的人提供就业机会？	
强烈支持	22%
基本支持	25%
基本反对	13%
强烈反对	28%

如果我们的讨论再深入下去，结果会更加有趣①：除了65岁以上的年龄组，各年龄组50%及以上的受访者强烈支持或基本支持就业保障计划；只有9%的民主党、11%黑人受访者强烈反对该计划；只有30%的中等收入人群（每年收入4万~8万美元）强烈反对该计划。按地区划分，东北部和中西部大多数人支持就业保障；在南部，该计划的支持者将近一半（48%）；只有西部对该计划的反对呼声强烈（34%强烈反对，17%基本反对）。

有两个结果令人惊讶。首先，这一调查问题所探讨的计划是要求政府提供就业机会。鉴于全民对政府的敌意，该调查能引起如此多的正面的回应，确实值得注意。其次，令人惊讶的是，民主党与黑人如此支持这项计划，我们却尚未看到领导人着手行动以满足选民诉求。

也许，现在时机终于到了？

10.5　现代货币理论与外部约束：固定还是浮动，这是一个问题

现代货币理论认为，一个发行本国“不可兑换”货币的主权政府

① http://cdn.yougov.com/cumulus-uploads/document/sd19asu7et/tabs-HP-government_20140109.pdf.

不可能无力偿还本国货币。就以本币计价的政府债务而言，不会出现非自愿性违约。政府可以“买得起”任何以本币定价出售的东西，也可以将本币兑换为外币，购买以外币标价的商品——但后者不能确定。

相反，如果政府承诺本币可以固定汇率兑换为其他东西（黄金、外汇），这份承诺就不一定能够兑现。政府有可能会破产，出现非自愿性违约。

一般来说，不可兑换的浮动汇率制度能够提供更多的政策空间，政府可以利用财政政策和货币政策处理国内事务。固定汇率制度会减少政策空间，因为政府必须考虑其兑换的承诺，这有可能与国内政策议程发生冲突。例如，政府奉行的政策通常（但不总是）必须能够保证外汇（或黄金）的正向流入，以外汇储备来维持钉住汇率政策，但这通常意味着工资下降，进口减少，国内失业率居高不下。

到目前为止的论证是符合逻辑的。钉住汇率增加了一个限制：你需要储备本币所钉住的那种货币，以确保能以固定价格进行兑换。这种限制的约束力如何呢？要视情况而定。在今天的中国，其“管理的”汇率限制不大。例如，中国一直致力于国内工资的较快增长。相比之下，在尼泊尔，钉住印度货币是有限制的，如果尼泊尔想要像中国一样提高工资，其与印度的贸易赤字将会增长。除非尼泊尔能以某种方式增加海外工作者的侨汇，否则，其印度货币储备及美元储备将被耗尽，尼泊尔的钉住汇率就会受到威胁，还可能发生货币危机。

中国或尼泊尔会受益于浮动汇率制度吗？是的，并且中国最终将出现渴望，也必须实行浮动汇率制度的情况。中国将变得富有、发达，因此，无法避免实行浮动汇率制度。它将不再净累积外汇储备，还可能会出现经常账户赤字；它将逐步放宽资本管制。也许，中国永远不会出现西式的“自由市场”，但为了保持国内政策空间，它会找到对其有利的浮动方式。如果没有做到这些，它可能将处于准殖民地的地位，从属于储备货币的发行国。但中国决不会出现这种情况。

现代货币理论强调，就“实际情况”而言，进口是收益，而出口是成本。浮动货币、放松资本管制可以使一国享受更多“收益”（进口）与付出更少“成本”（出口）。国家有能力享受本国的所有产出及其他国家想要输出到该国的商品，通过扩大资本项目盈余为净进口“埋单”。反映到资本账户中，世界其他国家对该国货币计价的金融债权的持有量可以体现这一点。

关于收支平衡。很多人说美国由于经常账户赤字出现了“贸易失衡”，但实际上，由于资本账户盈余，失衡并不存在。因为，以美元换美元，不可能存在不平衡。外国人想要美元资产，所以他们把商品出售给美国。这也许符合出口国的国家利益，也许并非如此，这不是我们需要判断的问题。但它肯定符合了某些人的利益，不然就不会有人这样做了。也许是出口商的策略，也许是权贵富豪在推动，再或许，它真的符合国家利益。

布莱恩·罗曼祖克（Brian Romanchuk）在《为什么富裕国家应当实行浮动汇率》（*Why Rich Countries Should Float Their Currencies*）一文中讨论了这个问题[①]。作为一位债券市场专家，他意识到，只要实行浮动汇率制度，富裕的发达国家就不会面临“外部约束”问题。其主要观点是：如果外国人想把商品输出到你的国家，你不必担心如何筹措外汇进行进口。

---

① 详见：http：//www. bondeconomics. com/2014/02/why-rich-countries-should-float-their. html。

> 人们已经发现，外汇的实际交易量要比支持贸易流量所需的外汇交易量大一个数量级。这种过度活跃的现象一部分是外汇交易的结果，但也反映了巨额的跨境资本市场流动。这些流动能决定货币的相对价值。进口商的最终交易对象极有可能是愿意冒外汇风险的外国投资者，因为国内没有必要为了支持进口借入外币……
>
> 虽然汇率波动有破坏性，但企业可以利用货币对冲减少短期波动的影响……我认为，在任何情况下，发达市场货币的报价总会处于一定区间内，因为当地货币金融资产的潜在需求是一定的。货币要想没有需求，就只能在市场上基本消失……我们假设总会有货币竞购的情况，经常账户赤字融资可能就会一直存在。唯一的问题是：融资时货币的价格。

简单来说，如果你提供的是美元、加元、澳元、英镑、日元或欧元，你永远不用担心找不到竞买者，唯一的问题在于交易价格。接下来，罗曼祖克承认，他只考虑了“富”国的情况。他猜测，对于发展中国家来说，尝试浮动汇率也是更好的选择，但发展中国家面临的问题他无法切身感受，知之甚少。

坦白来说，我不知道如果实行浮动汇率制度，尼泊尔是否能做得更好。我猜想，对于许多世界上最贫穷的国家来说，浮动汇率制度并不是核心问题。现代货币理论的批评者列举出这些例子来证明现代货币理论是错误的，他们质疑我们能否为贫穷国家所面临的问题找到解决方案。如果我们不能为发展中国家所面临的复杂问题找到一个简单的解决办法，这就证明，现代货币理论是错误的——这样的说法真是令人匪夷所思。

我们的主张是，在有货币主权的情况下，发展中国家的政府是能够负担得起浮动汇率制度的，从而利用愿意为本国货币效劳的所有国内资源。这样的国家能够进口所有想要的东西吗？也许不能。钉住汇率就能进口更多吗？也许可以——但政府将很可能不得不放弃国内的充分就业，并且受到资不抵债与违约风险的限制（因为政府已经承诺了兑换其可能无法提供的东西）。这种权衡取舍的结果最终会符合国内利益吗？我对此表示怀疑，但不能确定。

我们观察到，在现实世界中，发展中国家的钉住汇率政策通常符合精英群体的利益——他们喜欢购买进口的奢侈品，喜欢在佛罗里达州度假。这些国家通常大概有一半的人口没有工作或只是个临时工（如在红绿灯处清洗进口豪车的挡风玻璃）——这似乎不是一种好的取舍。

可怕之处通常在于“通胀传递”，即浮动汇率可能导致汇率贬值，增加进口成本，从而引发国内通货膨胀。人们也许高估了通胀的影响，但这会使发展中国家政策制定者的心被恐惧麻痹。

尼尔·威尔逊（Neil Wilson）在《真正的傻瓜是出口商》（*It's the Exporters Stupid*）一文中对这些现象进行了很好的阐述[①]：

> 关键的一点是，如果一种货币贬值，进口会变得“更加昂贵”，那么，消除“通胀”就是一种分配性回应措施，试图减少一些进口，使交换需求均衡分配。这同时也减少了别国的出口。我们要记住一件重要事情，当货币贬值时，相对该货币而言，世界上所有的其他货币都在升值，依赖于出口的国家（出口导向型国家）

① http：//www. 3spoken. co. uk/2014/02/its-exporters-stupid. html？ spref = tw.

> 贸易量开始减少——这将导致经济衰退。任何一个其他经济体都可以对外汇市场进行干预，购买“多余的”货币，这将遏制所有国家的经济衰退。这些事情对出口商所在国家的央行来说是力所能及的。
>
> 以出口为导向的国家必须不断向世界其他地方提供流动资金，让别人购买自己的商品。否则，世界各地将耗尽完成出口交易所需的该国货币，出口就不会再发生（例如，英国买家用英镑购买中国商品，但中国工人的工资以人民币计价。由于出口差额，人民币相对短缺，所以，必须由中国人提供人民币，否则中国商品会昂贵到荒谬的地步）。
>
> 因此，在我看来，有一点很重要，出口企业要出口，需要央行的“流动性操作”进行支持，其最终将遏制所有重要出口贸易国的经济下滑——通过各国的银行系统或隐性或显性地进行操作……对我而言，面对货币贬值，政策应该暂时禁止进口“奢侈”商品，以控制分配性通胀。这将问题转移给了出口商，通过系统的干预、固定汇率失衡，问题可以得到缓解，他们被迫做贸易过程中经常做的事。

相比处理“通胀传递”，也许浮动是更好的选择，将对抗通胀的“痛苦”尽可能多地施加到富人身上也是有道理的。毕竟，他们才是开着进口宝马车、带着孩子去佛罗里达州度假的人。

现代货币理论的原则适用于所有主权货币国家，这些国家可以实现国内充分就业。这可能会导致贸易赤字、货币贬值、“通胀传递”，但如果主权货币国家不喜欢这些结果，它们可以采取很多政策。进口管制与资本管制都是很好的选择，此外，还包括定向就业、定向招商、针对性发展等。

相比富有的发达国家，充分利用国内资源对发展中国家来说更为重要，但我们发现，事实正好相反：由于政府认为自己无法提供工作，发展中国家的失业率要比发达国家高得多。因此，虽然现代货币理论不能为发展中国家提供一根魔杖，消除其面临的所有问题，但仍可以为其提供一些有用的建议。

10.6 货币“模因”（Meme）①

自本书第一版出版以来，现代货币理论经历了蓬勃的发展，事实上，在博客中，它已经有了自己的生命。但我们的解释力仍不够强，我们必须停止吓唬人。问题不在于理论，而在于框架。对现代货币理论的反对呼声主要集中在道德方面——这不是在讥讽地打批评者耳光。如乔治·拉科夫（George Lakoff）所说，你通过框架了解一切。人就是这样，脱离隐喻无法理解，脱离故事无法思考。

除了疯子之外，所有人都知道，美国政府的钱根本用不完。从格林斯潘到伯南克再到耶伦，他们都知道一个主权货币发行国是没有非自愿违约的风险的。因此，现代货币理论者对经常账户巨额赤字的解释是：由于联邦政府通过按键进行支出，它买得起任何以美元出售的商品。

大家的反应一般会经历四个阶段：

（1）怀疑：这简直疯了！

---

① 根据《牛津英语词典》，meme 被定义为：文化的基本单位，通过非遗传的方式，特别是模仿，而得到传递。又被音译为媒母、米姆、谜米、弥母、模因、拟子等。——译者注

（2）恐惧：津巴布韦！魏玛共和国！

（3）道德愤慨：你破坏了经济！

（4）愤怒：你这个肮脏的左倾法西斯“共匪”！

这些都是进步分子的言论，现代货币理论输掉了关于债务与赤字可持续性的辩论。怎么会这样呢？因为政府通过按键进行支出是不道德的行为。

无论现代货币理论如何准确地解释政府花钱的货币操作，都没有什么区别——货币操作从国会进行预算开始，然后涉及财政部、美联储与特殊私人银行的复杂程序。这些程序可以确保财政部在美联储的账户中有足够的存款，确保公司或家庭最终可以通过银行获得信贷。

现代货币理论精确地呈现了事实，却也因此输掉了辩论。由于人们只能通过框架看到事实，所以，我们必须换一种框架，不能再采取保守的、教科书式的框架，它会自动使人们想起特定的、基于“公平交易”的市场隐喻。从这个制高点来看，政府仅仅通过按键就可以不劳而获的行为是完全不公平的。

人们会本能喜欢“税收为商品埋单”的比喻：我缴的税进入了社会保障信托基金，现在，我退休了，我可以得到社会保障，它与我之前缴的税收相抵了。不管从什么角度来看，这种说法都完全是错误的。但这根本无关紧要，它还是取得了胜利。

因此，一些自我标榜为进步人士的人竭尽全力反对“薪资税假期”，即使他们完全明白税收具有退步性。保持虚幻的想法意味着税率必须提高，然而在未来将倒退更多——这使货币的价值计算状况更加糟糕。相比于舍弃“我付款了，因此我理应获益”这样的道德神话，这些“进步人士”更热衷于破坏“薪资税假期”项目。

我们需要新的货币“模因”。

“模因”无法从市场开始，也无法从自由兑换或个人选择开始。我们需要一个“社会隐喻”，以公共利益代替私人利益最大化的算计，关注政府的积极作用以及政府利用资金提高服务质量的行为。

政府的货币支出符合公共利益，并承诺在支付中接受本币。货币的背后是税收制度，我们缴纳税款是为了使货币保持坚挺。透明度良好的预算及民选官员问责制可以确保政府适度开支。

私人支出可能会威胁到物价稳定，但政府有一系列可以遏制通货膨胀的政策工具。如果有必要，政府可以增加税收或采取其他措施抑制私人支出，还可以根据需要减少政府开支以消除多余需求。

政府开支提供货币与国债，我们将其累积为财富。在这个伟大的国家里，持有政府货币与债券使我们成为利益相关者。通过享受社会保障与其他收入支持计划，我们获得了国家的产出。

这些产出是我们应得的，不是因为我们缴了税，而是因为我们做好了自己的事情，为产出贡献了力量。通过退休、医疗、食品券、资助贫困家庭等方面的社会支出，政府能帮助我们照顾好自己。

是的，是我们自己在照顾自己。

政府的钱永远也用不完，它可以一直在经济上照顾我们。凡是技术上可行的事情，政府在财务上都负担得起，最终，一切要归结为技术、资源和政治意愿。我们拥有技术和资源，现在需要的是正确的“模因”，用来校准政治、加强意志。

货币体系是一种奇妙的创造，它允许个人选择，同时，给予政府实现社会公正所需要的资源。它激发了企业家的主动性，它们资助、组织、分配国家产出。该体系也是政府用来实现公共目标的主要机制之一。

我们需要用货币体系追求公共目标，这样，我们每个人才能成功实现自己的个人目标。最终，我们可以一起用金钱来照顾彼此。

当我们说应该“自己照顾自己”时，并不意味着这是一种沙文主义的方式。主权货币是国家的，富裕国家有能力超越边界去照顾别人，贫穷国家则可能无法做到这一点。但是，如果贫穷国家有主权货币，它们可以尽其所能，用货币体系照顾自己。

富裕的国家，尤其是像美国这样发行国际储备货币的国家，必须做更多的事情。我们有责任去帮助他人，这使我们能成为更好的人，使国家能成为更好的国家。只要我们齐心协力，这个世界将变得更加美好。

参考文献

Aspromourgos, T. 2000. "Is an Employer-of-Last-Resort Policy Sustainable? A Review Article." *Review of Political Economy* 12, no. 2: 141–155.

Atwood, Margaret. 2008. *Payback: Debt and the Shadow Side of Wealth*, Anansi.

Bell, Stephanie. 2000. Do Taxes and Bonds Finance Government Spending? *Journal of Economic Issues*. 34: September.603–620.

——. 2001. "The Role of the State and the Hierarchy of Money". *Cambridge Journal of Economics*, 25(2), March, 149–163.

Bell, Stephanie and L.R. Wray. "Fiscal Effects on Reserves and the Independence of the Fed", *Journal of Post Keynesian Economics*, Winter 2002–2003, Vol 25, No 2: 263–271.

——. 2004. "The War on Poverty after 40 Years: A Minskyan Assessment", *Public Policy Brief*, The Levy Economics Institute of Bard College, no. 78.

Boulding, Kenneth E. 1985. "Puzzles Over Distribution," *Challenge* 28, no. 5: 4–10.

Burgess, J. and Mitchell, W.F. 1998. 'Unemployment Human Rights and Full Employment Policy in Australia,' in M. Jones and P. Kreisler (eds), *Globalization, Human Rights and Civil Society*, Sydney, Australia: Prospect Press.

Clower, Robert. 1965. "The Keynesian Counter-Revolution: A Theoretical Appraisal", in F.H. Hahn and F.P.R. Brechling, (eds), *The Theory of Interest Rates*, 103–125, London: Macmillan.

Commons, John R. 1955 [1924]. *Legal Foundations of Capitalism*. New Brunswick, N.J.: Transaction Publishers.

Cramp, A.B. 1962. Two views on money. *Lloyds Bank Review*, July, p. 1.

Darity, William Jr. "Who Loses from Unemployment." *Journal of Economic Issues*, 33, no. 2 (June 1999): 491.

Davidson, P. (1978), *Money and the Real World*, London: Macmillan.

Dillard, Dudley. 1980. "A Monetary Theory of Production: Keynes and the Institutionalists". *Journal of Economic Issues*. 14: 255–273.

Foley, Duncan, 1989. "Money in Economic Activity", in John Eatwell, Murray Milgate, and Peter Newman (eds) *The New Palgrave: Money*, New York and London: W.W. Norton.

Forstater, Mathew. 1999. "Full Employment and Economic Flexibility" *Economic and Labour Relations Review*, Volume 11.

Forstater, Mathew and L. Randall Wray (eds) 2008. *Keynes for the Twenty-First Century: The Continuing Relevance of the General Theory*, Palgrave/Macmillan 2008.

Fullwiler, Scott, 2006. "Setting Interest Rates in the Modern Money Era", *Journal of Post Keynesian Economics*, 28(3) Spring: 495–525.

——. 2010 *Treasury Debt Operations – An Analysis Integrating Social Fabric Matrix and Social Accounting Matrix Methodologies*, September 2010 (edited April 2011), http://papers.ssrn.com/sol3/papers.cfm?abstract_id=1874795

Fullwiler, Scott T. 2003. "Timeliness and the Fed's Daily Tactics." *Journal of Economic Issues*, vol. 37, no. 4 (December): 851–880.

——. 2005. "Paying Interest on Reserve Balances: It's More Significant than You Think." *Journal of Economic Issues*, vol. 39, no. 2 (June).

——. 2008. "Modern Central Bank Operations: The General Principles."

——. 2009. "The Social Fabric Matrix Approach to Central Bank Operations: An Application to the Federal Reserve and the Recent Financial Crisis." In Natarajan, Tara, Wolfram Elsner, and Scott Fullwiler, (eds) *Institutional Analysis and Praxis: The Social Fabric Matrix Approach*: 123–169. New York, NY: Springer.

——. 2011. "Treasury Debt Operations: An Analysis Integrating Social Fabric Matrix and Social Accounting Matrix Methodologies." SSRN, located at: http://papers.ssrn.com/sol3/papers.cfm?abstract_id=1825303

Galbraith, James K. 2011. "Is the Federal Debt Unsustainable?" Levy Economics Institute Policy Note 2011/2.

Ginsburg, Helen. 1983. *Full Employment and Public Policy: The United States and Sweden*, Lexington, MA: Lexington Books.

Godley, Wynne. 1996. "Money, Finance and National Income Determination: An Integrated Approach", Levy Economics Institute, Working Paper 167, June, www.levy.org,

Godley, Wynne and Marc Lavoie. 2007. *Monetary Economics: An Integrated Approach to Credit, Money, Income, Production, and Wealth*. New York, NY: Palgrave Macmillan.

Goodhart, Charles A.E. 1989. *Money, Information and Uncertainty*. Cambridge, Mass.: MIT Press.

——. 1998. "Two Concepts of Money: Implications for the Analysis of Optimal Currency Areas." *European Journal of Political Economy*. 14: 407–432.

——. 2005. "Review of Credit and State Theories of Money: the contributions of A. Mitchell Innes," *History of Political Economy*, vol. 37, no. 4, winter, pp. 759–761.

——. 2008. "Money and Default", in Mathew Forstater and L. Randall Wray (eds) *Keynes for the Twenty-First Century: The Continuing Relevance of the General Theory*, 213–223 New York: Palgrave Macmillan.

Graeber, David. Interview. http://www.boston.com/bostonglobe/ideas/articles/2011/08/21/which_came_first_money_or_debt/

Graziani, A. .1990. "The Theory of the Monetary Circuit", *Economies et Societes*, series no. 7, June.

Harvey, P. 1989. *Securing the Right to Employment: Social Welfare Policy and the Unemployed in the United States*, Princeton, NJ: Princeton University Press.

——. 1999. "Liberal Strategies for Combating Joblessness in the Twentieth Century", *Journal of Economic Issues*, vol 33, no. 2, June: 497–504.

——. 2002. "Human Rights and Economic Policy Discourse: Taking Economic and Social Rights Seriously", *Columbia Human Rights Law Review*, vol 33, no. 2, Spring: 364–471.

Hayden, F. Gregory. 2006. *Policymaking for a Good Society: The Social Fabric Matrix Approach to Policy Analysis and Program Evaluation*. New York, NY: Springer.

——. 2009. "Normative Analysis of Instituted Processes." In Natarajan, Tara, Wolfram Elsner, and Scott Fullwiler, (eds) *Institutional Analysis and Praxis: The Social Fabric Matrix Approach*: 103–122. New York, NY: Springer.

Heilbroner, Robert. 1985. *The Nature and Logic of Capitalism*, New York and London: W.W. Norton and Company.

Hirway, Indira .2006. "Enhancing Livelihood Security through the National Employment Guarantee Act: Toward effective implementation of the Act", The Levy Economics Institute Working Paper No. 437, January, www.levy.org.
Ingham, Geoffrey. 2000. Babylonian Madness: On the Historical and Sociological Origins of Money. In John Smithin (ed.) *What Is Money.* London & New York: Routledge.
——. 2004a. "The Emergence of Capitalist Credit Money." In L.R. Wray (ed), *Credit and State Theories of Money: The Contributions of A. Mitchell Innes*, Cheltenham, 173–222, Edward Elgar.
——. 2004b. *The Nature of Money*, Cambridge: Polity Press Ltd.
—— (ed.). 2005. *Concepts of Money: Interdisciplinary Perspectives from Economics, Sociology, and Political Science*, Edward Elgar, Cheltenham.
Innes, A. M. 1913. "What is Money?" *Banking Law Journal.* May: 377–408.
——. 1914. "The Credit Theory of Money." *Banking Law Journal*, January, 151–68.
Innes, A. M. (1913, 1914) reprinted in L. R. Wray (ed.), *Credit and State Theories of Money*, Cheltenham, UK and Northampton, MA, USA: Edward Elgar (2004), pp. 14–49.
Kaldor, N. 1955–6. "Alternative theories of distribution" *Review of Economic Studies*, 23: 83–100.
Kalecki, Michal. 1971. "The determinants of profits," in M. Kalecki (ed.) *Selected Essays on the Dynamics of the Capitalist Economy*, 1933–1970, 78–92, Cambridge: Cambridge University Press.
Keynes, John Maynard. (1964) *The General Theory of Employment, Interest and Money*, Harcourt Brace Jovanovich, New York and London.
Keynes, J. M. (1971–1989), *The Collected Writings of John Maynard Keynes*, London: Macmillan and Cambridge University Press for the Royal Economic Society Vol. XIII: *The General Theory and After. Part I Preparation*, 1973
Vol. XIV: *The General Theory and After. Part II Defense and Development*, 1973
Keynes, J. M.. 1914. "What is Money?", review article in *Economic Journal*, 24(95), September, 419–421.
——. 1930. *A Treatise on Money.* Volumes I and II (1976), New York: Harcourt, Brace & Co.
——. 1937. The *'Ex Ante'* Theory of the Rate of Interest, *Economic Journal*, December.
——. 1976. *A Treatise on Money.* Volumes I and II, New York: Harcourt, Brace & Co.
——. 1982. *The Collected Writings of John Maynard Keynes, Volume XXVIII*, Donald Moggridge (ed), London and Basingstoke: Macmillan.
King, J. E. 2001. "The Last Resort? Some Critical Reflections on ELR." *Journal of Economic and Social Policy* 5, no. 2: 72–76.
Klein, Peter G. and George Selgin. 2000. "Menger's Theory of Money: Some Experimental Evidence." In John Smithin (ed.) *What Is Money.* London & New York: Routledge.
Knapp, Georg Friedrich. (1924) 1973. *The State Theory of Money.* Clifton: Augustus M. Kelley.
Kregel, J.A. (1986), "Shylock and Hamlet: Are there Bulls and Bears in the Circuit?" *Economie et Société*, série MP 3, pp. 11–22.

Kregel, J. A. 1976. "Economic Methodology in the Face of Uncertainty: The Modeling Methods of Keynes and the Post-Keynesians," *Economic Journal*, vol. 86, no. 342: 209–225.

Kurke, Leslie. 1999. *Coins, Bodies, Games, and Gold*, Princeton University Press, Princeton, New Jersey, 1999; xxi, 385.

Lavoie, Marc. 1985. "Credit and Money: The Dynamic Circuit, Overdraft Economics, and Post Keynesian economics", in Jarsulic, Marc (ed.), *Money and Macro Policy*, 63, Boston, Dordrecht, Lancaster: Boston-Dordrecht-Lancaster.

Lerner, Abba P. 1943. "Functional Finance and the Federal Debt." *Social Research* vol. 10, 38–51.

——. 1947. "Money As a Creature of the State." *American Economic Review.* Vol. 37: 312–317.

Minsky, H.P. 1965. "The Role of Employment Policy," in M.S. Gordon (ed.), *Poverty in America*, San Francisco, CA: Chandler Publishing Company.

Minsky, Hyman P. 1986. *Stabilizing an Unstable Economy*, New Haven and London: Yale University Press.

——. 1993. "Schumpeter and Finance", in S. Biasco, A. Roncaglia and M. Salvati (eds), *Market and Institutions in Economic Development*, 103–115, New York: St. Martin's Press.

Minsky, H.P. 1975. *John Maynard Keynes*, Yale University Press.

Mitchell, William and Joan Muysken. 2008. *Full Employment Abandoned: Shifting Sands and Policy Failures,* Cheltenham, UK, Northampton, MA: Edward Elgar.

Mitchell, W.F. and Wray, L.R. 2005. "In Defense of Employer of Last Resort: A Response to Malcolm Sawyer," *Journal of Economic Issues*, vol. 39, no. 1: 235–245.

Moore, Basil J. 1988. *Horizontalists and Verticalists: The Macroeconomics of Credit Money*, Cambridge: Cambridge University Press.

Mosler, Warren. 2010. *The Seven Deadly Innocent Frauds of Economic Policy*, Valance Co., Inc.

Parguez, Alain. 2002. "A Monetary Theory of Public Finance". *International Journal of Political Economy*, 32(3), Fall.

Parguez, Alain and Mario Seccarrecia. 2000. "The Credit Theory of Money: The Monetary Circuit Approach". In John Smithin (ed.) *What is Money?*, 101–123, London and New York: Routledge.

Phillips, R.J. 1995. *The Chicago Plan and New Deal Banking Reform.* Armonk: M.E. Sharpe, Inc.

Rawls, J. 1971. *Theory of Justice*, Cambridge, MA: Harvard University Press.

Rezende, Felipe. 2009. "The Nature of Government Finance in Brazil." *International Journal of Political Economy*, 38, no. 1: 81–104.

Ritter, Lawrence S. 1963. "An Exposition of the Structure of the Flow-of-Funds Accounts." *The Journal of Finance.* vol. 18, no 2: 219–230.

Samuelson, Paul, *Economics*, New York: McGraw-Hill, Ninth Edition, 274–276 (1973).

Sardoni, C. and Wray, L.R. 2005. "Monetary Policy Strategies of the European Central Bank and the Federal Reserve Bank of the U.S.," Levy Economics Institute, Working Paper 431.

Sawyer, M. (2003), "Employer of last resort: could it deliver full employment and price stability?,: *Journal of Economic Issues*, 37(4): 881–908.

Schumpeter, J.A. 1934. *The Theory of Economic Development: An Inquiry into Profits, Capital, Credit, Interest and the Business Cycle*, Cambridge, MA: Harvard University Press.

Sen, A. 1999. *Development as Freedom*, New York, NY: Alfred A. Knopf.

Sraffa, Piero. 1960. *Production of Commodities by Means of Commodities*. Cambridge: Cambride University Press.

Taylor, N. 2008. *American-Made: The Enduring Legacy of the WPA: When FDR Put the Nation to Work*. Tantor Media

Tcherneva, Pavlina and L. Randall Wray. 2005. "Gender and the Job Guarantee: The impact of Argentina's Jefes program on female heads of poor households", Center for Full Employment and Price Stability Working Paper No. 50, December, www.cfeps.org.

Wray, L. Randall. 1998. *Understanding Modern Money: The Key to Full Employment and Price Stability*. Northampton, MA, Edward Elgar.

——. 1990. *Money and Credit in Capitalist Economies: The EndogenousMoney Approach*, Aldershot, UK and Brookfield, VT, USA: Edward Elgar.

——. 2003. "The Perfect Fiscal Storm," *Challenge*, vol. 46, no. 1: 55–78.

——. 2009. "The rise and fall of money manager capitalism: a Minskian approach", *Cambridge Journal of Economics*, vol 33, no 4: 807–828

——. (ed.) 2004. *Credit and State Theories of Money: The Contributions of A. Mitchell Innes*, Cheltenham, Edward Elgar.

Wray, L.R. and Forstater, M. 2004. "Full Employment and Economic Justice," in D. Champlin and J. Knoedler (eds), *The Institutionalist Tradition in Labor Economics*, Armonk: NY: M.E. Sharpe.

英文索引